Gramática funcional

INTERAÇÃO, DISCURSO
E TEXTO

Conselho Acadêmico
Ataliba Teixeira de Castilho
Carlos Eduardo Lins da Silva
Carlos Fico
Jaime Cordeiro
José Luiz Fiorin
Tania Regina de Luca

Proibida a reprodução total ou parcial em qualquer mídia
sem a autorização escrita da editora.
Os infratores estão sujeitos às penas da lei.

A Editora não é responsável pelo conteúdo deste livro.
A Autora conhece os fatos narrados, pelos quais é responsável,
assim como se responsabiliza pelos juízos emitidos.

Consulte nosso catálogo completo e últimos lançamentos em **www.editoracontexto.com.br**.

Maria Helena de Moura Neves

Gramática funcional

INTERAÇÃO, DISCURSO E TEXTO

Copyright © 2018 da Autora

Todos os direitos desta edição reservados à
Editora Contexto (Editora Pinsky Ltda.)

Montagem de capa e diagramação
Gustavo S. Vilas Boas

Preparação de textos
Lilian Aquino

Revisão
Daniela Marini Iwamoto

Dados Internacionais de Catalogação na Publicação (CIP)

Neves, Maria Helena de Moura
Gramática funcional : interação, discurso e texto /
Maria Helena de Moura Neves. – 1. ed., 2ª reimpressão. –
São Paulo : Contexto, 2025.
208 p.

Bibliografia
ISBN 978-85-520-0074-7

1. Linguística 2. Funcionalismo (Linguística) 3. Língua
portuguesa – Gramática I. Título

18-1595   CDD 410

Angelica Ilacqua CRB-8/7057

Índices para catálogo sistemático:
1. Funcionalismo (Linguística)

2025

Editora Contexto
Diretor editorial: *Jaime Pinsky*

Rua Dr. José Elias, 520 – Alto da Lapa
05083-030 – São Paulo – SP
PABX: (11) 3832 5838
contato@editoracontexto.com.br
www.editoracontexto.com.br

A Isadora, Alice, Pedro Henrique, Otávio, João Lucas e a quem mais vier.
A Filipe, Gustavo, Daniela, Camila, Leonardo, Fernando, Melina.
A Luís Roberto e Bete. A Lúcia Helena e Edgar.

Agradecimentos

À Fapesp,
por diversos auxílios recebidos.

Ao CNPq,
pelas bolsas concedidas,
que permitiram a realização dos trabalhos.

A minhas universidades,
Unesp e UPM,
pelo ambiente de trabalho que me proporcionam.

Sumário

APRESENTAÇÃO 11

INTRODUÇÃO 15

1. GRAMÁTICA FUNCIONAL: EM FOCO AS FUNÇÕES 19
 1.1 A conceituação de *função* 19
 1.2 A proposição 'funcionalista' de 'funções' da linguagem 22

2. O FUNCIONALISMO EM LINGUÍSTICA 27
 2.1 Uma visão geral do Funcionalismo linguístico 27
 2.2 Princípios que dirigem o Funcionalismo em Linguística 29
 2.3 Principais temas de investigação funcionalista 31
 2.4 Bases históricas do Funcionalismo: a Escola Linguística de Praga 32
 2.5 Sistematicidade e funcionalidade na língua 34
 2.6 A integração de componentes na Gramática funcional 36

3. FUNCIONALISMO E INTERAÇÃO VERBAL 39
 3.1 A língua como instrumento de interação verbal 39
 3.2 O componente gramatical-discursivo 41
 3.3 A pragmática na gramática 43
 3.4 A organização gramatical e o fluxo da informação 47

4. AS DUAS GRANDES CORRENTES DO PENSAMENTO LINGUÍSTICO: FUNCIONALISMO E FORMALISMO ... 51
4.1 A visão conjunta dos dois modelos ... 51
4.2 A visão contrastada desses modelos ... 53
4.3 Uma visão geral das críticas a esses modelos ... 61
4.4 Uma questão particular no contraponto entre Funcionalismo e Formalismo ... 63

5. MODELOS FUNCIONALISTAS ... 65
5.1 Os diferentes 'Funcionalismos' ... 65
5.2 Duas 'Gramáticas' de proposição explicitamente funcional/funcionalista ... 68
   5.2.1 A Gramática sistêmico-funcional (GSF) de Michael A. K. Halliday ... 68
      5.2.1.1 O arcabouço da teoria ... 68
      5.2.1.2 O histórico ... 71
      5.2.1.3 A explicitação da teoria ... 73
   5.2.2 A Gramática funcional (GF) e a Gramática discursivo-funcional (GDF) da Holanda ... 85
      5.2.2.1 O arcabouço inicial da teoria ... 85
      5.2.2.2 O histórico ... 88
      5.2.2.3 A explicitação da teoria da Gramática funcional (GF) ... 92
      5.2.2.4 A explicitação da teoria da Gramática discursivo-funcional (GDF), na decorrência da Gramática funcional (GF) ... 104

6. GRAMÁTICA FUNCIONAL E COGNITIVISMO ... 111
6.1 A(s) teoria(s) cognitivista(s) da linguagem humana ... 111
6.2 A linguagem como representação de um sistema conceptual ... 115
6.3 Cognição e comunicação humana ... 119
6.4 A Gramática funcional / as Gramáticas funcionais de tipo cognitivo ... 122
   6.4.1 A Teoria da metáfora conceptual ... 125
   6.4.2 A Teoria dos espaços mentais ... 127
   6.4.3 A Teoria das construções gramaticais ... 128
   6.4.4 A Linguística centrada no uso ... 129

7. FUNCIONALISMO, TEXTO E DISCURSO 133
7.1 Funcionalismo(s) e funcionamento discursivo-textual 133
7.2 O funcional marcadamente voltado para a interação e o discurso 135
    7.2.1 Uma amostra do modelo da Costa Oeste americana 135
    7.2.2 A correlação de padrões gramaticais
e padrões discursivos: John du Bois 135
    7.2.3 A proclamação da não autonomia da gramática: Talmy Givón 137
    7.2.4 O modelo da Holanda: a gramática como instrumento
de interação social / gramática e discurso 138
        7.2.4.1 Simon Dik: a Gramática funcional 138
        7.2.4.2 Kees Hengeveld e Lachlan Mackenzie:
a Gramática discursivo-funcional 139
    7.2.5 A gramática sistêmico-funcional de Halliday:
o funcional voltado para as funções da linguagem e o texto 140
7.3 A visão funcional da produção linguística e a Linguística do texto 142
7.4 Afinal, o texto na teoria funcionalista da linguagem:
no centro a interação e o discurso 144

8. GRAMÁTICA E EFICIÊNCIA DISCURSIVA: AS NECESSIDADES COMUNICATIVAS, AS DETERMINAÇÕES COGNITIVAS E O SISTEMA 147
8.1 A ativação da gramática 147
8.2 O dinamismo da gramática 149
8.3 A representação conceptual e a codificação linguística 152
    8.3.1 A relação entre o empacotamento cognitivo
e o empacotamento gramatical: a iconicidade (diagramática) 152
    8.3.2 A relação entre o esquema cognitivo (global)
e o processamento linear e segmentável
da linguagem verbal: a prototipia (categorial) 158

9. AS ACOMODAÇÕES DO SISTEMA NO USO: A GRAMATICALIZAÇÃO 165
9.1 A complexa natureza do processo 165
9.2 O histórico da questão 167
9.3 A conceituação e os limites 169

9.4 O campo e a perspectiva de estudo 171
9.5 O percurso: níveis, fatores e fenômenos 173
9.6 Princípios e efeitos 175
9.7 A abstratização (metáfora) e a contextualização (metonímia) 182

10. UMA RECOLHA ANALÍTICA. OU: DO QUE NÃO FOI DITO 189

REFERÊNCIAS BIBLIOGRÁFICAS 193

A AUTORA 207

Apresentação

O centro da questão é a indeterminação da linguagem, que condiciona uma multiplicidade de relações e uma multiplicidade de tensões, tudo a determinar mais fluidez do que rigidez no uso linguístico, ou seja, mais acomodações contínuas do que instalações imutáveis.

(Da "Apresentação" de Neves (2015a: 15), fazendo referência a 'motivações' e a 'pressões' no uso linguístico, e defendendo a necessidade de atenção do analista às pressões discursivas e às motivações cognitivo-perceptuais atuantes na interação linguística, um dos temas centrais de discussão na teoria funcionalista da linguagem)

Esta obra tem como matriz de organização o livro *A Gramática funcional*, de minha autoria, editado em 1997 pela Editora Martins Fontes, nunca submetido à necessária revisão ortográfica, nunca tendo recebido uma reedição registrada (apesar do número de seus leitores, sabidamente, muito grande), e há bastante tempo indisponível para venda (a não ser no mercado de usados).

Esta não é uma reedição, é uma refacção total da obra, com incorporação de pesquisas atualizadas sobre o desenvolvimento da teoria funcionalista e com incorporação de reflexões pessoais que desenvolvi durante o tempo que decorreu desde essa publicação de 1997. Em todo esse tempo, apresentei resultados de pesquisa, em conferências e palestras, e publiquei dezenas de estudos (teóricos e práticos) abrigados na chancela da visão funcionalista da linguagem (livros, capítulos e artigos), alguns citados e recuperados nesta obra.

O que faço, de certa maneira, neste "Manual" (de consulta/de estudo), é resgatar a proposta de estudo de Neves (1997), para incorporá-la a um contingente de reflexões que compõe, em um plano teórico de direção particular, a recolha de alguns dos estudos que desenvolvi desde então. O pensamento se organiza com programação determinada para tratamento correlacionado de temas diretamente envolvidos naquilo que, no geral, considera-se que sejam pesquisas dirigidas pela linha do Funcionalismo linguístico/da Gramática funcional (rótulos que coloco em um mesmo território de busca de fatos). Por essa razão, o que trago (no conteúdo e no discurso) são, particularmente, indicações sobre proposições teóricas, raramente alguma indicação de análises práticas de uso (o que, na verdade, foi algo que muito prioritariamente desenvolvi em meus trabalhos,[1] mas que não cabem diretamente neste livro, eventualmente entrando em citação).

Assim, além de estarem aqui conservadas (revistas e redistribuídas) praticamente todas as informações oferecidas na obra inicial (Neves, 1997) – que aproximadamente representam cerca de 40% da extensão atual –, uma parte considerável do que vai exposto é captado em estudos que foram desenvolvidos posteriormente, nem todos nominalmente citados. Afinal, na organização deste livro esse conjunto se submete a uma nova angulação, a fim de compor a trajetória que foi projetada para a configuração atual da obra.

São estes (de modo muito geral, e com apresentação em tópicos) os passos (capítulos) dessa configuração em que, dentro dos limites de extensão que a natureza da obra impõe, é tratado *o tema do **lugar** e do **papel** do FUNCIONALISMO/da Gramática FUNCIONAL nos estudos linguísticos*:

0. (Introduzindo) Os termos FUNCIONALISMO/**Gramática** FUNCIONAL: definição de *uma teoria da organização gramatical das línguas naturais que procura integrar-se em uma teoria global da interação social*, propondo que as relações entre as unidades e as funções das unidades têm prioridade sobre seus limites e sua posição, e por aí entendendo a gramática como suscetível às pressões do uso, com a tarefa central de correlacionar forma e significado no plano discursivo-textual.

1. A noção mais amplamente identificadora da **direção FUNCIONALISTA da análise das línguas naturais**: foco no uso linguístico, na 'língua em função', com a necessária atenção no estabelecimento da categoria 'função'.

2. A **caracterização geral do 'FUNCIONALISMO linguístico'/da 'Gramática FUNCIONAL'**: seus princípios, seus temas de investigação, suas bases históricas, sua natureza teórica (sistematicidade e *FUNCIONALIDADE* imbricadas), sua componencialidade *FUNCIONAL* (sintaxe, semântica e pragmática imbricadas).

3. A compreensão da intrínseca **relação de 'uso e sistema'**: *a 'língua' como suporte da 'linguagem' no seu fazer-se*; a interação verbal no propósito e na motivação das 'expressões linguísticas', na organização discursiva e na organização gramatical da expressão (segundo "modelos mentais" que se ativam).

4. A necessária **visão crítica da correlação entre as duas correntes de visão linguística tradicionalmente postas em confronto, FUNCIONALISMO e Formalismo**: a conjunção e o contraste dos dois modelos, mediante a análise dos fundamentos da questão.

5. É o capítulo mais documental da obra: **apresentação e discussão de 'diferentes' FUNCIONALISMOS, especialmente as duas nomeadas "Gramáticas FUNCIONAIS" constituída**s (a visão histórica das propostas, seu arcabouço teórico e a explicitação da teoria).

6. **O componente cognitivista da visão de gramática, língua e linguagem**: com as teorias de base, o cognitivo na linguagem visto como representação de um sistema conceptual e como mediação de funções comunicativas (exatamente em contraponto com essas duas grandes âncoras da visão *FUNCIONALISTA*); na sequência, notícia de '*Gramáticas FUNCIONAIS*' de tipo cognitivo.

7. **A explicitação do(s) FUNCIONALISMO(s) na sua ligação com as entidades 'texto' e 'discurso'**: de um lado, propostas que vão essencialmente à explicitação do *FUNCIONAMENTO* discursivo-textual (amostra de uma proposta baseada na correlação entre padrões gramaticais e padrões discursivos, e de outra baseada na proclamação da não autonomia da gramática); de outro lado, propostas que vão à explicitação da gramática como instrumento de interação social (amostra de duas propostas desenvolvidas em continuidade, centradas na organização discursiva); de outro lado, ainda, uma proposta que, centrada essencialmente nas 'funções' da linguagem sistemicamente resolvidas, vai à organização linguística como organização textual.

8. **A gramática e seu papel na organização da eficiência discursiva, em atendimento das necessidades comunicativas**: a ativação da gramática e seu dinamismo; a ligação entre a representação conceptual e a codificação linguística; a relação entre o empacotamento cognitivo e o empacotamento gramatical (com resultado no paradigma da iconicidade 'diagramática'); a relação entre o esquema cognitivo (global) e o processamento linear e segmentável da linguagem verbal (com resultado no paradigma da prototipia 'categorial').

9. **As acomodações da língua no uso** (ilustrando as mais significativas propostas dos 'FUNCIONALISMOS') **e a possibilidade de chegada à 'gramática' do que não era (de direito) 'gramatical', com a 'gramaticalização'**: sua conceituação e seus limites; sua (complexa) natureza; seu histórico; seu campo e a perspectiva de seu estudo; seu percurso (níveis e fenômenos), seus princípios e seus efeitos. A conjunção de abstratização (metáfora) e contextualização (metonímia) no processo.

10. Uma leve recolha analítica, com duas questões para observação e para exame: (i) o perigo que representa a tendência de 'superestimar' explicações FUNCIONAIS das formas linguísticas: a necessidade de uma visão devidamente balanceada (teoricamente sustentada) da natureza dos fatos de língua no uso, e do papel dos fatores FUNCIONAIS; (ii) no contraponto (e com destaque), a grande importância da sustentação teórica que a teoria FUNCIONALISTA pode dar (e tem dado) às pesquisas em tipologia linguística (já possível de ser rastreada na história da proposta FUNCIONALISTA e agora documentada em estudos atuais de grande validade): ela pode ser verificada, notavelmente, como uma natural decorrência do desenvolvimento sustentado de noções ligadas ao tratamento FUNCIONAL da linguagem, tais como 'motivação', 'propósito comunicativo', 'dinamicidade', 'dependência situacional', 'instrumentalidade' (termos colhidos rastreando a exposição aqui oferecida), que explicam a conveniência e a necessidade de investigação em diferentes línguas particulares.

No rescaldo das indicações: em qualquer dos modelos FUNCIONAIS em desenvolvimento, examina-se *a configuração de uma gramática que, explicável em bases sociointeracionais e em bases cognitivistas inter-relacionadamente*, tem suas descrições dirigidas pela *tentativa de atingir o equilíbrio entre o mais geral e as especificidades linguísticas*, que é o que *corresponde ao uso linguístico efetivo*.

NOTA

[1] Cito apenas obras completas (livros) de autoria individual: 2 gramáticas de referência que preparei, a *Gramática de usos do português* (2011a [2000]) e a *Gramática do português revelada em textos* (a sair); 1 obra de indicação de uso em confronto com norma: *Guia de uso do português* (2012 [2003]); uma série de livros autorais em que, no geral, operam-se análises de uso, com o amparo das indicações teóricas desenvolvidas: Neves (2002; 2003; 2006; 2010a; 2012; 2015a).

Introdução

> *Uma gramática funcional é essencialmente uma gramática "natural", no sentido de que tudo nela pode ser explicado, em última instância, por referência a como a língua é usada.*[1]
> (Michael K. Halliday, *An Introduction to Functional Grammar*, 1994, p. xiii)

Por **Funcionalismo**, ou **Gramática funcional** (termos aqui considerados como praticamente intercambiáveis),[2] entende-se, em geral, uma teoria da organização gramatical das línguas naturais que procura integrar-se em uma teoria global da interação social. Trata-se de uma teoria que, propondo que as relações entre as unidades e as funções das unidades têm prioridade sobre seus limites e sua posição, entende a gramática como suscetível às pressões do uso.

Na verdade, caracterizar o Funcionalismo não é uma tarefa fácil, já que, em geral, os rótulos que se conferem aos estudos ditos "funcionalistas" mais representativos ligam-se diretamente aos nomes dos estudiosos que os desenvolveram, não propriamente a características definidoras da corrente teórica em que eles se colocam. No final do século xx, Prideaux (1994) afirmava que provavelmente existiriam tantas versões do Funcionalismo quantos linguistas denominados "funcionalistas", um termo que abrange desde os que simplesmente rejeitam o Formalismo até os que criam uma teoria a que atribuem essa filiação. O que se pode afirmar e defender, na verdade, é que, dentro do que vem sendo denominado – ou autodenominado – "Funcionalismo", encontram-se modelos teóricos muito diferentes.

Mackenzie (2016b) parte exatamente da existência de várias correntes que explicitamente se abrigam nessa teoria para, por aí, reconhecer que existe um conjunto de assunções compartilhadas que justificam o abrigo de todas elas sob o rótulo de "funcionais". Considera que isso pode resumir-se na consideração comum de que as línguas têm uma função primordial nas sociedades humanas, a de permitir uma eficiente comunicação de ideias e de sentimentos entre os homens, função que impacta tanto o uso corrente das línguas quanto o modo como elas se desenvolvem historicamente. Como resultado, diz ele, compartilha-se a consideração de que existem fenômenos linguísticos, certamente muitos da área da morfossintaxe, que são interpretados como motivados, isto é, capazes de receber uma explanação.

Entretanto, ressalva Mackenzie (2016b), o considerável grau de consenso que se vê na orientação dos trabalhos funcionalistas não obscurece as diferenças significativas que têm de ser reconhecidas entre todos eles, reflexo que são de pontos de vista peculiares sobre matérias como: o exato objeto de pesquisa (discurso, texto, estruturas gramaticais); o tipo de dados que se admitem (dados de córpus, dados experimentais, julgamentos intuitivos, exemplos de gramáticas); o grau em que a língua é vista como sistema; o grau de entrosamento com outras subdisciplinas da Linguística (em especial a Linguística cognitiva, a Gramática de construções, a Tipologia linguística), ou mesmo com outras disciplinas, como a Sociologia, a Psicologia, a Antropologia, a Pedagogia.

De todo modo, é impossível deixar de reconhecer toda uma série de similaridades que podem ser rastreadas nas diferentes proposições existentes, caracterizando, afinal, o que se pode considerar a visão funcionalista da linguagem.

Um bom modo de sintetizar o pensamento fundamental das teorias funcionalistas é lembrar o funcionalista de primeira hora Martinet, que aponta como objeto da "verdadeira" Linguística, exatamente, a determinação do modo como as pessoas conseguem comunicar-se pela língua (Martinet, 1978), e explicitamente afirma que o que "deve constantemente guiar o linguista" é a "competência comunicativa", já que "toda língua se impõe [...], tanto em seu funcionamento quanto em sua evolução, como um instrumento de comunicação da experiência", entendendo-se como experiência "tudo o que [o homem] sente, o que ele percebe, o que ele compreende em todos os momentos de sua vida" (Martinet, 1994: 14).[3]

Qualquer tratamento funcionalista de uma língua natural, na verdade, tem como questão básica de interesse a verificação de como se obtém a comunicação com essa língua, isto é, a verificação do modo como os usuários da língua interagem linguisticamente, com eficiência. Em princípio se poderia dizer, pois, que o que o tratamento funcionalista de uma língua natural põe sob exame é a competência na linguagem. Já se invoque Coseriu, que fala em "competência linguística" especialmente em um livro que leva esse título (Coseriu, 1992: 11), cabendo registrar, entretanto, que outros de seus textos trazem pontos coincidentes nessa visão. E esse objeto "competência linguística" não é proposto como um simples "saber sobre as coisas", mas objetiva "o saber que os falantes aplicam ao falar e ao configurar o falar" (1992: 11). Explicitamente ele diz: "A teoria da competência linguística que temos a intenção de desenvolver será ao mesmo tempo uma teoria do falar em seus traços básicos.". E acrescenta logo a seguir: "Será também uma teoria acerca da configuração da linguística, porque a estrutura da linguística deveria corresponder à estrutura da competência linguística."

Na verdade, esse programa de pesquisa (funcional) nada mais representa do que fixar a competência discursiva no foco dos estudos linguísticos, e, ao lado da noção essencial de que a linguagem é um instrumento de comunicação, a proposta aponta um tratamento "funcional" da própria organização interna da linguagem.

Este é um ponto central em que Funcionalismo e Cognitivismo se encontram e se completam. Entre os traços que Tomasello (2003a: 12) arrola como diferenciadores da linguagem humana em relação à comunicação entre outros primatas, está o fato de que uma pessoa pode, por exemplo, referir-se à mesma entidade como *cachorro*, *animal*, *bicho*, ou a um mesmo evento como *corrida*, *fuga*, *deslocamento*, dependendo de seu objetivo comunicativo, relacionado aos estados de atenção do ouvinte. Aliás, exatamente um dos propositores da Pragmática, Austin (1940), citado pelo cognitivista Lakoff (1987), já discutia o fato de chamarmos pelo mesmo nome diferentes (espécies de) coisas. Nesse sentido, pode-se invocar, ainda, Verhagen (2008), que, desenvolvendo o conceito de argumentatividade, mostra que um ouvinte toma um enunciado não exatamente como instrução para construir, de modo particular, um objeto de conceptualização, mas como instrução para o engajamento em uma coordenação mental que leve ao que o interlocutor pretende. Assim, entender o que é que o interlocutor pretende extrapola uma relação indireta entre mentes (como a que há, por exemplo, entre dois indivíduos que compartilham a observação de um mesmo objeto), indo a uma relação mais diretamente intersubjetiva (Verhagen, 2008: 316). É o que, pragmaticamente, define-se como comunicação bem-sucedida. E é o que constitui o objetivo de pesquisa de uma teoria funcionalista da linguagem.

Tal questão une, por outro lado, e muito determinantemente, proposições do Funcionalismo e do Sociointeracionismo, o que, aliás, "vai sem dizer". Em termos interacionais, a competência comunicativa pode ser definida como o conhecimento de convenções linguísticas – e, relacionadamente, comunicativas – que os falantes devem ter, para criar e manter uma cooperação conversacional. Assim, ela envolve tanto a gramática como a contextualização (Gumperz, 1982: 209).

As conexões, de um lado e de outro, são evidentes, como mostra Neves (2015a: 53; 2017) e como se trata, adiante, em diversos pontos desta obra:

1. Partindo-se da conexão com o cognitivismo – mas sempre abrigando as relações com as determinações situacionais/socioculturais – chega-se à noção de que a gramática inclui o embasamento cognitivo das unidades linguísticas, o que se dá no conhecimento que a comunidade tem a respeito da organização dos eventos e de seus participantes (Beaugrande, 1993).

2. Partindo-se da conexão com o socioculturalismo – mas sempre abrigando as determinações do domínio cognitivo – chega-se à noção de que, mesmo que se reconheça a existência de um componente conceptual como força condutora por trás do componente gramatical, não se anula o fato de que a gramática é constantemente determinada pelo uso (Du Bois, 1993a), ou seja, está constantemente a serviço do discurso (Givón, 1979b).

Como diz Givón, ao abrir sua obra *Funcionalismo e linguagem* (Givón, 1995), todos os funcionalistas assumem o postulado da não autonomia da língua: a gramática não pode ser descrita como um sistema autônomo, já que ela não pode ser entendida sem referência a parâmetros como cognição e comunicação, processamento mental, interação social e cultura, mudança e variação, aquisição e evolução. A Gramática funcional, aponta Nichols (1984: 97), embora analise a estrutura gramatical, inclui na análise toda a situação comunicativa: o propósito do evento de fala, seus participantes e seu contexto discursivo.

Resumindo, com Gebruers (1987: 129) pode-se dizer que o que caracteriza a concepção de linguagem defendida pela Gramática funcional – refletindo o defendido pela Escola Linguística de Praga – é seu caráter não apenas funcional mas também dinâmico. Ela é funcional porque não separa o sistema linguístico, e suas peças, das funções que têm de preencher, e é dinâmica porque reconhece, na instabilidade da relação entre estrutura e função, a força dinâmica que está por detrás do constante desenvolvimento da linguagem.

A principal tarefa de uma "gramática funcional", como acentua muito adequadamente Beaugrande (1993, cap. III: 3), é "fazer correlações ricas entre forma e significado dentro do contexto global do discurso".

Afinal, nomeando a ciência como "Linguística funcional", Daalder e Musolff (2011: 229) a caracterizam como "o estudo da língua que inicia a investigação com foco nas funções linguísticas na vida social: os efeitos do uso linguístico, diferenciados quanto a tipos de comunicadores, a tipos de contextos e a tipos de usos linguísticos".

NOTAS

[1] "A Functional Grammar is essentially a 'natural' grammar, in the sense that everything in it can be explained, ultimately, by reference to how language is used."
[2] Ver nota 12, seção 5.2.
[3] Em toda esta obra, as traduções cuja autoria não vem apontada são de responsabilidade deste autor.

1.
Gramática funcional: em foco as funções

> *Com efeito, pode-se, e até parece necessário, fazer esta distinção na Darstellung bühleriana, dado que, na realidade, somente a informação pode ser considerada como uma função particular da linguagem, enquanto a representação pertence à linguagem na sua totalidade, coincidindo com sua natureza cognitiva.*[1]
> (Eugenio Coseriu, *El hombre y su lenguaje: estudios de teoría y metodología lingüística*, 1991, p. 79)

1.1 A CONCEITUAÇÃO DE *FUNÇÃO*

O termo *função* apresenta tal variedade de usos que, simplesmente com chamar-se *funcional* a uma teoria linguística, não se obtém caracterizá-la realmente.

Buscando precisar a noção do que denomina "Linguística Funcional", Martinet (1994: 11-12) inicia pela tentativa de definição do termo *função* segundo três valores:

1. o valor de "papel", ou de "utilidade de um objeto ou de um comportamento" (que é o adotado pela Sociedade Internacional de Linguística Funcional – SILF);
2. o valor de "papel de uma palavra em uma oração", acrescentado ao significado da palavra em seu contexto (que é o que está na tradição gramatical);
3. o valor matemático de "grandeza dependente de uma ou de diversas variáveis" (valor cuja utilização em Linguística é muito perigosa).

Para Martinet (fundador da SILF), o termo *funcional* só tem sentido para os linguistas "em referência ao papel que a língua desempenha para os homens, na comunicação mútua de sua experiência" (Martinet, 1994: 13).

Como mostra Dillinger (1991: 398), no estudo da linguagem não se usa o termo *função* em seu sentido matemático (algébrico) de "relação especial entre dois conjuntos na qual *todos* os elementos de um conjunto (o domínio) têm ape-

nas um elemento correspondente no outro conjunto (o contradomínio)" (grifos do autor). Pelo contrário, continua Dillinger (1991: 399), na Linguística usa-se *função* no sentido de "relação". E, citando Garvin (1978: 336), ele aponta que esse termo pode indicar relações de três tipos: (i) entre uma forma e outra (função interna); (ii) entre uma forma e seu significado (função semântica); (iii) entre o sistema de formas e seu contexto (função externa). Assim – continua o autor –, da mesma maneira que o 'Formalismo' não distingue claramente entre "o estudo da forma linguística" e "o uso de dispositivos formais", o 'Funcionalismo' não identifica claramente as funções ou relações que constituem objeto de estudo. Os gerativistas, por exemplo, seriam "funcionalistas" *par excellence* no sentido da relação em (i), mas no binômio forma/função o que se privilegia é o tipo (iii), isto é, a função social-comunicativa.

Nichols (1984) distingue cinco significados para o termo *função*, relacionados com cinco diferentes componentes da gramática: a função interdependência; a função propósito; a função contexto; a função relação; e a função significado. Observa, entretanto, que "a maioria das obras funcionalistas usa *função* apenas com os significados de propósito e de contexto, e não distingue entre os dois" (1984: 101).

O berço da colocação dos termos *função* e *funcional* em foco nos estudos linguísticos está na Escola Linguística de Praga, mas, segundo Danes (1987: 4), não é tarefa fácil verificar a interpretação que ela dá a esses termos. Em primeiro lugar, há nessas obras muito poucas tentativas de definição dos termos usados; em segundo lugar, o conceito é aplicado a variados domínios e fenômenos da linguagem, e, por isso, sofre muitas modificações, aparecendo com variações nocionais;[2] em terceiro lugar, há diferenças e vacilações entre os diferentes autores; em quarto lugar, o termo *funcional* é usado, em alguns casos, num sentido muito vago, como uma espécie de simples rótulo; e, em quinto lugar, os termos *função* e *funcional* não são os únicos relevantes para a interpretação daquilo que o autor dessa escola considera que seja a visão "funcionalista": de um lado, outros termos e expressões provindos da interpretação finalista (teleológica, teleonômica), como *meios*, *fins*, *instrumento*, *eficiência*, *necessidades de expressão*, *servir para* evidenciam a visão finalista; de outro lado, essa visão pode estar presente e ser determinável na discussão científica dos fatos da língua sem o uso explícito de termos teleonômicos (por exemplo, expressões adjetivadas, como *traços distintivos/traços expressivos* devem ser interpretadas como "traços que têm uma função distintiva / expressiva").

Anscombre e Zaccaria (1990) citam as *Thèses* (1929) (*la langue est un système d'expressions appropriés à um but*) para afirmar que, na Escola de Praga, a 'função' de uma entidade linguística é constituída centralmente pelo papel que ela desempenha no processo comunicativo, noção baseada na concepção da língua como 'código'. Danes (1987: 4-5) mostra que, afinal, a maioria dos autores da Escola Linguística de Praga usou o termo *função* para indicar as 'tarefas' que a linguagem ou seus componentes desempenham, ou o 'propósito' ao qual eles servem, significado que se afasta do valor lógico-matemático que o termo tem nos *Prolegomena* de Hjelmslev (1943). Diz Danes (1987: 7) que, no campo da Linguística, seria a Jakobson, afinal, que se deveria um tratamento do conceito de *função* dentro do quadro teórico 'finalista' ou 'teleológico'. No quadro geral da teleologia, ou teleonomia, existe uma asserção básica: (1) "Um fenômeno X é um meio para a realização de um fim F". Esse princípio, como mostra Danes, pode ser reformulado de forma mais breve introduzindo-se a noção de 'função' teleonômica: (2) "Um fenômeno X tem uma função f". Assim, a propriedade "ter a função f" aparece como idêntica à propriedade "servir como meio para o fim (propósito) F". As asserções (1) e (2) são, pois, equivalentes. A noção de "função" inclui o propósito, isto é, inclui os fins, e também o meio, isto é, inclui os portadores da função.

Ampliando a noção para a visão funcionalista, pode-se tomar Halliday (1973a: 104), para quem o termo *função* refere-se ao papel que a linguagem desempenha na vida dos indivíduos, servindo a muitos e variados tipos universais de demanda, não se refere aos papéis que as classes de palavras ou os sintagmas desempenham dentro da estrutura das unidades maiores.

Vários estudiosos têm tentado a classificação de *função* segundo uma especificação dos propósitos pelos quais se tem entendido que as línguas são usadas. Declarando textualmente que "função é um princípio linguístico fundamental", Halliday e Hasan (1989: 16) indicam que, entretanto, o que muitos estudos têm feito é construir o conceito em termos não linguísticos, montando a interpretação a partir dos diferentes modos pelos quais as pessoas usam a língua, e, portanto, interpretando o termo *função* como sinônimo de *uso* (não se negando que, de fato, as pessoas fazem as mais diferentes coisas com a língua que falam). E os autores mostram, em um quadro, uma série de quatro propostas históricas nesse sentido, as quais vão de Malinowski (1923) a Britton (1970), passando por Bühler (1934) e Morris (1967).[3] Trata-se de uma importante indicação, a qual vem adiante reproduzida:

Quadro 1 – Teorias linguísticas funcionais, em que *função* é o mesmo que 'uso'

pragmática				mágica		MALINOWSKI
narrativa	ativa					(1923)
representacional (3ª pessoa)	conativa (2ª pessoa)	expressiva (1ª pessoa)				BÜHLER (1934)
transacional		expressiva		poética		BRITTON
informativa	conativa					(1970)
informação		trato	modo		exploratória	MORRIS
fala		fala	fala		fala	(1967)
usos informativos (orientação para o conteúdo)	usos interativos (orientação para o efeito)			usos imaginativos		
	de controle do outro	de suporte mútuo	de autoexpressão	ritual	poético	

Nota: As células não preenchidas correspondem a usos não cobertos pelo autor em questão.
(Reproduzido do original inglês de Halliday e Hasan, 1989: 17).

E exatamente nessa linha, dizem Halliday e Hasan (1976) que, se o que está em questão são as "funções linguísticas" (1976: 17), a interpretação do termo *função* tem de dar um passo adiante, indo à organização da língua em si, e, particularmente, à organização do sistema semântico. Em outras palavras, o termo *função* tem de ser interpretado como uma propriedade fundamental da língua, algo que é básico para a evolução do sistema semântico.

1.2 A PROPOSIÇÃO 'FUNCIONALISTA' DE 'FUNÇÕES' DA LINGUAGEM

A proposição linguisticamente orientada de 'funções' da linguagem é uma questão complexa, exatamente porque, como apontam Garvin e Mathiot (1975: 150), o termo *função*, tomado em relação à linguagem, tanto pode referir-se ao propósito do uso (isto é, à intenção do usuário) quanto ao papel ou ao efeito do uso, e, além disso, é necessária uma distinção entre funções imediatas, que têm baixo nível de abstração, e funções mediatas, com nível de abstração bastante elevado.

Uma proposta de determinação das 'funções' da linguagem tem ampla adoção entre os estudiosos da questão, e, evidentemente, tem de ser destacada. É a proposta de Karl Bühler – já anunciada no quadro em 1.1 –, que indica três funções para a linguagem, as quais se apresentam hierarquizadas, nos diferentes enunciados: a de representação (*Darstellungsfunktion*), a de exteriorização psíquica (*Kundgabefunktion*) e a de apelo (*Appellfunktion*). Daalder e Musolff (2011: 233-235) dão notícia do artigo "Kritische Musterung der neueren Theorien des Satzes" (que traduzem em inglês como *Critical Assessment of New Sentence Theories*), publicado em 1918 no *Kritische Musterung der neueren Theorien des Satzes* (que traduzem como *Critical Assessment of New Sentence Theories*), no qual Bühler propôs um modelo triádico de 'funções' (*Leistungen*) da linguagem, baseadas nos três principais fundamentos de qualquer interação constitutiva de sentido: (i) o falante, a cujos sentimentos e atitudes se dá expressão; (ii) o ouvinte, a quem se provê um 'estímulo' que elicia reações; (iii) os objetos e estados de coisas, que formam os referentes para representação (Bühler, 1918: 16, apud Daalder e Musolff, 2011: 234). Nesse ponto, documentando a questão com recurso a Bühler (1927: 29 e 57-62), esses autores apontam que tal modelo de três funções forma um esquema para uma concepção de psicologia como estudo integrado da "experiência subjetiva", do "comportamento" social e de "estruturas de sentido objetivo" (1927: 233).

Nas obras em que se dedicou mais especificamente à linguagem, Bühler (1932: 106; 1933: 74-90), como desenvolvem Daalder e Musolff (2011: 233),[4] chamou às três funções, respectivamente: *Darstellung* (representação), *Ausdruck* (expressão), *Appell* (apelo), destacando a primeira (a função representativa) como aquela que caracteriza a linguagem como atividade tipicamente humana. Como propõe o autor, em toda realidade linguística há: (i) alguém que se expressa; (ii) alguém que apela a seu receptor (o qual o "escuta" e recebe efeitos produzidos sobre si, nessa "escuta"); (iii) algo que representa/significa algo (ou seja, diz algo sobre algo). Cada evento de fala constitui um drama, no qual se reconhecem três elementos: uma pessoa (*Sender*) informa outra pessoa (*Empfänger*) de algo (*Gegenstände und Sachverhalte*), e é nessa atividade que se manifestam as três funções, as quais não são mutuamente exclusivas, mas coexistem no mesmo evento. Uma proposição particularmente relevante de Bühler é a de que 'comunicar', em si, não é algo que se ponha como 'função' da linguagem, porque a capacidade que tem a linguagem de funcionar comunicativamente é exatamente aquilo que condiciona todo o complexo que constitui o evento de fala.

As diversas propostas de estabelecimento de funções linguísticas que se encontram historicamente são quase determinantemente correlacionadas com a proposição de Bühler. Entretanto, estabelecer correlações muito diretas é perigoso, porque o termo *função* nem sempre tem o mesmo significado e a mesma abrangência, existindo diferentes critérios e diferentes níveis de generalização nas diferentes classificações oferecidas dentro de cada quadro teórico.

Especificamente para a Escola de Praga, já ficou apontado, aqui, que a interpretação do termo *função* é problemática. Na proposta de Mathesius (1923 apud Danes, 1987: 11-12), a função externa da linguagem apontada como básica é justamente a comunicativa, à qual se segue (e com a qual se mescla), como secundária, a expressiva, referente à manifestação espontânea (também das emoções) do falante. Enunciados de caráter puramente comunicativo, ocorrentes em um discurso científico, são considerados casos extremos, e apenas em relação a eles Mathesius fala de uma função "de representação", no sentido de Bühler. A "função comunicativa" a que se refere Mathesius cobre, na verdade, a "representação" e o "apelo" de Bühler, já que a própria comunicação é vista em duas variedades: a comunicação pura e simples (informar ou declarar) e a comunicação de um apelo (ordenar ou perguntar).

As *Thèses* da Escola de Praga, de 1929, como indica Danes (1987: 12), estabeleceram diferentemente as funções da linguagem, com evidente inspiração na Escola Formalista Russa. O ponto de vista básico assenta-se no modo como essas funções e seus modos de realização alteram a estrutura fônica, gramatical e lexical da língua. Em vez de uma classificação de funções, apresenta-se uma classificação de "línguas funcionais", que traz oposições binárias, como interna/externa, intelectual/emocional, prática/teórica, etc.

Na verdade, as propostas de conjuntos de funções da linguagem são diversas também entre os diversos autores da Escola Linguística de Praga.

Roman Jakobson, que tem a proposta mais amplamente divulgada, adiciona às três funções de Bühler outras tantas, constituindo uma série de seis funções da linguagem, cada uma delas ligada mais diretamente a um dos fatores intervenientes no ato de comunicação verbal: (i) ligação com o contexto: função referencial; (ii) ligação com o remetente: função emotiva; (iii) ligação com o destinatário: função conativa; (iv) ligação com o contato: função fática; (v) ligação com o código: função metalinguística; (vi) ligação com a mensagem: função poética. Para Jakobson (1969), em cada mensagem se incorpora um 'feixe' de funções da linguagem; entre os seis fatores envolvidos no processo de comunicação, um recebe mais destaque em determinado enunciado, outro é enfatizado em outro enunciado, e assim por diante, configurando-se, pois, em cada mensagem, a existência de uma função primária e outras secundárias, ou seja, uma hierarquia de funções.

Na escola britânica de John Rupert Firth, Michael Halliday e seguidores, o conceito de "função", como aponta Beaugrande (1993, cap. I), é semelhante ao dos tchecoslovacos, devendo-se observar que a formação daqueles estudiosos não era em línguas eslavas, mas em língua inglesa e em línguas orientais. O conceito que se formou derivaria do grande interesse em 'prosódia' ou 'entonação', e ao compromisso de, nos termos de Firth, "tratar o significado por meio de uma abordagem completa da disciplina" e "em todos os níveis de análise" (1993: 20). O sistema da língua continua a ser visto como uma "rede" de opções cujas funções controlam as operações de escolha e arranjo.

Halliday (1973a) afirma que usa o termo *função* do mesmo modo que Bühler, embora não se mova na mesma teoria, já que o esquema de Bühler, como já observado, tem um ponto de vista psicológico, pondo sob consideração as funções a que a linguagem serve na vida do indivíduo. Para Halliday (1978: 48), Bühler tem interesse psicolinguístico, não buscando explicar a natureza do sistema linguístico em termos funcionais, mas usando a linguagem para investigar coisas que estão fora dela. Diferentemente, Halliday insiste em uma teoria das funções da linguagem não apenas extrínseca, mas também intrínseca, uma teoria segundo a qual a multiplicidade funcional se reflete na organização interna da língua, e, assim, a investigação da estrutura linguística revela, de algum modo, as várias necessidades a que a linguagem atende. A pluralidade funcional constrói-se claramente na estrutura linguística, formando a base de sua organização semântica e sintática, ou seja, lexical e gramatical.

Já nos anos 1970 Halliday (1970, 1973a, 1973b, 1977) faz uma proposição de funções (ou, mais precisamente, de "metafunções") da linguagem que se mantém nas suas obras subsequentes de exposição da teoria, e que vem sendo invocada, em geral, em trabalhos sobre língua e linguagem.

A proposta é que a linguagem serve, em primeiro lugar, à expressão do conteúdo, isto é, ela tem uma função "ideacional". Isso corresponde ao que comumente se denomina **significado cognitivo**, embora, para Halliday, esse termo seja enganador, já que existe elemento cognitivo em todas as funções linguísticas. É por meio dessa função que o falante e o ouvinte organizam e incorporam na língua sua experiência dos fenômenos do mundo real, o que inclui sua experiência dos fenômenos do mundo interno da própria consciência, ou seja, reações, cognições, percepções, assim como os atos linguísticos de falar e de entender. Dentro dessa função ideacional da linguagem se reconhecem duas subfunções, a "experiencial" e a "lógica". Afirma Halliday (2004: 29) que não há nenhuma faceta da experiência humana que não possa ser transformada em "significado".

Em segundo lugar, para Halliday a linguagem serve à função "interpessoal", isto é, o falante usa a linguagem como um meio de participar do evento de fala: ele expressa seu julgamento pessoal e suas atitudes, assim como as relações que estabelece entre si próprio e o ouvinte, em particular o papel comunicativo que assume. Isso significa que a função interpessoal subsume tanto a função expressiva como a conativa de Bühler, as quais, como diz Halliday (1973a), não são realmente distintas, no sistema linguístico. O elemento interpessoal da linguagem, além disso, vai além das funções retóricas, servindo, num contexto mais amplo, ao estabelecimento e à manutenção dos papéis sociais, que, afinal, são inerentes à linguagem. A função interpessoal é, pois, interacional e pessoal, constituindo um componente da linguagem que serve, ao mesmo tempo, para organizar e expressar o mundo interno e o mundo externo do indivíduo. Halliday (2004: 29) esclarece que, enquanto a função ideacional da gramática é "linguagem como reflexão", a função interpessoal é "linguagem como ação".

O próprio Halliday observa que essas duas funções parecem suficientes para a visão da linguagem, entretanto existe uma terceira função, que ele propõe como instrumental em relação às outras duas. Trata-se da função "textual", que diz respeito à própria criação do texto; por ela, a linguagem contextualiza as unidades linguísticas, fazendo-as operar no cotexto e na situação: o discurso torna-se possível porque o emissor pode produzir um texto, e o ouvinte ou leitor pode reconhecê-lo. Assim como a oração é uma unidade sintática (unidade no processamento da gramática), o texto é uma unidade operacional (unidade de trabalho), e a função textual não se limita simplesmente ao estabelecimento de relações entre uma e outra frase, referindo-se, antes, à organização interna da frase, ao seu significado como mensagem, tanto em si mesma como na sua relação com o contexto. Trata-se de uma função "capacitadora", "facilitadora" (Halliday, 2004: 29), já que as outras duas dependem de que seja habilitada a construção das sequências discursivas, com organização de fluxo informativo, bem como com coesão e continuidade textual.

Diz Halliday (1973a) que, sendo interna à linguagem, a função textual não é comumente levada em conta quando o objeto de investigação é extrínseco. Entretanto, ela se associa especificamente ao que se diz "funcional" nos trabalhos dos linguistas da Escola de Praga, que desenvolveram as ideias de Bühler dentro da teoria linguística e que têm eco no Funcionalismo linguístico.

NOTAS

[1] "En efecto, se puede, y hasta parece necesario, hacer esta distinción en la *Darstellung* bühleriana, dado que, en realidad, solamente la información puede considerarse como función particular del lenguaje, mientras que la representación pertenece al lenguaje en su totalidad, coincidiendo con su naturaleza cognoscitiva."

[2] Nuñez (1999: 10) aponta que as inúmeras reformulações do conceito de **função**, nessa Escola, aludiram: à finalidade da língua como instrumento de comunicação bem como às distintas funções da linguagem; ou à função geral das unidades linguísticas, o que posteriormente se traduz: em uma função distintiva; ou em uma função semântica deduzida a partir de um comportamento paradigmático e sintagmático determinado; ou em uma função semântica como correlato das distintas funções sintáticas (nesses dois últimos casos denominada por alguns como **forma de conteúdo**).

[3] A proposta de Bühler será tratada adiante, nesta seção. Das outras três (nenhuma provinda de um 'linguista'), pode-se fazer este resumo, bem sucinto: o antropólogo Malinowski propôs duas amplas funções da linguagem, a prática, ou pragmática (subdividida em ativa e narrativa), e a mágica/ritual. Britton, um educador, desenvolvendo o esquema triádico de Bühler, propôs as funções: transacional (que enfatiza o papel participativo), expressiva e poética; Morris, etologista e zoólogo, a partir de um estudo da espécie humana do ponto de vista behaviorista (Morris, 1967), chegou à proposta de quatro funções da linguagem: uma de troca de informação cooperativa, uma expressiva, uma estética ou recreativa ('falar por falar') e uma de puro contato social (fática).

[4] É interessante observar que, também como mostram Daalder e Musolff (2011: 234), Bühler (1990) remete a Saussure, diretamente, o fato de ter-se motivado para reconceptualizar a teoria linguística a partir de um ponto de vista "semiológico". Ainda indicam esses autores que, além do *Curso*, de Saussure, Bühler (1990) relaciona outras três obras como preparadoras de uma base funcional para a Linguística: *Investigations into the Fundamental Questions of the Use of Language* (1885), de Philipp Wegener; *Indo-European Pronoun Systems* (1904?), de Karl Brugmann's; e *Theory of Speech and Language* (1932), de Alan Gardiner (que Bühler considerou "a mais interessante tentativa" de efetuar um projeto semelhante ao seu, entretanto ressalvando que Gardiner se empenhou exclusivamente em uma "teoria situacional da linguagem").

2.
O funcionalismo em linguística[1]

> *O ponto de partida para os funcionalistas é a visão de que a língua é em primeiro lugar e acima de tudo um instrumento para comunicação entre os seres humanos, e de que esse fato é central para a explanação de por que as línguas são como elas são. Essa orientação com certeza corresponde ao modo como pessoas leigas veem o que é a língua. Pergunte-se a qualquer iniciante em linguística, que ainda não tenha sido exposto a estudos formais, o que uma língua é, e provavelmente você terá como resposta que ela é alguma coisa que permite que os seres humanos se comuniquem entre si.[2]*
>
> (Christopher S. Butler, *Structure and Function: a Guide to Three Major Structural-functional Theories*, 2003, p. 2)

2.1 UMA VISÃO GERAL DO FUNCIONALISMO LINGUÍSTICO

Mackenzie (2016a) considera difícil estabelecer o ponto inicial de qualquer tradição intelectual, mas aponta que existe uma aceitação geral de que o que marca o início do que correntemente se entende como Linguística funcional é o aparecimento, em 1929, das "Teses" da Escola de Praga e, especificamente, de vários trabalhos do estudioso tcheco Vilém Mathesius na mesma época. Mackenzie transcreve a primeira página dessa publicação (na versão inglesa de *Thèses*, 1983), na qual se proclama algo que, hoje, os funcionalistas em geral admitem:

> Se [sic] alguém analisa a linguagem como expressão ou comunicação, é a intenção do falante que pode explicá-la de maneira mais evidente e natural. Por essa razão, a análise linguística deve observar o ponto de vista funcionalista. Considerada por uma perspectiva funcionalista, a linguagem é um sistema de modos de expressão pleno de propósito. Nenhum fato linguístico pode ser entendido sem consideração do sistema ao qual ele pertence. (*Theses*, 1983: 77)[3]

O ponto de partida, na Escola Linguística de Praga, é a oração, mas o que está em questão aí é, especificamente, o modo como ela funciona para o falante que a produziu. Como mostra Mackenzie (2016a), o que esses estudiosos tentam elucidar é como o falante constrói dinamicamente a oração, na tentativa de obter suas metas de comunicação. Eles consideram a oração começando de um ponto de vista (que é o que designam como "tema") e atingem o clímax no ponto comunicativamente mais relevante, que mais tarde denominaram como "rema". Um ponto fundamental, de importante repercussão para diversas vertentes da Linguística funcional, é que o tema pode, ou não, corresponder ao 'sujeito', e o rema pode, ou não, corresponder ao 'predicado'. Trata-se de uma importante concepção sobre 'deslizamentos' que facilmente se correlaciona com a ideia de 'competição de motivações', uma das bandeiras do Funcionalismo linguístico (ver 2.3).

Para uma visão geral do Funcionalismo pode-se partir de Prideaux (1987), que traz como aspecto fundamental do Funcionalismo linguístico o reconhecimento de que a linguagem não é um fenômeno isolado, pelo contrário, serve a uma variedade de propósitos, e, entre eles, aquele propósito (sempre tão invocado) de, simplesmente, "efetuar a comunicação" não é o último. Trata-se exatamente do aspecto que opõe o Funcionalismo ao Estruturalismo americano.

Quando se diz que o Funcionalismo considera a competência comunicativa (ver "Introdução"), diz-se exatamente que aquilo que ele considera é a capacidade que os indivíduos têm não apenas de codificar e decodificar expressões, mas também de usar e interpretar essas expressões de uma maneira interacionalmente satisfatória. Lembre-se que a expressão **competência comunicativa** é geralmente relacionada a Hymes (1974), que justamente propunha acrescentar ao processo tradicional de descrição gramatical a descrição das regras para o uso social apropriado da linguagem.

Encontra-se em Du Bois (2003) a defesa de um tratamento conjugado de gramática e discurso, que são, evidentemente, entidades com sua definição particular, entretanto determinantemente integradas em um domínio unificado, quando se trata de observar a sua fenomenologia.

Entra em questão, especificamente, a relação entre gramática e discurso, entidades que, no dizer de Du Bois (2003), têm, evidentemente, diferenças entre si, no entanto têm de ser integradas em um domínio unificado, se quisermos conhecer a fenomenologia da língua. Uma busca teórica que ponha adequadamente em análise as duas entidades chegará exatamente à sistematicidade do discurso, ou seja, chegará a ver exatamente o que a língua é (ver 7.2.1).

Uma indicação fundamental para a compreensão do que seja a visão "funcional" da linguagem está em Coseriu (1973, 1992), para quem a relação da linguagem com a categoria "língua" implica: (i) a capacidade natural que o falante tem de acionar a ligação entre esquemas cognitivos e linguagem, ou seja, o "poder" falar; (ii) o conhecimento que o falante tem de uma língua particular historicamente inserida, ou seja, o "saber" falar um determinado idioma; (iii) afinal, o engajamento do falante em um evento comunicativo, ou seja, o "atuar" comunicativamente ativando essas competências. Neves (2017) explicita essa conjuntura exatamente quando trata da introdução do componente pragmático na visão funcionalista da linguagem (ver 3.3): é esse "fazer" que, na ação multiplicadora da linguagem, ativa a posse do "saber" de uma língua natural, mediante aquele "poder" do mecanismo gerador do falante. Por aí já fica anunciada a existência de uma componibilidade pareada dos componentes que produzem a linguagem – a sintaxe, a semântica e a pragmática –, proposição de base para o tratamento funcional da linguagem (ver 2.6).

Nesta incursão inicial pelas bases da teoria funcionalista, recorra-se, como porta de entrada, a Dik (1997a), conforme desenvolve Neves (2002: 268; 2009: 129-130): o teórico propõe assentar toda a visão do funcionamento linguístico em um modelo de interação verbal em que as expressões linguísticas não são vistas como entidades de valor intrínseco, independente, mas constituem o expediente que media a relação entre os interlocutores. Ora, em um intercurso de fala, o enunciado revela dependência: (i) em relação àquilo que o falante supõe que seja a expectativa de seu ouvinte sobre o que ele vai dizer, e também daquilo que ele supõe que seja o potencial de seu ouvinte para interpretar o que ele diz; (ii) em relação à interpretação do interlocutor, em função da avaliação que esse interlocutor, ao receber o enunciado, faça da intenção e do potencial informativo de quem o produziu.

2.2 PRINCÍPIOS QUE DIRIGEM O FUNCIONALISMO EM LINGUÍSTICA

Na base, indique-se que, para a orientação funcionalista da análise, podem ser consideradas as seguintes assunções (desenvolvidas em Neves e Braga,1998):

a. A forma dos enunciados não é entendida independentemente de suas funções: a teoria da gramática deve integrar o estudo da forma, do significado e do uso, de tal modo que não apenas os traços linguísticos formais, mas também os semânticos e os pragmáticos, sejam abrigados numa perspectiva teórica mais geral, com inter-relacionamento entre análise dos dados e formação da teoria. Na organização gramatical das línguas naturais há um sistema de regras que governam a constituição das expressões linguísticas, mas há também um sistema de regras que, no uso, governam os padrões de interação verbal, sendo o primeiro sistema instrumental em relação ao segundo já que, em um paradigma funcional, as expressões linguísticas devem ser descritas e explicadas dentro de um quadro geral fornecido pelo sistema pragmático da interação verbal (Dik, 1989a, 1997a, 1997b).

b. As regularidades das línguas podem ser explicadas em termos de aspectos recorrentes das circunstâncias sob as quais as pessoas as usam: a Gramática funcional tem posição em um ponto intermédio entre as teorias que se ocupam apenas da estrutura da língua (sistematicidade) e as que se voltam apenas para o uso da língua (instrumentalidade) (Mackenzie, 1992).
c. A língua é internamente estruturada como um organismo dentro do qual subsistemas se hierarquizam (Givón, 1984).
d. As formas da língua são meios para atingimento dos fins, não são, em si, os fins. A língua é um sistema semântico, e a Gramática funcional destina-se a revelar, pelo estudo das sequências linguísticas, os significados que estão codificados nas sequências. Ou seja, as formas são apenas o caminho que conduz às descobertas do funcionamento da língua (Halliday, 1985; 2004).

É o que leva a que, conforme Neves (2002: 268-269; 2011b: 16 ss; 2011c: 24-27; 2015a: 50-52), possam ser apontados, como princípios que dirigem tal tipo de proposta,[4] os seguintes:

a. a língua (e a gramática) não pode ser descrita nem explicitada como um sistema autônomo (Givón, 1995);
b. as formas da língua são meios para um fim, não um fim em si mesmas (Halliday, 1985; 2004);
c. na gramática estão integrados os componentes sintático, semântico e pragmático (Dik, 1978, 1980, 1989a, 1997a, 1997b; Givón, 1984; Hengeveld, 2005);
d. existe uma relação não arbitrária entre a instrumentalidade do uso da língua (o funcional) e a sistematicidade da estrutura da língua (o gramatical) (Mackenzie, 1992);
e. a gramática organiza, em alguns conjuntos, opções de uso, e o falante procede às suas escolhas fazendo seleções simultâneas (Halliday, 1973b, 1994, 2004);
f. a gramática é susceptível às pressões do uso (Du Bois, 1993a);
g. a gramática resolve-se no equilíbrio entre forças internas e forças externas ao sistema (Du Bois, 1985).

Nessa linha, uma lição básica que dirige as propostas gramaticais de direção funcionalista, como mostra Neves (2011b: 16) é a seguinte: a gramática sofre as determinações do discurso (Givón, 1979b), visto o discurso como a rede total de eventos comunicativos relevantes (Beaugrande, 1993).

Na verdade, o Funcionalismo tem sempre em consideração o uso das expressões linguísticas na interação verbal, o que necessariamente envolve a pragmatização do componente sintático-semântico do modelo linguístico. Essa visão funcional é a que se encontra, desde o começo do século XX, na Escola Linguística de Praga, que, para Dirven e Fried (1987: x), foi "sociolinguística *avant la lettre*".

Como aponta Camacho (1994: 34), a concepção da linguagem como atividade cooperativa entre falantes reais constitui o princípio básico que opõe o Funcionalismo ao modelo que Bakhtin (1979) configurou como "objetivismo abstrato", o qual vê a língua como um sistema estável, objetivo e externo ao indivíduo.

2.3 PRINCIPAIS TEMAS DE INVESTIGAÇÃO FUNCIONALISTA

Dirigidos pelos princípios funcionalistas gerais que se acaba de resumir, diversos temas têm ocupado os pesquisadores que nessas propostas teóricas se movem. É assim que o tratamento funcionalista da linguagem permite que se entre na análise dos enunciados reais da língua por via dos diversos componentes que configuram as peças da linguagem verbal em função.

Ainda segundo o arranjo oferecido por Neves (2002: 268-269; 2011b: 16ss; 2011c: 24-27; 2015a: 50-52, entre outros, e com derivação teórica nos autores em que se escudou esse 'quadro geral' de assunções que acaba de ser apresentado na seção anterior), as análises de direção funcionalista permitem depreender noções propriamente gramaticais a partir das construções discursivo-textuais que a gramática obtém, colocando-se no centro das observações:

1. as relações entre discurso e gramática: porque é o discurso que conforma a gramática, e, principalmente, porque ele nunca se encontra despido da gramática (ver 3.2);
2. a liberdade de organização da linguagem dos falantes: porque o falante processa sempre (e apenas) estruturas regulares da língua, mas, dentro das restrições construcionais do sistema, é ele que faz as escolhas que podem levar aos resultados de sentido e aos efeitos pragmáticos pretendidos (ver 2.5);
3. a distribuição de informação e a criação de relevos, a serviço do fluxo de informação (governando o fluxo de atenção): porque, inerentemente, eventos têm importância comunicativa, mas é o falante que lhes confere relevo, segundo seus propósitos (ver 3.3);
4. o fluxo de informação e o fluxo de atenção: porque no discurso há sempre uma informação que flui, mas é o falante que dirige, dentro de um ponto de vista, aquilo que 'empacota' a informação, para apresentá-la ao ouvinte (ver 3.4);
5. as línguas naturais no seu uso efetivo, exatamente no funcionamento discursivo: porque, não importa qual o nível estrutural em questão, a análise vai a toda a situação comunicativa: o propósito do evento de fala, seus participantes e seu contexto (ver "Introdução"), envolvendo atividade discursiva e produção textual (ver 7.1);

6. a gramaticalização e suas bases cognitivas: porque a atividade do discurso pressiona o sistema, chegando a reorganizar o quadro das estruturas linguísticas, embora dentro de regularidades previsíveis (ver 9);
7. a motivação icônica e a competição de motivações: porque forças externas ao sistema interagem com forças internas, em contínua busca e manutenção de equilíbrio (ver 8.3.1);
8. a fluidez de categorias e a prototipia: porque, no lento processo de extensão de membros de uma categoria, há uma constante alteração de limites, com redefinição de protótipos (ver 8.3.2).

São, pois, pontos centrais, numa gramática funcionalista (Neves, 2011b: 17): (i) o uso (em relação ao sistema); (ii) o significado (em relação à forma); (iii) o social (em relação ao individual).

Na operacionalização das investigações, constituem pressupostos (e propriedades) da organização gramatical (Neves, 2002: 176; 2011b: 17; 2015a: 52): (i) caráter não discreto das categorias; (ii) indeterminação semântica, com valorização do papel do contexto; (iii) gradualidade das mudanças e coexistência de etapas; (iv) regularização, idiomatização e convencionalização contínuas.

Essas são noções que serão desenvolvidas no correr das seções deste livro.

2.4 BASES HISTÓRICAS DO FUNCIONALISMO: A ESCOLA LINGUÍSTICA DE PRAGA

Os mais representativos desenvolvimentos da visão funcionalista da linguagem são comumente relacionados às concepções da Escola Linguística de Praga. O primeiro ponto de contato sempre apontado é uma rejeição da distinção – básica na dicotomia chomskiana – entre competência e atuação, rejeição que se encontra no modelo de Praga e que também é facilmente rastreável nos modelos instituídos de funcionalistas de ponta, como o de Michael Halliday e o de Simon Dik (e sucessores), sempre dentro de cada visão particular das entidades e de seu funcionamento. Halliday se aproxima da Escola Linguística de Praga – e mostra interpretação semelhante à de Louis Hjelmslev – também quando considera a existência de estratos na linguagem, com a fonologia na base e a semântica no topo, as duas intermediadas pelo léxico e pela sintaxe. Ainda com a Escola de Praga, Halliday, bem como Dik, entende que os itens que se estruturam nos enunciados são multifuncionais, não podendo julgar-se esgotada uma descrição de estrutura que se limite à indicação das funções intraoracionais. Finalmente, como os linguistas de Praga, Halliday e Dik buscam construir a teoria no interior do próprio sistema, o que revela, fundamentalmente, uma consideração funcional da própria natureza da linguagem.

Escola Linguística de Praga é a designação que se dá a um grupo de estudiosos que começou a atuar antes de 1930,[5] para os quais a linguagem, acima de tudo, permite ao homem referência e reação à realidade extralinguística. As frases são vistas como unidades comunicativas que veiculam informações, ao mesmo tempo que estabelecem ligação com a situação de fala e com o próprio texto linguístico. Nesse sentido, o que se analisa são as frases efetivamente realizadas, para cuja interpretação tem especial importância o contexto, tanto verbal como não verbal. Concebe-se que, mesmo no nível do enunciado realizado, podem encontrar-se regularidades que licenciam tentativas de organização e de descrição.

A Escola de Praga é caracterizada como um estruturalismo funcional, sendo de domínio comum a afirmação das *Thèses* (1929) do Círculo Linguístico de Praga de que a língua é um sistema funcional, no qual aparecem, lado a lado, o estrutural (sistêmico) e o funcional.

A aplicação dos termos *Funcionalismo* e *visão funcional/funcionalista*, entretanto, como observa Ivir (1987: 471), não se restringe à Escola de Praga; esses termos são usados em referência a qualquer tratamento ligado aos fins a que as unidades linguísticas servem, isto é, ligado às funções dos meios linguísticos de expressão. Na verdade, embora o conceito de Funcionalismo em Linguística esteja indubitavelmente ligado, na sua origem, à Escola Linguística de Praga, várias outras visões 'funcionais' surgiram no Ocidente e no Oriente, e o Funcionalismo tomou vida própria e independente.

Língua, na visão funcional da Escola de Praga, vem definida como "sistema de meios apropriados a um fim" (*Thèses*, 1929; apud Ilari, 1992: 25), assim como "sistema de sistemas" (Ilari, 1992: 24), já que a cada função corresponde um subsistema. Nessa linha, a Escola dedicou atenção especial à "perspectiva funcional da frase", ou seja, à organização das palavras dentro da frase, vista esta entidade na sua função de organização da informação. A frase é reconhecida, desse modo, como uma unidade susceptível de análise não apenas nos níveis fonológico, morfológico e sintático, mas também no nível comunicativo. Essa análise biparte a frase em um elemento comunicativamente estático, o "tema", e um elemento comunicativamente dinâmico, o "rema", ou comentário (ver 2.4). O tema tem baixa informatividade porque tem sua referência já estabelecida (ou facilmente recuperável), e o rema, nas condições opostas, tem maior informatividade. Na língua a cuja análise os estudiosos da Escola de Praga especialmente se dedicavam, o tcheco, a ordem das palavras constitui o principal fator de organização informativa da frase, razão pela qual ela foi alvo privilegiado de exame. O que se buscava, afinal, nessa análise, era a avaliação da frase efetivamente realizada, com determinação da sua função no ato de comunicação, e com base no princípio de não biunivocidade entre formas e funções. São proposições extremamente caras ao Funcionalismo linguístico.

2.5 SISTEMATICIDADE E FUNCIONALIDADE NA LÍNGUA

Já na Escola Linguística de Praga se observa a orientação caracteristicamente funcionalista de manter-se igual distância em relação aos que afirmam a completa assistematicidade dos fatos da língua e em relação aos que defendem a rigorosa sistematicidade desses fatos.

Mackenzie (1992), dentro da linha funcionalista de Dik, afirma que uma gramática funcional tem como hipótese fundamental a existência de uma relação não arbitrária entre o funcional (o uso da língua, como instrumento) e o gramatical (a estrutura da língua, como sistema). Em outras palavras, a gramática funcional visa a explicar regularidades <u>dentro</u> das línguas e <u>por meio</u> delas, em termos de aspectos recorrentes das circunstâncias sob as quais as pessoas usam a língua.

A Dik (1978) já foi explicitamente atribuído (Bolkestein et al., 1985: v) o pioneirismo na colocação da gramática funcional dentro de uma teoria geral da sistematicidade da linguagem, uma noção posteriormente trabalhada e refinada por colaboradores, tanto na Holanda como em outros países. Para Dik, efetivamente (1980: 1), a teoria funcionalista distingue entre sistema e uso, na língua, embora nunca contemple qualquer um deles ignorando o outro (ver 5.2.2).

O que fica defendido é que existe um sistema no qual está inscrita a atividade linguística, entretanto o aproveitamento das possibilidades, nessa atividade, é função das condições de produção. No seu papel de especificar a sistematicidade que governa a atividade linguística, a gramática se fixa nas regularidades. O que releva, na essência, é a produção de sentido, a qual se opera exatamente no jogo entre o sistema (as restrições que abolem o disfuncional) e o uso (as escolhas em termos da produção daquele determinado enunciado naquela determinada situação de interação). A finalidade precípua da gramática não é dar conta de peculiaridades ou idiossincrasias de um enunciado, mas – pelo que se preconiza na proposta funcionalista – é considerar as escolhas de uso (por exemplo, as estratégias, e até o acabamento formal) como inscritas na própria natureza da linguagem, porque o seu acionamento se assenta em uma 'implicação' dessas escolhas com o sistema em que elas se operam.

Como defende Mackenzie (1992), a gramática funcional ocupa uma posição intermediária em relação aos tratamentos que dão conta apenas da sistematicidade da estrutura da língua ou apenas da instrumentalidade do uso da língua. Isso não equivale a dizer que gramática funcional é uma espécie de guarda-chuva que abarca todos os tipos de trabalho, tanto estritamente gramaticais quanto pragmáticos; ao contrário, afirma o autor, há uma tradição coerente da gramática funcional ligando explicitamente construções linguísticas a constelações pragmáticas. Para o autor, ao estudar-se a sistematicidade da língua, pode-se esperar encontrar aspectos funcionais. No campo relativo à ordem das palavras, por exemplo, o fato de uma determinada língua escolher a organização VO (O posposto a V) ou a organização OV (V posposto a O) parece ser secundário para o funcionamento daquela língua, tratando-se de um tema afuncional. Por outro lado, muitos fenômenos de ordem de palavras (topicalização, extraposição, apassivação) podem ser relacionados a considerações funcionais, por exemplo à avaliação que o falante faz do conhecimento e das expectativas do ouvinte. E são esses os fenômenos que recebem a maior atenção por parte da gramática funcional. Segundo o autor, há, ainda, outros fenômenos que parecem apresentar disfuncionalidade, por exemplo a ocorrência de posposição em uma língua que não abriga essa ordem.

Assim, a ordem das palavras na oração é um fato linguístico que pode ser visto como o reflexo da tentativa do falante de trabalhar com vários fatores (funcionais, afuncionais e disfuncionais) que podem operar em paralelo ou podem conflitar um com o outro. A gramática funcional, na verdade, não confere uma estrutura sintática inequívoca à oração, e, com certeza, não lhe confere uma estrutura representável por meio de diagramas de árvores, ou de colchetes ou parênteses rotulados. Isso não significa que nela não se faça formalização gramatical. Na verdade, as formalizações da gramática funcional, diz Mackenzie (1992), já levaram alguns críticos a entender que ela se enquadra no "paradigma formal" em Linguística. Na perspectiva funcionalista, porém, não se considera que uma descrição da estrutura da oração seja suficiente para determinar o significado da expressão linguística; entende-se que a descrição completa precisa incluir referência aos participantes da interlocução e a seus papéis naquela situação sociocultural de fala.

Na relação entre sistematicidade e funcionalidade na língua, refira-se, por outro lado – e destacadamente – a teoria hallidayiana de gramática funcional (ver 5.2.1), que tem a noção de sistema como conceito teórico central em todo o seu desenvolvimento, sempre assentada a noção de que as estruturas constituem a representação sequencial física das escolhas que se fazem dentro do sistema da língua. É sobre o caráter sistêmico da teoria (Halliday, 1967b, 1967c, 1968) que seu caráter funcional se estabelece, postulando-se as metafunções (a ideacional, a interpessoal e a textual) resolvidas nos contextos de situação reais, socioculturalmente considerados. O sistema linguístico interpreta-se, pois, em termos das categorias funcionais (ideacional, interpessoal e textual), por onde se vai ao texto, que é o lugar de instanciação do significado potencial que surge nos contextos de uso.

Na "Introdução" de sua obra *An Introduction to Functional Grammar* (primeira versão em 1985: XIII-XXXV),[6] Halliday diz que apresenta uma visão geral de sua "gramática funcional" (1985: XIII, p. XIV e XXXV), e assim a define: ela é "funcional" porque se baseia no significado, e é "gramática" porque é uma interpretação de formas linguísticas (1985: XX). Diz ele, ainda, que a teoria que está no fundo da proposta é uma teoria sistêmica, mas que, nessa obra, ele deixa de lado o aspecto sistêmico da gramática, razão pela qual o título do livro refere-se a *Uma introdução à Gramática funcional*, e não a *Uma introdução à Gramática sistêmico-funcional* (1985: xv).

2.6 A INTEGRAÇÃO DE COMPONENTES NA GRAMÁTICA FUNCIONAL

Uma das prioridades do Funcionalismo, como diz Beaugrande (1993, cap. III), é transcender o aparato modular típico do Formalismo, no qual "um esquema de 'níveis' ou 'componentes' (cada um deles definido por suas formas)" pode ser construído como "uma divisão de trabalho entre escolas ou departamentos isolados, um para estudar fonologia e outro para morfologia, um para sintaxe, um para semântica e um para pragmática" (1993: 2).

Assim, a proposta de integração de componentes diversos no processamento gramatical é uma das características de qualquer teoria funcionalista, inclusive as mais moderadas, que não estabelecem uma absoluta subordinação dos demais componentes ao componente pragmático. Givón (1984: 40) declara o objetivo de fornecer "um quadro explícito, sistemático e abrangente de sintaxe, semântica e pragmática unificadas como um todo" (1984: VII). Cai sob observação a estrutura hierárquica das proposições do discurso: se o homem se expressa por meio de discursos multiproposicionais, é observável não apenas o modo como se dá a concatenação das proposições mas também as regras textuais a que as proposições devem ser submetidas, para que não haja quebra da estrutura temática e para que haja coesão e coerência na composição linguística (tema a que se volta em 7.2.3, no tratamento do modelo teórico de Givón).

O ponto de partida é o acoplamento de sintaxe, semântica e pragmática na ativação da estrutura argumental, sendo facilmente apreensível o reflexo do sistema de topicidade na codificação estrutural de sujeito e objeto, na transitividade. É por onde Givón (1984) postula uma função de caso pragmático (por exemplo, a de tópico) à qual pode aceder um termo com função de "caso semântico". Em segundo lugar, a codificação sintático-estrutural da língua reflete um sistema de topicidade que decorre dos processos de transitividade, sendo o sujeito e o objeto, por exemplo, dois elementos que pertencem ao sistema de marcação de caso, mas que também atuam no sistema de continuidade de tópico: o sujeito, que é o tópico oracional primário, codifica o tópico discursivo mais importante, mais recorrente e mais contínuo; o objeto direto, que é o tópico oracional secundário, codifica o segundo tópico mais recorrente e contínuo.

Todo o tratamento que Givón (1984) dá a essa concepção de componentes que se integram na gramática constitui, afinal, uma valorização da semântica, na qual fica implicado o funcionamento discursivo, já que a codificação sintática dá conta não apenas da semântica lexical (o significado) e da semântica proposicional (a informação), mas também do domínio funcional (a pragmática discursiva). É o que aponta Neves (2010a: 221), que, estudando regência verbal (estrutura temática), conclui pela indicação de que, no estudo gramatical baseado em usos reais, fica evidente a noção de que "a semântica não pode entrar na questão apenas de viés, quase como uma escorregadela cometida no curso de uma explicação que se pretendia de cunho sintático".

A proposta de gramática funcional de Dik, por seu lado, constitui, decididamente, uma teoria de componentes integrados, uma teoria funcional da sintaxe e da semântica, a qual, entretanto, só pode ter desenvolvimento satisfatório dentro de uma teoria pragmática, isto é, dentro de uma teoria ampla da interação verbal. Requer-se dela – desde as primeiras proposições dikianas – que seja "pragmaticamente adequada" (Dik, 1978: 6), embora se reconheça que a linguagem só pode funcionar comunicativamente por meio de arranjos sintaticamente estruturados (Dik, 1980: 2). A especificação gramatical de uma expressão, por outro lado, inclui descrição semântica, não se admitindo a existência de uma sintaxe autônoma (Dik, 1979: 2). Dik organiza a estrutura do predicado com a intervenção de três tipos de funções: (i) semânticas (papéis dos referentes dos termos nos estados de coisas designados pela predicação): Agente, Meta, Recebedor, etc.; (ii) sintáticas (especificação da perspectiva a partir da qual o estado de coisas é apresentado na expressão linguística): Sujeito e Objeto; (iii) pragmáticas (estatuto informacional de um constituinte dentro do contexto comunicativo mais amplo em que ele ocorre): Tema, Tópico, Foco, etc.

A gramática sistêmico-funcional de Halliday, por sua vez (com tudo o que se recolhe da proposta hallidayana, na sua série histórica), ao interpretar o sistema linguístico em termos de categorias funcionais, naturalmente abriga uma componencialidade entre a função semântica (de ideias e experiências, ou seja, de entendimento do mundo) e a função pragmática (de interação linguística, ou seja, de atuação e interatuação pessoal), ambas manifestadas graças à função textual (de organização do enunciado, ou seja, de cumprimento, na peça linguística, dos propósitos de que se revestem as outras duas funções). O fundo sistêmico da teoria se responsabiliza pelo fato de que, não apenas no todo do texto, mas já no nível da organização da oração (com seu composto de faces), exibe-se componencialmente: (i) uma organização semântica de representação de ideias/de experiências; (ii) uma organização interlocutiva de troca interpessoal; (iii) e uma organização informativa de produção de mensagem. E por aí fica consistentemente configurado um complexo de determinações, que vão: (i) de uma motivação pragmática a uma organização sintática; (ii) para configurar um resultado semântico; (iii) e, ao mesmo tempo, obter efeito pragmático, como mostra Neves (2015a: 37).

Facilmente se entende, por fim, que o exame do geral dos modelos funcionalistas deixa concluir que a proposta de integração funcional de componentes implica exatamente que o reconhecimento de uma pluralidade componencial de funções não implica a consideração de cortes nítidos entre eles. Em obra específica de pragmática, Saeed (2011), invoca a lição cognitivista de Langacker (1987) para rejeitar o entendimento de que haja uma distinção nítida entre pragmática e semântica: o falante conceptualiza entidades de vários níveis de especificidade, seleciona uma perspectiva para uma cena, relaciona-a com (pres)suposições e expectativas, e perfila algumas entidades como mais proeminentes do que outras. Assim, "o falante impõe uma estrutura a uma cena que é condicionada por uma forma linguística mas que também a condiciona, selecionando estruturas gramaticais, itens lexicais, etc." (Saeed, 2011: 483).

NOTAS

[1] Para notícia do início do interesse por estudos funcionalistas no Brasil, cabe remeter ao artigo "Estudos funcionalistas no Brasil" (Neves, 1999), publicado na revista *D.E.L.T.A.*, v. 15, n.º especial. Com base inicial em informações colhidas há cerca de vinte anos (em 1998), mediante solicitação endereçada aos pesquisadores das diversas universidades brasileiras, o artigo historia (com comentários) o desenvolvimento de pesquisas funcionalistas, empreendidas até então no Brasil, às quais se obteve acesso.

[2] "The starting point for functionalists is the view that language is first and foremost an instrument for communication between human beings, and that this fact is central in explaining why languages are as they are. This orientation certainly corresponds to the lay person's view of what language is. Ask any beginner in linguistics, who has not yet been exposed to formal approaches, what a language is, and you are likely to be told that it is something that allows human beings to communicate with one another."

[3] "Wether [sic] one analyses language as expression or communication, it is the intention of the speaker which can explain it in a most evident and a most natural manner. For this reason, linguistic analysis should respect the functionalist standpoint. Seen from the functionalist viewpoint, language is a system of purposeful means of expression. No fact of language can be understood without regard to the system to which it pertains."

[4] São exatamente assunções e princípios dessa natureza que serão desenvolvidos nas diversas seções desta obra.

[5] É de 1923 o artigo de Vilém Mathesius em que vem apresentada a definição de 'oração' elaborada sobre base funcional (Danes 1987: 11), em Praga, na Checoslováquia, e que tem seus estudos divulgados, especialmente, na publicação conhecida pela sigla TCLP: *Travaux du Cercle Linguistique de Prague*. Em referência a outro grupo de autores posteriores, entre os quais se incluem Franticek Danes, Jan Firbas e Hajicova Sgall, e cujos trabalhos foram conhecidos mediante as publicações da revista *Travaux Linguistiques de Prague*, também se usa a designação "Escola Linguística de Praga" (Ilari, 1992), e o próprio Danes emprega essa denominação para falar do grupo do Círculo Linguístico de Praga, fundado por Mathesius (1926-1950).

[6] São quatro as versões da obra (Halliday, 1985, 1994, 2004, 2014, as duas últimas revisadas por Christian M. I. M. Mathiessen). Todas elas são citadas neste capítulo.

3.
Funcionalismo e interação verbal

> *Quando alguém assume uma visão funcionalista para o estudo das línguas naturais, as questões de interesse central podem ser assim formuladas: Como o falante de uma língua natural opera? Como os falantes e os destinatários são bem sucedidos comunicando-se uns com os outros por meio de expressões linguísticas? Como lhes é possível fazerem-se entendidos, influenciarem-se mutuamente, por meio da linguagem, quanto a seu estoque de informação (incluindo-se conhecimento, crenças, preconceitos, sentimentos), e, afinal, quanto a seu comportamento prático?*[1]
> (Simon Dik, *The Theory of Functional Grammar*, 1997a, p. 1)

3.1 A LÍNGUA COMO INSTRUMENTO DE INTERAÇÃO VERBAL

Como já desenvolvido em 2.1, as gramáticas de base funcionalista se marcam por uma consideração especialmente relevante do peso da **interação** em suas análises. Ficou particularmente em destaque o modelo da denominada "Gramática funcional" da Holanda (Dik, 1978, 1989a, 1997a, 1997b), que, favorecendo continuamente visões orientadas para os processos na comunicação, sugere "modelos" de discurso (como diz Butler, 2003) assentados em um inaugural "modelo de **interação** verbal", explicitamente oferecido na abertura do todo da explanação que o autor apresenta na última versão da sua *The Theory of Funcional Grammar* (Dik, 1997a, v. I: 8).

Dik (1989a: 3; 1997a: 3; mas, também, já em 1978: 1) estabelece que, em um paradigma funcional, a língua é concebida, em primeiro lugar, como instrumento de interação social dos seres humanos, usado com o objetivo principal de estabelecer relações comunicativas entre os usuários. Dik (1989a: 8-9; 1997a: 8) oferece o esquema, bem como a explicação, de um modelo de interação verbal que equaciona a consideração funcionalista do papel da expressão linguística dentro da comunicação (ver 5.2.2). Nesse modelo, a expressão linguística é função: (i) da intenção do falante; (ii) da informação pragmática do falante; (iii) da antecipação que ele faz da interpretação do destinatário. E a interpretação do destinatário é função: (i) da expressão linguística; (ii) da informação pragmática do destinatário; (iii) da sua conjetura sobre a intenção comunicativa que o falante tenha tido.

Em qualquer estágio da interação verbal o falante e o destinatário têm a sua informação pragmática. Quando o falante diz algo a seu destinatário, a intenção é provocar alguma modificação na informação pragmática desse outro. Para isso, o falante tem de formar alguma espécie de intenção comunicativa, um plano mental concernente à modificação particular que ele quer provocar na informação pragmática do seu interlocutor. O problema do falante é formular sua intenção de tal modo que tenha alguma chance de levar o destinatário a desejar a modificação da sua informação pragmática do mesmo modo como o falante a pretende. O falante, então, tenta antecipar a interpretação que o destinatário, em um determinado estado da sua informação pragmática, possivelmente atribuirá à expressão linguística oferecida.

É questão determinante, na proposta, que a relação entre a intenção do falante e a interpretação do destinatário se considere *mediada*, mas não *estabelecida*, pela expressão linguística. Do ponto de vista do destinatário, isso significa que a interpretação será apenas em parte baseada na informação contida na expressão linguística em si, porque igualmente importante é a informação que o destinatário já possui, e pela qual ele interpreta a informação linguística que recebe. Do ponto de vista do falante, isso significa que a expressão linguística não precisa ser uma verbalização plena da sua intenção; dada a informação que ele tem acerca da informação de que o destinatário dispõe naquele evento de fala, uma verbalização parcial será normalmente suficiente, sendo que, muitas vezes, uma verbalização não direta pode ser mais efetiva do que uma expressão direta da intenção.

O que se propõe nesse modelo de interação verbal é, pois, que um falante organiza suas expressões linguísticas de acordo com a sua estimativa de qual seja a informação pragmática do destinatário no momento da interação, e com o objetivo geral de provocar nela alguma mudança, partindo, assim, normalmente, de alguma porção de informação que presumivelmente o destinatário já possua, e construindo, a partir daí, a informação que ele pensa que seja nova para o destinatário, e que leve à desejada modificação da informação pragmática deste. Desse modo, uma expressão linguística normalmente contém alguma informação 'velha' e alguma informação 'nova', devendo interpretar-se 'dado' e 'novo' como sendo mediados pela avaliação que o falante faz da informação pragmática do destinatário: informação 'dada' é a que está contida na informação pragmática (estimada) do parceiro de interação, e informação 'velha' é a que não está aí contida (na estimativa feita). Pode ocorrer que a avaliação do falante não esteja completamente correta, isto é, que ela não corresponda plenamente à real estrutura da informação pragmática do destinatário, e isso pode causar algum problema no processo de comunicação. Entretanto, é a avaliação feita pelo falante sobre a informação pragmática de seu parceiro, e não a informação em si, que determina o modo pelo qual o falante organiza pragmaticamente suas expressões.

Na formulação de Dik (1989a: 3; 1997a: 3), a interação verbal – que é a interação social estabelecida por meio da linguagem – constitui uma forma de atividade cooperativa estruturada: 'estruturada', porque é governada por regras, normas e convenções, e 'cooperativa', porque necessita de, pelo menos, dois participantes para atingir seus objetivos. Na interação verbal, os participantes se utilizam desses 'instrumentos' que são as "expressões linguísticas". Desse modo, nas palavras de Dik (como exposto em 2.2), a Linguística tem de ocupar-se de dois tipos de sistemas de regras: as regras semânticas, sintáticas, morfológicas e fonológicas (que governam a constituição das expressões linguísticas) e as regras pragmáticas (que governam os padrões de interação verbal em que essas expressões linguísticas são usadas).

Givón, que continuamente defende uma determinação do contexto discursivo sobre a organização linguística, acresce à explicitação um aprofundamento cognitivo que ele formula como "o "propósito comunicativo do falante que usa a construção" (Givón, 2007: 1-2). Justamente para conferir maior precisão a essa proposição, o autor sugere que, quando usam a gramática, os falantes criam modelos mentais sobre o estado de conhecimento (epistêmico) e de propósito (deôntico) de seus interlocutores. Esses modelos são criados com rapidez, automaticamente, *on-line*, e com uma elevada especificidade do sempre mutável contexto comunicativo. Entretanto, diz o autor, o "contexto discursivo" é apenas um passo para algo mais profundo, que é o 'propósito comunicativo", já que os modelos mentais, construídos rapidamente e inconscientemente pelo falante durante o tempo real da comunicação, pertencem aos presumidos estados de crença e de propósito do ouvinte, naquele contexto de discurso específico. Trata-se, pois, da necessária implicação da representação do sistema conceptual na representação linguística (ver 6.2).

3.2 O COMPONENTE GRAMATICAL-DISCURSIVO

A consideração de um componente discursivo na própria gramática pode ser ilustrada por diversos estudos; entre outros: o de Du Bois (1980), que liga a seleção de itens indicativos de referencialidade à construção das personagens na narrativa; o de Mathiessen e Thompson (1988), que liga a articulação das orações à organização discursiva; ou o clássico estudo de Hopper e Thompson (1980), que, defendendo o caráter escalar dessa "propriedade central do uso linguístico" (1980: 251) que é a transitividade (caráter ligado a fatores sintáticos e semânticos), propõe a interferência de fatores discursivos nesse mecanismo. Assim, o sistema de transitividade é visto como intimamente relacionado com a formação de planos no discurso (*grounding*): o primeiro plano (*foreground*), que se constitui das partes que contribuem para expressar melhor os propósitos do falante (a narrativa dos eventos), e o plano de fundo (*background*), que se constitui das partes que apenas ampliam, comentam ou embasam a narrativa básica, sem fazê-la progredir. Na oração, continuam os autores, a transitividade é determinada simplesmente no *continuum* da escalaridade condicionada por um conjunto de dez fatores sintáticos e semânticos.[2]

Entretanto, essa visão é provisória e incompleta, porque a transitividade se resolve também no texto, onde sua gradualidade tem de ser ligada às necessidades de expressão dos usuários, dirigida pelos propósitos da comunicação. Isso significa que relevo discursivo e grau de transitividade estão correlacionados: a relevância comunicativa governa a escolha das estruturas oracionais, determinando que a "coluna dorsal", ou "linha vertical", do texto, ordenada temporalmente segundo os princípios da iconicidade (ver 8.3.1), seja representada por orações de mais alta transitividade, e que o suporte (o plano de fundo) daquela sequência narrativa que está em primeiro plano seja expresso por orações de mais baixa transitividade. Assim, alta transitividade se liga a primeiro plano ("figura") e baixa transitividade se liga a plano de fundo ("fundo"), exatamente porque as marcas e as propriedades que são irrelevantes para o primeiro plano também são irrelevantes para a transitividade. Discutindo a dimensão comunicativa do arranjo da transitividade defendida em Hopper e Thompson (1980), Neves e Braga (1998: 193) mostram que em cada um desses dois planos existem, ainda, outras noções gramaticais – como a minimização da dimensão dêitico-temporal, isto é, o uso de formas finitas imperfectivas e formas infinitivas – que se articulam com a noção discursiva de fundo como plano de menor relevância.

Essas considerações implicam a admissão de um relacionamento íntimo entre as determinações do discurso e as da gramática. E à noção discursiva de fundo como plano de menor relevância ligam-se, como já apontado, diversas noções gramaticais, além da menor transitividade, por exemplo a minimização da dimensão temporal, ou a hipotaxe oracional.

Em uma obra coletiva que constitui um marco no movimento pela colocação do discurso como foco, na investigação linguística, Givón (1979b) afirma que a estrutura da linguagem não pode ser adequadamente estudada, descrita, compreendida ou explicada sem referência à função comunicativa. Nos postulados então expostos – apontados como aceitos, em geral, pelos participantes do UCLA Symposium on Discourse and Syntax, de 1977, cujos trabalhos se publicam na obra –, rejeita-se a distinção metodológica entre competência e atuação, desconsiderando-se a utilidade do estudo de orações artificialmente produzidas, e desdenhando-se o Formalismo pelo Formalismo. E (estando ainda em posição de funcionalista extremado, embora faça uma retratação em relação a obras anteriores, e declare que não rejeita a sintaxe) Givón (1979b) sugere que as propriedades sintáticas, como sujeito, voz, orações relativas, subordinação, morfologia flexional, etc., nascem das propriedades do discurso.

Givón (2007: 1-2) insiste em que, em decorrência de uma metodologia de estudo das estruturas gramaticais isoladas de seu contexto comunicativo, os correlatos funcionais da gramática tinham sido mal entendidos até uma época a que ele se refere como "recente", em relação a essa sua obra. O autor defende que os correlatos funcionais das construções gramaticais podem ser dados, heuristicamente, como "o contexto discursivo dentro do qual a construção gramatical é usada". E suas reflexões sobre esse tema se arrematam, mais recentemente (Givón, 2007: 2), com o resgate – para tratamento subsequente – de três afirmações que ele chama de "três velhas observações programáticas", de fato marcantes: "• Gramática é a cognição petrificada (Paul, 1890). / • Gramática é uma estratégia automatizada de processamento do discurso (Givón, 1979c). /• Sintaxe é a pragmática gramaticalizada (Langacker, 1987: 2)".

Admitir determinações discursivas na sintaxe – em qualquer grau – equivale a incorporar a pragmática na gramática. Uma indicação exemplar é a de Bolinger (1979), para quem o principal erro dos tratamentos formais da pronominalização consistiu em considerar a presença de um pronome no lugar de um nome como uma espécie de processo mecânico relacionado com a presença do substantivo em uma, ou em outra, localização, e não como uma escolha pragmática entre um nominal com conteúdo semântico mais rico e um nominal com conteúdo mais pobre.

Na afirmação de Du Bois (1993a: 8), as relações entre discurso, ou uso, e gramática são diretas: a) a gramática molda o discurso; b) o discurso molda a gramática. Ou: "a gramática é feita à imagem do discurso"; mas: "o discurso nunca é observado sem a roupagem da gramática" (1993a: 11).

3.3 A PRAGMÁTICA NA GRAMÁTICA

Cabe indicar, já de início, que, mesmo em uma obra de orientação cognitivista (Janzen e Shaffer, 2008: 342), em que o que está em discussão é a coordenação mental dos participantes da comunicação, encontra-se a afirmação de que o discurso "é sempre situado pragmaticamente", já que que os enunciados têm de ser sempre contextualizados, em alguma extensão. Recorrendo a Gumperz (1982: 209), para lembrar que "a competência comunicativa tem de ser definida em termos interacionais", os autores explicam que, por trás do conhecimento da gramática (que constrói os enunciados), está sempre a inserção pragmática do discurso, razão pela qual os participantes da interação constantemente incluem 'pistas' que ajudem na construção e na manutenção da cooperação comunicativa.

Pode-se ter como evidente (remetendo-se a uma série de indicações nesse sentido que se encontram em Neves, 2016: 40-41), que o pragmático está tanto na motivação que dá a partida ao enunciado quanto no propósito que governa a saída da expressão linguística. A motivação referida não é apenas subjetiva, é intertersubjetiva, já que entre os interlocutores há um convite tácito para observarem juntos um determinado objeto de conceptualização, dentro do "fundo comum" (Fairclough, 2003: 55) de que dispõem (Verhagen, 2005). Quanto ao enunciado de saída, é no sentido de que se resolva o mais eficientemente possível a sociocomunicação (pragmática) que vêm conduzidos tanto o arranjo linguístico (sintaxe) quanto os sentidos que esse arranjo produz (semântica). O que, na verdade, é extremamente relevante assinalar, quando se defende a incorporação da pragmática como um componente da gramática, é a sua múltipla presença nos atos linguísticos em geral. Assim vista – conclui Neves (2016) –, a pragmática não é uma simples perspectiva que se acrescenta à sintaxe e à semântica dos enunciados, ela é um componente integrado na gramática (ver 2.6).

São duas as noções pragmáticas mais centrais na gramática funcional, a de Tópico (constituinte acerca do qual se faz a oração) e a de Foco (constituinte que carrega a informação mais saliente), que devem ser entendidos, pois, como internos à gramática, dentro do componente pragmático: em uma oração como *O médico fez o atestado*, entende-se que *fazer* é um predicado (verbo) e *o médico*, *o atestado* são argumentos que têm não apenas funções semânticas (Agente e Objeto, respectivamente), e funções sintáticas (sujeito e objeto direto, respectivamente), mas, ainda, funções pragmáticas (Tópico e Foco), determináveis apenas no interior de frases enunciadas, nos lugares onde (considerada a enunciação) pode-se verificar qual o termo em torno de qual o falante organizou a frase – isto é, o Tópico – e qual o termo que carrega a informação mais saliente – isto é, o Foco (ver 2.6).

Pode-se aceitar, com certeza, o que diz Auwera (1989) sobre a Gramática funcional: que talvez seja o modelo gramatical que obteve a maior integração da pragmática na gramática. Para esse autor, funcionalista da linha de Dik, existem três formas possíveis de ver a associação da pragmática com a Gramática, sendo o termo *Gramática* (com inicial maiúscula) usado como designador de uma disciplina que não se preocupa com uma língua particular, e que é, pois, um "sinônimo de

Gramática Universal". Assim desenvolve ele a questão, nas três modalidades de associação da pragmática com a "Gramática":

(i) A pragmática é uma perspectiva da Linguística vista como um todo, e, assim, também, da Gramática. A pragmática constitui uma perspectiva funcional de qualquer aspecto da língua; é a preocupação do fonologista, do sintaticista, do sociolinguista ou do neurolinguista, focalizando a apropriabilidade ou a adaptabilidade da língua à sua ambiência.

(ii) A pragmática é um componente da Linguística, mas não da Gramática. Há uma competência gramatical (o conhecimento da forma e do significado) e uma competência pragmática (o conhecimento das condições e do modo de uso apropriado). A gramática da língua caracteriza o instrumento, determinando as propriedades físicas e semânticas das orações, expressando, pois, a competência gramatical (o autor cita Chomsky, 1980: 224). A competência pragmática determina o modo como o instrumento pode ser efetivamente posto em uso. A diferença entre Chomsky e Leech estaria exatamente no fato de que Leech está interessado no componente pragmático, e Chomsky, não.

(iii) A Pragmática é um componente da Linguística e da Gramática: a Pragmática se incorpora na própria Gramática (cita-se Dik, 1978).

Para Auwera (1989), esses três tipos não são tão diferentes entre si, como se poderia pensar, já que em todos eles se admite a existência da Gramática sem a pragmática, isso principalmente em (i) e em (ii), mas também em (iii) (cabendo notar-se, entretanto, que a afirmação se baseia na versão de Dik de 1978, que, como Auwera observa, coloca a pragmática como o componente "último" da Gramática). Por outro lado, o tipo (i) é subparte de (ii), e, assim, ficam reduzidos a dois os tipos de pragmática, assim postos:

(i) como componente da Gramática: Linguística → Gramática → pragmática (a pragmática interna à Gramática);

(ii) como componente da Linguística, mas não da Gramática: Linguística → pragmática (a pragmática externa à Gramática).

Ambas as visões são consideradas corretas por Dik: há pragmática que é interna à Gramática e há pragmática que não é. Como exemplo de uma pragmática externa à Gramática, cita-se a visão do planejamento da língua na perspectiva da sua adaptação ao ambiente (é pragmática, mas não é Gramática). Como exemplo de uma pragmática interna à Gramática, cita-se a colocação da topicidade (uma questão pragmática) como central na organização da Gramática. Sendo justificáveis ambas as visões, surgem, segundo Auwera (1989), duas outras perguntas:

a. Como decidir o que é interno e o que é externo à Gramática (já que nem todas as questões se discriminam tão facilmente como as duas que acabam de servir de exemplo)?
b. O que é mais relevante para o preparo de gramáticas (termo que, com inicial minúscula, refere-se às gramáticas de línguas particulares)?

O autor só responde à segunda pergunta, que considera a mais fácil: não há dúvida de que é a pragmática interna à gramática que é a mais interessante para a tarefa de preparo de gramáticas. E isso equivale a optar pelo modelo de "componentes integrados" da gramática funcional (ver 2.6).

Mesmo nas questões colocadas por Auwera como de pragmática "externa" à "gramática", tem-se feito opção pelo modelo funcional, em nome da incorporação da pragmática na Linguística. O paradigma funcional, como diz Camacho (1994: 19), é uma das alternativas relevantes para superar o problema metodológico resultante da desconsideração do papel do contexto social na interação linguística.

Beaugrande (1993, cap. I: 20) lembra que as visões funcionalistas mudaram significativamente o papel da frase, em relação à pesquisa formalista: para os estudiosos de Praga, a frase foi uma unidade de níveis múltiplos construída não exatamente a partir de modelos formais, mas a partir de distribuições do "dinamismo comunicativo" de certos elementos, pondo-se o interesse no quanto eles contribuem para a comunicação contínua. Praticamente repetindo as palavras do autor, são estas as indicações: pelos funcionalistas britânicos a frase foi vista como um mero constituinte da escrita, uma unidade ortográfica entre paradas plenas; a mais alta sequência da gramática era então a oração complexa, dentro da qual a oração era também vista como uma unidade de níveis múltiplos (o meio para a expressão integrada de todos os componentes significativos da língua funcionalmente distintos).

Um estudo funcionalista da frase necessariamente considera *tokens*, não apenas *types* (no sentido de Lyons, 1977). Qualquer uma das propostas funcionalistas pode ser invocada para verificar o tratamento da frase como ato de interação, como peça de comunicação real. Basta considerar as "camadas" de Dik (ver, adiante, 5.2.2), ou as "funções" da frase, de Halliday (ver, adiante, 5.2.1), assim como basta observar a proposta de De Lancey (1981) sobre as noções de fluxo de atenção e de ponto de vista, ligadas à organização das frases no discurso. Levando-se em conta essas noções, entende-se que os eventos descritos no discurso e as entidades neles envolvidas não têm todos a mesma importância comunicativa, dispondo a organização discursiva de mecanismos capazes de marcar a relevância relativa dos diferentes eventos e entidades que se seguem no discurso.

3.4 A ORGANIZAÇÃO GRAMATICAL E O FLUXO DA INFORMAÇÃO

De fato, como mostra Givón (1983: 7), a oração (nomeada como *clause* e especificada como *sentence*) é a unidade básica do processamento de informação no discurso, pois, enquanto a "palavra" só tem "significado", a "proposição", gramaticalizada como "oração" (*clause*), traz informação. Mas é mais longe que se vai: como diz o autor (citando, entre outros, Longacre, 1976 e 1979, Hinds, 1979 e Chafe, 1979), o discurso humano é "multiproposicional", sendo as cadeias oracionais combinadas em unidades temáticas maiores, que podem ser denominadas como "parágrafos temáticos". Esse é o nível discursivo dentro do qual se pode começar a discutir mais relevantemente o complexo processo de "continuidade" discursiva. E, no geral, em cada parágrafo temático – fazendo chegar à diferença entre os "níveis organizacionais *macro* e *micro* da língua" – três principais níveis de continuidade discursiva recebem "expressão estrutural / gramatical / sintática": (i) continuidade temática; (ii) continuidade de ação; (iii) continuidade tópica / de participantes.

De Lancey (1981) distingue no enunciado um fluxo de atenção natural, referente às estruturas perceptuais, e um fluxo de atenção linguístico, referente aos mecanismos linguísticos pelos quais esses valores são marcados nas frases; do fluxo de atenção linguístico pode-se dizer, por exemplo, que, seguindo a ordem natural, ele parte de Origem (Agente, Experimentador) para Meta, e que ele se situa na posição mais à esquerda, na frase. O fluxo de atenção natural tem como base a ordenação temporal dos eventos, que deve ser refletida na frase, a não ser que haja alguma motivação especial – potencialmente ligada ao próprio ponto de vista – que cause a não coincidência, e torne marcado o enunciado. Os pontos de vista a partir dos quais se descreve uma cena são dois, o de um observador externo e o de um dos participantes. Entende-se que os pontos de vista, valores essencialmente dêiticos, são especificados nas frases por meio de mecanismos linguísticos apropriados que cada língua possui.

O fluxo de atenção organiza o fluxo da informação. Este, segundo Chafe (1987), tem menos relação com o conteúdo de um enunciado do que com o modo pelo qual esse conteúdo é "empacotado" e apresentado ao ouvinte. O fluxo de informação diz respeito, pois, aos aspectos cognitivos e sociais do "empacotamento" que as pessoas fazem do conteúdo ideacional, quando falam. Em outras palavras, mais do que com o conteúdo ideacional do enunciado, o fluxo de informação tem relação com a organização que nele obtêm categorias como "tópico e comentário", "sujeito e predicado", "informação dada e informação nova", ou, ainda, "unidades de entonação", "orações", "frases" e "parágrafos". O fluxo de informação determina a ordenação linear dos sintagmas nominais na frase, que se faz na sequência que o falante considera adequada para obter a atenção do ouvinte, mas alterações da ordem podem atuar no sentido de controlar o fluxo de atenção.

A consideração da relação entre os padrões discursivos e os gramaticais tem, na verdade, o fluxo de informação como um de seus principais parâmetros (Du Bois e Thompson, 1991). Estudando a estrutura argumental dos verbos efetivamente realizada numa língua maia, o sacapulteco, Du Bois (1987, 1993a, 1993b) conseguiu estabelecer tanto na dimensão gramatical quanto na dimensão pragmática, com inter-relação entre ambas, aquilo que ele denominou "estrutura argumental preferida". Na dimensão gramatical, o que se verificou foi que se evita mais de um SN lexical na oração, e que o elemento lexical ocupa, de preferência, a posição de objeto. Na dimensão pragmática, o que se verificou foi que se evita mais de um argumento novo na oração, e que esse argumento novo ocupa, de preferência, a posição de objeto. Dito de outro modo, a dimensão sintática da estrutura argumental preferida diz respeito à presença ou à ausência de sintagmas nominais lexicais nas diferentes posições argumentais, com duas restrições que assim se expressam: (i) preponderam as orações com apenas um argumento preenchido por SN lexical pleno; (ii) um SN lexical pleno que seja único em uma oração tende a ocorrer na posição de objeto ou de sujeito de oração intransitiva, mas não na de sujeito de oração transitiva.

A dimensão pragmática, por sua vez, diz respeito à distribuição da informação nova pelos termos da predicação, com duas restrições que assim se expressam: (i) as orações contêm preponderantemente apenas um termo portador de informação nova; (ii) esse único termo portador de informação nova tende a ocorrer nas posições de objeto ou de sujeito de oração intransitiva, mas não na de sujeito de oração transitiva.

Resultados semelhantes foram encontrados nas mais diversas línguas; entre outros: por England e Martin (s/d) para outras línguas maias, por Kumpf (1992) para o inglês, por Ashby e Bentivoglio (1993) para o francês e o espanhol, por Bentivoglio (1994) para o espanhol antigo, por Kumpf (1992) para o inglês como língua não materna, por Tao (1991) para o mandarim, por Smith (1987) para o hebreu, por Scancarelli (1985) para o chamorro, por Payne (1987) para o papago, por Downing (1985), por Lee (1984) e por Iwasaki (1985) para o japonês; e, para a própria língua portuguesa, por Dutra (l987), Neves (l994a), Brito (1996), Antônio (1998) e Pezatti (1996), entre outros. A investigação do fluxo informacional rastreia não apenas o estado de ativação da informação (dada, acessível, nova), mas ainda suas condições de identificabilidade (identificável, não identificável), os meios de identificabilidade (primeira pessoa, segunda pessoa, menção no discurso prévio, situação discursiva, *frame*, ancoragem, catáfora), a genericidade e a referencialidade discursiva.

A investigação da "estrutura argumental preferida", na verdade, diz respeito à verificação da preferência do falante por um, ou outro, tipo oracional, considerada não apenas a dimensão gramatical mas também a pragmática, isso porque essa preferência, embora se refira a uma estrutura sintática, tem determinação discursiva. Na verdade, a forma que os argumentos tomam se relaciona com a codificação de informação nova, ou velha, em padrões referenciais. Dito de outra maneira, o que se postula é uma teoria de relação entre gramática e discurso, segundo a qual os processos de gramaticalização (ver 9) devem-se não apenas à influência da língua como sistema gramatical, mas também à influência de fenômenos discursivos (Du Bois et al., 2003). Entende-se, assim – dentro de uma visão plenamente funcionalista –, que o comportamento sintático-semântico pode ser mais bem explicado dentro de um esquema que leve em conta a interação de forças internas ao sistema (gramaticais) e forças externas a ele (sociocognitivas).

NOTAS

[1] "When one takes a functional approach to the study of natural languages, the ultimate questions one is interested in can be formulated as: How does the natural language user (NLU) work? How do speakers and addressees succeed in communicating with each other through the use of linguistic expressions? How is it possible for them to make themselves understood, to influence each other's stock of information (including knowledge, beliefs, prejudices, feelings), and ultimately each other's practical behaviour, by linguistic means?"

[2] Esses parâmetros são: 1) número de participantes; 2) cinese; 3) aspecto; 4) pontualidade; 5) volição; 6) polaridade; 7) modo; 8) agentividade; 9) afetação do objeto; 10) individuação do objeto. A transitividade é mais alta em dependência da existência de: 1) mais de um participante; 2) ação; 3) telicidade; 4) pontualidade; 5) ação propositada; 6) afirmatividade; 7) realidade; 8) alta agentividade do agente; 9) ação completa em relação ao objeto; 10) individuação do objeto. Desse modo, a medida da transitividade não é determinada por um fator único, ela resulta da codeterminação de diversos fatores, sendo que a conjunção de um maior número deles resulta na caracterização de transitividade mais alta. Vilela (1992), também considerando a transitividade como propriedade de natureza escalar, vincula a maior transitividade (que ele qualifica como *forte*) aos sete seguintes fatores: 1) mais de um participante; 2) presença de ação; 3) presença de direcionalidade; 4) intencionalidade; 5) capacidade de ação do agente; 6) afetação total do objeto; 7) individuação do objeto. Em qualquer proposta de uma consideração gradual do fenômeno da transitividade, afinal, a oração prototipicamente transitiva é a que configura uma ação intencional e acabada de um agente animado individuado que provoca mudança em um objeto também individuado.

4.
As duas grandes correntes do pensamento linguístico: Funcionalismo e Formalismo

> *Isso não significa dizer que o estudo das propriedades formais precisa ser conduzido em um vácuo funcional. Como costuma ocorrer, uma compreensão mais plena das propriedades formais das relações gramaticais acaba sugerindo uma interpretação funcional.*[1]
> (Talmy Givón, *Gramatical Relations*, 1997, p. 1-84.)

4.1 A VISÃO CONJUNTA DOS DOIS MODELOS

A consideração da existência de um modelo com visão funcionalista da linguagem, isto é, com uma visão da linguagem como entidade não suficiente em si, leva, em primeiro lugar, à contraposição com outro modelo que, diferentemente, examina a linguagem como um objeto autônomo, investigando a estrutura linguística independentemente do uso (a 'forma' abstrata). Historicamente, pode-se dizer que a tradição formalista tem origem em Bloomfield (1935), ganhando sua marca maior em Chomsky (1957, 1965), e que a tradição funcionalista tem berço na Escola Linguística de Praga (*Thèses*, 1929), tendo-se desenvolvido em ligação com incursões de interesse tipológico e interacionista (sociocognitivista). No geral (podendo-se citar Nichols, 1984), a Gramática formalista é definida por sua característica de estudar os fatos e os elementos gramaticais mediante um modelo linguístico formal. Na contraparte (ainda citando-se Nichols, 1984), as teorias funcionalistas também analisam a estrutura gramatical, entretanto o fazem com abrigo na situação comunicativa, e entendendo-a como determinadora das estruturas em análise.

Obviamente uma dicotomização assim tão rígida é uma simplificação, já que, de cada lado, não existe, realmente, um conjunto teórico de definição interna una, ou de procedimentos heurísticos de consenso total. Basta que se preste atenção, por exemplo, no fato incontestável de que é difícil tentar reduzir a um plano comum as propostas que os diversos funcionalistas assentam, segundo o que entendem como "funcionalismo".

Em uma obra coletiva denominada *Formal Approaches to Function in Grammar*, que trata, exatamente, da tensão que marca a relação entre forma e função na Linguística, Carnie e Harley (2003) assinam uma introdução à qual dão o título de "Formalizing Functionalism". Inspirados explicitamente em Croft (1995) e em Newmeyer (1998a), os autores instituem seis dimensões em que a distinção entre Formalismo e Funcionalismo se desdobraria (o que não necessariamente remete a contraposições absolutas):

1. Quanto ao papel da estrutura gramatical: uma teoria é mais funcionalista quanto menos dependente for da estrutura.
2. Quanto ao papel da arbitrariedade da gramática: os formalistas adotam sem reservas a visão saussuriana de que a língua – inclusive a gramática – é essencialmente arbitrária, enquanto os funcionalistas se distribuem entre alguns que limitam a arbitrariedade ao léxico, e alguns radicais que veem arbitrariedade no léxico e na gramática.
3. Quanto à autonomia da sintaxe: muitas teorias formalistas sustentam que há fenômenos que permitem caracterização formal sem referência à função semântica ou pragmática, enquanto a totalidade das teorias funcionalistas considera que a importância das funções semântica e pragmática sobre a forma gramatical é determinante, a ponto de não ter sentido considerar a forma isoladamente. O Formalismo de grau máximo não admitiria nenhuma interveniência de fatores semânticos e pragmáticos na análise dos fenômenos gramaticais, enquanto o Funcionalismo de grau máximo não admitiria nenhuma análise dos fenômenos gramaticais sem interveniência de fatores semânticos e pragmáticos.
4. Quanto à dicotomia sincronia/diacronia: as teorias formalistas consideram firmemente que o objetivo da teoria linguística é caracterizar o sistema gramatical do falante em um determinado momento, sem referência a fatos históricos que lhe possam ter dado origem, enquanto as teorias funcionalistas sustentam que a caracterização do sistema gramatical é incompleta sem a compreensão dos eventos históricos que lhe deram origem. Assim, as análises formalistas são sincrônicas, sem alusão a pressões históricas sobre o sistema gramatical, e os funcionalistas consideram incompletas as análises que não se considerem os fatores históricos que interferem no sistema.
5. Quanto à distinção entre competência e atuação: os gramáticos formalistas sustentam que há um conhecimento gramatical nuclear que pode ser caracterizado independentemente do sistema de produção e compreensão

que o gera, enquanto os gramáticos funcionalistas defendem que o sistema de competência e o de atuação são isomorfos. Assim, para os formalistas, a representação linguística é caracterizada independentemente dos processos comunicativos que levam a ela; os funcionalistas buscam equacionar esses processos, e os mais radicais defendem que a própria 'competência' decorre do desempenho.

6. Quanto à consideração dos 'dados' para o estudo linguístico: os gramáticos formalistas, no geral – mas não uniformemente –, põem foco no julgamento de gramaticalidade, na comparação tipológica e nos dados referentes à aquisição da linguagem, enquanto os gramáticos funcionalistas, frequentemente – mas não sempre –, excluem o julgamento de gramaticalidade e põem foco na análise estatística de córpus, incluindo também dados históricos e sociológicos.

Nem todos concordarão com essas configurações propostas, alguns distinguindo mais ainda as duas 'correntes', outros minimizando as oposições, ou encontrando algumas relações a ser consideradas. Convergências e divergências entre as duas propostas são verificáveis no decorrer do tempo, e, realmente, entre as diversas teorias funcionalistas muitos exemplos há de traços importantes que desmentiriam radicalismos de interpretação. Entretanto, a origem de uma 'dicotomia' é histórica, tendo-se estabelecido a par do desenvolvimento da ciência linguística. A verdade é que, na base dos assentamentos, é fácil distinguir, historicamente, dois polos de atenção em princípio opostos no pensamento linguístico, o 'Funcionalismo', no qual, em resumo, a função das formas linguísticas parece desempenhar um papel predominante, e o 'Formalismo', no qual, em resumo, a análise da forma linguística parece ser primária, enquanto os interesses funcionais são apenas secundários.

4.2 A VISÃO CONTRASTADA DESSES MODELOS

Dentro dessa oposição, Dirven e Fried (1987: XI) colocam no polo funcionalista: a Escola de Praga (com Mathesius e, a seguir, Trubetskoy, Jakobson, Danes, Firbas, Vachek, Sgall, etc.); a Escola de Genebra (com Saussure e, a seguir, Bally e Tesnière, este influenciando Helbig e Martinet); a Escola de Londres (com Firth e, a seguir, Halliday); e o Grupo da Holanda (com Reichling e, a seguir, Dik). Com efeito, segundo os autores, é na Escola de Praga, bem como nos modelos de gramática funcional de Halliday e de Dik, que está mais representado o Funcionalismo, mas menos sistematicamente ele está na Escola de Londres e em Reichling, e apenas implicitamente ele está em Saussure. O polo formalista, por outro lado, tem seus maiores expoentes no estruturalismo americano (com Bloomfield, Trager, Bloch, Harris, Fries) e, num sentido menos rigoroso, está também nos sucessivos modelos de gerativismo, culminando na teoria padrão de Chomsky, embora em Dik estejam presentes traços do gerativismo (semântica gerativa). No próprio Chomsky, ainda (fato também apontado por Danes, 1987: 25), estariam alguns elementos da perspectiva funcional da frase, como, por exemplo, as noções de tópico/comentário (ou tema/rema), e, especialmente, na semântica gerativa de McCawley, e na gramática de casos de Fillmore, podem ver-se, dentro de um paradigma formalista, tentativas de questionamento de proposições básicas da teoria sob um ângulo semântico-funcionalista.

Mackenzie (2016b: 486) cita Newmeyer (1998) para dizer que, no Funcionalismo, explanações são buscadas, primariamente, fora da língua em si, por exemplo nos domínios cognitivos (memória, atenção, predição), nos domínios sociais (gênero, avaliação, polidez) e nos contextos espaço-temporais e socioculturais de uso da língua. Isso, obviamente, cria uma distinção nítida entre funcionalistas e formalistas, estes tendendo a abstrair os usos linguísticos e ver a gramática como autônoma, admitindo apenas explanações que provenham do sistema linguístico.

Uma gramática formalmente orientada, diz Hoffman (1989: 114), trata a estrutura sistemática das formas de uma língua, enquanto uma gramática funcionalmente orientada analisa a relação sistemática entre as formas e as funções em uma língua. Nas palavras de Dillinger (1991), os formalistas – entre eles os gerativistas – estudam a língua como objeto descontextualizado, preocupando-se com suas características internas (seus constituintes e as relações entre eles), mas não com as relações entre os constituintes e seus significados, ou entre a língua e seu meio; chegam, desse modo, à concepção de língua como "um conjunto de frases", "um sistema de sons", "um sistema de signos", equiparando, desse modo, a língua à sua gramática. Os funcionalistas, por seu lado, preocupam-se com as relações (ou funções) entre a língua como um todo e as diversas modalidades de interação social, e não tanto com as características internas da língua; frisam, assim, a importância do papel do contexto, em particular do contexto social, na compreensão da natureza das línguas.

Nas chamadas "gramáticas formais", como mostra Beaugrande (1993, cap. III: 5), as especificações funcionais são esparsas e dificilmente ligadas às formas, com tendência a deixar as especificações mais ricas para o domínio fluido e lateral da semântica, da pragmática, da estilística; as gramáticas explicitamente 'funcionais', em contraste, abrigam especificações funcionais ricas e empenham-se em acomodá-las no esquema, de modo que a 'descrição gramatical' de um discurso contenha dados amplos para auxiliar uma descrição semântica, pragmática e estilística.

Beaugrande (1993, cap. I: 19) considera que a decisão estruturalista de estudar "língua em si mesma e por si mesma" (*langue*) e de descrever cada subdomínio ('nível', 'componente', etc.) por critérios internos levou a uma ênfase nos dados formais, enquanto os dados funcionais eram atribuídos ao uso da língua (*parole*) ou à interação entre os subdomínios. Para o autor, o Funcionalismo extrapolou essa atribuição e defendeu uma perspectiva mais integrativa, na qual todas as unidades e os padrões da língua seriam compreendidos em termos de funções. Diz ele que o esquema formalista, desde Bloomfield, teve seus subdomínios, ou 'níveis', definidos pelas unidades da *langue* – fonemas, morfemas, palavras ou lexemas, e sintagmas ou "sintagmemas" –, ficando os fonemas situados naquela parte que o investigador encontra mais diretamente 'nos' dados linguísticos. E os subdomínios ou 'níveis' foram relacionados entre si, ao menos implicitamente, em termos de componentes, os fonemas constituindo-se em morfemas, os morfemas em palavras, as palavras em sintagmas. Surgiu um contraste entre dois esquemas, como se sugere no Quadro 2, adiante:

Quadro 2

Formalismo	Funcionalismo
fonemas	entonação – prosódia
morfemas	gramática
palavras – lexemas	discurso
sintagmas – sintagmemas	

Fonte: R. de Beaugrande, 1993, cap. I: 19. Adaptação de M. H. M. Neves.

Acrescenta Beaugrande (1993) que 'prosódia' ou 'entonação' (incluindo pontuação) é a parte que se encontra mais diretamente em dados linguísticos: não se trata da sequência de unidades abstratas (como os fonemas) mas do fluxo ou 'melodia' do texto enunciado. A 'gramática' não somente inclui os morfemas e as estruturas sintagmáticas, mas também incorpora suas bases cognitivas no conhecimento que a comunidade tem sobre o modo como se organizam os processos em relação aos participantes (por exemplo, se uma Ação tem um Iniciador). E o 'discurso', incluindo gestos, expressões faciais, manifestações emocionais e outros, configura a rede total de eventos comunicativos relevantes. Estes subdomínios estão relacionados não pelo tamanho e pela constituição, mas por funções mutuamente controladoras, como as curvas de entonação que são típicas de certos padrões gramaticais em certos domínios do discurso (por exemplo, discursos políticos).

Encontra-se em Dik (1978: 4-5; retomado e explicitado em 1989a: 2-7) uma análise das duas grandes correntes, contrapondo o paradigma formal (PFO) ao paradigma funcional (PFU), que é o seu. O termo *paradigma* é proposto para designar cada conjunto de crenças e hipóteses em interação. Nessa contraposição, a obra de 1978 especifica oito tópicos de confronto, e a de 1989a transforma sete desses tópicos em sete questões, que são:

1. O que é uma língua natural?
2. Qual é a principal função de uma língua natural?
3. Qual é o correlato psicológico de uma língua?
4. Qual a relação entre o sistema da língua e seu uso?
5. Como as crianças adquirem uma língua natural?
6. Como podem ser explicados os universais linguísticos?
7. Qual a relação entre a pragmática, a semântica e a sintaxe?

A versão de Dik (1997a) retoma as mesmas perguntas, mas oferece respostas apenas do que seja a visão do paradigma funcional (PFU). Quanto ao paradigma formal, o texto limita-se a dizer que, nele, a língua é vista "como um objeto formal abstrato (e.g., como um conjunto de orações)" e a gramática é conceptualizada primariamente "como uma tentativa de caracterização desse objeto formal em termos de regras de sintaxe formal a serem aplicadas independentemente dos significados e dos usos das construções descritas"[2] (Dik, 1997a: 2).

Na exposição adiante, transcrevem-se novamente as sete perguntas, e, para as respostas, assim se procede: no que diz respeito ao PFO, mantêm-se as indicações do texto de Dik (1989a), já constantes de Neves (1997); no que diz respeito ao PFU, completa-se o texto de Dik (1989a) com indicações significativas que a versão de Dik (1997) incorporou:

1. O que é uma língua natural?
No PFO, a língua é vista como um objeto formal abstrato, isto é, um conjunto de orações, e a gramática é concebida primariamente como uma tentativa para caracterizar esse objeto formal em termos de regras de sintaxe formal.
No PFU, a língua é um instrumento de interação social. Dizer que ela é um instrumento já significa dizer que ela não existe, em si e por si, como uma estrutura arbitrária de alguma espécie, mas que ela existe em virtude de ser usada para certos propósitos, os quais concernem à interação entre seres humanos.

2. Qual é a principal função de uma língua natural?
No PFO, a função primária de uma língua é a expressão dos pensamentos.
No PFU, a principal função de uma língua natural é o estabelecimento de comunicação entre os usuários. Comunicação é um padrão interativo dinâmico de atividades por meio das quais os usuários efetuam mudanças na informação pragmática de seus parceiros. A comunicação, assim, não é restrita à transmissão e à recepção de informação

factual. Daí resulta que o uso da linguagem exige pelo menos dois participantes, o falante (*the speaker*, S) e o destinatário (*the addresse*, A). Naturalmente, há situações de uso sem um segundo participante presente (casos de alguém falar sozinho, pensar ou escrever), formas que Dik indica (citando Vigotsky, 1962) como "derivadas", em relação aos usos interativos: falar sozinho é falar com si mesmo exercendo também o papel de S; escrever é comunicar-se com um A não presente na situação, mas que é ativado quando o texto escrito é lido; e pensar é uma forma de falar com si mesmo "em segredo". E, para ele, é mais fácil entender os usos individuais da linguagem a partir de sua visão como usos comunicativos do que entendê-los a partir da consideração da linguagem como um instrumento de organização individual e de expressão individual que se usa para falar com os outros.

3. Qual é o correlato psicológico de uma língua?
No PFO, o correlato psicológico de uma língua é a "competência", vista como a capacidade de produzir, interpretar e julgar orações.
No PFU, o correlato psicológico de uma língua natural é a "competência comunicativa" do usuário, no sentido de Hymes (1974): é a sua habilidade de exercer interação social por meio da linguagem. Essa interpretação de competência como "competência comunicativa" não significa que não se possa distinguir entre "competência" (conhecimento exigido para certa atividade) e "atuação" (implementação real desse conhecimento na atividade). Considera-se, pois, que a capacidade linguística do falante compreende não apenas a habilidade de construir e interpretar expressões linguísticas, mas também a habilidade de usar essas expressões de modo apropriado e efetivo, de acordo com as convenções da interação verbal que prevalecem numa comunidade linguística. De fato, a competência comunicativa abriga até a habilidade de usar expressões malformadas com resultados comunicativos bons, um jogo no qual muitos usuários da língua são proficientes, como se pode exemplificar com os casos de transcrições de conversação natural espontânea.

4. Qual a relação entre o sistema da língua e seu uso?
No PFO, o estudo da competência tem prioridade lógica e psicológica sobre o estudo da atuação.
No PFU, o sistema que subjaz a construção das expressões linguísticas é um sistema funcional, que deve ser estudado dentro da estrutura de regras, princípios e estratégias que governam seu uso comunicativo natural. Ou seja, a questão de como a língua é organizada não pode ser proficuamente examinada abstraindo-se a questão de como se cumprem as funções comunicativas. Desse modo, as expressões linguísticas só podem ser plenamente entendidas quando consideradas no seu funcionamento em comunicação, sendo as suas propriedades codeterminadas pela informação contextual e situacional disponível para ambos os parceiros da comunicação.

5. Como as crianças adquirem uma língua natural?
No PFO, a criança constrói uma gramática da língua usando suas propriedades inatas, com base num *input* restrito e não estruturado de dados linguísticos.

No PFU, a questão diz respeito à razão entre os fatores genéticos inatos e os fatores socioambientais, e os parâmetros básicos da discussão concernem à razão entre os fatores inatos e os do ambiente social. De um ponto de vista funcional é muito mais interessante estudar a aquisição da linguagem ligando-a à interação comunicativa da criança com seu ambiente do que atribuir a fatores genéticos apenas aqueles princípios subjacentes que não podem explicar-se nessa interação. O processo de aquisição da linguagem é fortemente codeterminado por um *input* altamente estruturado de dados linguísticos, apresentados à criança em contextos naturais, e adaptados ao nível de desenvolvimento de sua competência comunicativa.

6. Como podem ser explicados os universais linguísticos?
No PFO, os universais linguísticos devem ser vistos como propriedades inatas do organismo humano.

No PFU, os universais linguísticos devem ser explicados em termos das restrições inerentes a: a) o estabelecimento da comunicação humana; b) as propriedades biológicas e psicológicas dos usuários da língua natural; c) os contextos e circunstâncias nos quais a língua é usada para os propósitos comunicativos. Quando as línguas são desvinculadas de seus propósitos comunicativos, naturalmente surge a questão da existência de propriedades comuns entre elas. Novamente a visão funcional leva à compreensão dessas propriedades em termos de fatores externos, e, assim, cada língua natural pode ser considerada uma solução particular para esse problema extremamente complexo. A visão geral é a de que qualquer sistema linguístico será tão bom quanto outro, e as propriedades comuns das línguas podem ser entendidas em termos dos fatores externos que determinam a sua natureza.

7. Qual a relação entre a pragmática, a semântica e a sintaxe?
No PFO, a semântica é autônoma em relação à sintaxe; a sintaxe e a semântica são autônomas com respeito à pragmática; as prioridades vão da sintaxe à pragmática, via semântica.

No PFU, a pragmática é vista como o quadro abrangente no qual a semântica e a sintaxe devem ser estudadas. A semântica é instrumental em relação à pragmática e a sintaxe é instrumental em relação à semântica. Nessa visão, não há lugar para uma sintaxe autônoma. Pelo contrário, até onde se pode fazer uma clara divisão entre sintaxe e semântica, a sintaxe é o que permite que se formem expressões complexas para expressar significados complexos, e tais significados são o que permite às pessoas comunicar-se de modos diferenciados, até com sutilezas.

O que Dik diz pode sintetizar-se no seguinte: no paradigma formal uma língua natural é vista como um sistema abstrato autônomo em relação aos modos de uso, enquanto no paradigma funcional se considera que as expressões linguísticas não são objetos funcionais arbitrários, mas têm propriedades sensíveis a – e codeterminadas por – determinantes pragmáticos da interação verbal humana (Dik, 1987: 81-82).

Quadro 3

TÓPICOS	PARADIGMA FORMAL	PARADIGMA FUNCIONAL
Como definir a língua	Como conjunto de orações.	Como instrumento de interação social.
Principal função da língua	É a expressão de pensamentos.	É a comunicação.
Correlato psicológico	Competência: capacidade de produzir, interpretar e julgar orações.	Competência comunicativa: habilidade de interagir socialmente com a língua.
O sistema e seu uso	O estudo da competência tem prioridade sobre o da atuação.	O estudo do sistema deve fazer-se dentro do quadro do uso.
Língua e contexto/situação	As orações da língua devem descrever-se independentemente do contexto/situação.	A descrição das expressões deve fornecer dados para a descrição de seu funcionamento num dado contexto.
Aquisição da linguagem	Faz-se no uso de propriedades inatas, com base em um *input* restrito e não estruturado de dados.	Faz-se com a ajuda de um *input* extenso e estruturado de dados apresentado no contexto natural.
Universais linguísticos	São propriedades inatas do organismo humano.	Explicam-se em função de restrições: comunicativas; biológicas ou psicológicas; contextuais.
Relação entre a sintaxe, a semântica e a pragmática	A sintaxe é autônoma em relação à semântica; as duas são autônomas em relação à pragmática; as prioridades vão da sintaxe à pragmática, por via da semântica.	A pragmática é o quadro dentro do qual a semântica e a sintaxe devem ser estudadas; as prioridades vão da pragmática à sintaxe, por via da semântica.

Também a gramática sistêmico-funcional de Halliday, nas suas origens (Halliday, 1985: XXVIII-XXIX), preocupou-se em fazer um contraponto entre os dois grandes modelos que se apresentavam para as análises na teoria da gramática, e a direção, neste caso vai à oposição entre as gramáticas formais e as funcionais por via da orientação primariamente sintagmática das primeiras (assentadas na lógica e na filosofia) e a orientação primariamente paradigmática das últimas (assentadas na retórica e na etnografia).

Assim, das gramáticas formais diz Halliday que:

1. interpretam a língua como uma lista de estruturas entre as quais, num segundo passo, podem ser estabelecidas relações regulares;
2. tendem a:
   - enfatizar os traços universais da língua;
   - tomar a sintaxe como base da língua (gramática arbitrária);
   - organizá-la, desse modo, em torno da frase.

Das gramáticas funcionais diz ele:

1. interpretam a língua como uma rede de relações, entrando as estruturas como a realização das relações;
2. tendem a:
   - enfatizar variações entre línguas diferentes;
   - tomar a semântica como base (gramática natural);
   - organizá-la, desse modo, em torno do texto ou discurso.

Essas diferenças entre as duas correntes da gramática, como apontadas por Halliday, estão resumidas no quadro a seguir.

Quadro 4

GRAMÁTICA FORMAL	GRAMÁTICA FUNCIONAL
Orientação primariamente sintagmática.	Orientação primariamente paradigmática.
Interpretação da língua como um conjunto de estruturas entre as quais podem ser estabelecidas relações regulares.	Interpretação da língua como uma rede de relações (as estruturas entram como realização das relações).
Ênfase nos traços universais da língua (sintaxe como base: organização em torno da frase).	Ênfase nas variações entre línguas diferentes (semântica como base: organização em torno do texto ou discurso).

Fonte: Halliday, 1985. Adaptação de Neves, 1994b.

Referindo-se à "gramática sistêmica" de Halliday, Christie (1979: 257) aponta que a diferença básica dessa gramática com a gerativa é a sua consideração de que a "gramática profunda" – a base de um enunciado – não é encontrável em uma estrutura profunda abstrata, mas nas escolhas que o falante faz quando compõe um enunciado para um propósito específico. A gramatica sistêmica, assim, não diz respeito à competência abstrata de um falante ou ouvinte ideal em alguma comunidade homogênea de fala, que seria uma ficção científica (dentro de seu modelo); ela diz respeito, sim, às escolhas reais no uso da língua, feitas por falantes reais em contextos sociais reais.

Assim, cabe perfeitamente, neste ponto, ir novamente a Halliday (1985: xxix): ao chamar a atenção para a polarização que tem havido entre a abordagem formalista e a funcionalista, o autor considera que, na verdade, elas divergem exatamente porque se ligam, cada uma na sua linha, à própria natureza da linguagem, além de se ligarem, pela raiz, ao pensamento ocidental.

4.3 UMA VISÃO GERAL DAS CRÍTICAS A ESSES MODELOS

Leech (1983, cap. 3) critica a adoção exclusiva de qualquer uma das duas hipóteses, a formalista e a funcionalista, exclusivamente, considerando que seria tão tolo negar que a linguagem é um fenômeno psicológico quanto negar que ela é um fenômeno social. Basicamente ele liga as diferenças entre as duas propostas a diferentes modos de ver a natureza da linguagem. Desse ponto de vista, diz Leech (1983), os formalistas (o exemplo é Chomsky) encaram a linguagem como fenômeno mental, enquanto os funcionalistas a veem como fenômeno primariamente social. Então, os formalistas explicam os universais linguísticos como herança linguística genética comum da espécie humana, enquanto os funcionalistas os explicam como derivação da universalidade dos usos da linguagem nas sociedades humanas. Quanto à aquisição da linguagem pela criança, os formalistas apontam uma capacidade inata humana para aprender a língua, enquanto os funcionalistas se inclinam para uma explicação da aquisição em termos de desenvolvimento das necessidades e habilidades comunicativas da criança. Acima de tudo, então, os formalistas estudam a língua como um sistema autônomo, enquanto os funcionalistas a estudam em relação com sua função social.

A propósito da afirmação de Votre e Naro (1989) – em uma histórica polêmica acadêmica brasileira – de que a perspectiva funcionalista é preferível à formalista, Nascimento (1990) afirma que não cabe considerar uma ou outra como melhor opção: a comparação não tem sentido, pelo simples fato de que Formalismo e Funcionalismo têm diferentes objetos de estudo e, a partir daí, diferentes pressupostos, objetivos e metodologia. Entretanto, para Dillinger (1991), os dois lados chegaram a conclusões opostas porque deixaram de distinguir "fenômeno" de "objeto": de um lado, em Votre e Naro as duas visões teóricas são postas como alternativas, mas isso requereria que as duas tratassem os mesmos fenômenos, o que não é o caso, já que o Funcionalismo se preocupa com o contexto social, e o Formalismo, não; em Nascimento, de outro lado, as duas visões teóricas não são postas como alternativas pela consideração de que elas estudam objetos diferentes, entretanto o que é diferente nelas é apenas a maneira de estudar o objeto. A conclusão de Dillinger é que, de todo modo, Funcionalismo e Formalismo não podem ser vistos como alternativas exatamente porque estudam o mesmo objeto de maneiras diferentes, ou seja, porque estudam um mesmo objeto, mas fenômenos diferentes; assim, um estudo não exclui o outro, sendo ambos complementares e igualmente necessários. Essa conclusão é, aliás, a que Nascimento oferece, afirmando que cada um desses dois modelos de análise linguística pode contribuir para o progresso do outro, e ambos podem articular-se na explicação da interação entre as representações mentais e o processamento linguístico.

Comentando as bases do Funcionalismo de Coseriu (visto no geral de sua proposta, sem referenciações bibliográficas datadas), Bechara (1991) contrasta a "gramática estrutural e funcional" desse teórico, que, como a de Gabelentz, é analítica (parte da frase para chegar aos elementos mínimos da língua), com a "gramática transformacional", que é sintética (ensina de que maneira se utilizam os meios gramaticais para a estruturação do discurso). Segundo Bechara, a divergência fundamental entre elas é que a gramática transformacional tem ignorado e às vezes até negado as funções idiomáticas, enquanto a gramática estrutural e funcional parte do pressuposto de que é impossível investigar o funcionamento efetivo de uma língua sem previamente haver estabelecido as funções dessa língua. Bechara mostra que Coseriu não privilegia a gramática estrutural e funcional em relação à gramática transformacional, o que ele faz é assinalar que, se uma investigação linguística pretende descrever a língua como estruturação de conteúdos, como sistema de funções, ela deve partir do significado estrutural para a designação – como faz a primeira – e, não, partir da designação para o significado estrutural – como faz a segunda. Também Gabelentz, diz Bechara, era de opinião que, "embora as duas formas da gramática se complementem, é necessário considerar as línguas em forma sinótica, atendendo primeiro a seus meios e depois às suas possibilidades" (1991: 3), isto é, ao que se pode fazer com tais meios. E isso ocorre "porque a língua não é somente um conjunto de regras de constituição sintagmática, imediata ou mediata, mas também – e principalmente – um conjunto de paradigmas funcionais, já que no eixo paradigmático da língua é que se estabelecem as oposições funcionais" (1991: 3-4).

Para demonstrar que a gramática de Coseriu vem "sanar" uma "lacuna na identificação, descrição e investigação" das "funções idiomáticas", Bechara (1991) apresenta uma caracterização de alguns tipos de gramáticas, não se limitando à dicotomização entre Formalismo e Funcionalismo: as gramáticas estruturais do tipo bloomfieldiano se atêm primordialmente à constituição material, isto é, à descrição morfológica, podendo tocar de leve no problema das funções; quanto às relações, há, em geral, completa abstração, ou, quando são tratadas, elas não são distinguidas das funções. Para Bechara, a Escola de Praga também ignora as relações, mas dedica especial interesse aos aspectos constitucionais e funcionais; como, todavia, essa corrente pouco se dedicou aos níveis superiores da gramática (sintaxe da frase e do período), não há uma gramática completa orientada pelos seus postulados. Por seu turno, a glossemática dedica particular interesse à identificação e à descrição das funções, mas dá pouca atenção ao aspecto físico material da estrutura gramatical e ao das relações. A gramática transformacional ocupa-se da constituição e das relações, mas, não fazendo delas objeto de descrição e de investigação, ignora (até deliberadamente) o aspecto que Coseriu considera central e determinante de toda a língua: as funções idiomáticas.

4.4 UMA QUESTÃO PARTICULAR NO CONTRAPONTO ENTRE FUNCIONALISMO E FORMALISMO

A contraposição entre o tratamento funcionalista e formalista da linguagem leva à observação da importância que assume, na consideração funcionalista, a questão da aquisição da linguagem. Formalistas e funcionalistas têm duas hipóteses opostas sobre as origens da gramática na linguagem da criança, como expõem Bates e MacWhinney (1987). A primeira posição acentua a natureza arbitrária do formalismo gramatical, sugerindo que as línguas somente podem ser aprendidas porque as crianças têm algum tipo de conhecimento apriorístico a respeito da estrutura e do conteúdo de um componente gramatical autônomo e abstrato. A posição funcionalista acentua as restrições funcionais sobre a forma gramatical, o 'ajuste' natural entre a estrutura de superfície do enunciado e a função de comunicação para a qual a gramática está destinada. Segundo essa segunda posição, as línguas podem ser aprendidas porque as crianças estão resolvendo o problema da comunicação e descobrindo por si mesmas as restrições que determinam a forma da gramática.

À consideração chomskiana de que as categorias e as relações sintáticas são primárias, axiomáticas, opõem os funcionalistas a concepção de uma 'gramática' com características determinadas pelo propósito comunicativo. Nessa linha, a aquisição da gramática pela criança é vista como guiada não por categorias abstratas, mas por estruturas de comunicação pragmáticas e semânticas, que interagem com as restrições ligadas à atuação, ou seja, à emissão da cadeia sonora. Um conceito fundamental que intervém, como observam Bates e MacWhinney (1987:

211), é o de "competição", já que é a convergência das restrições em competição que determina a forma da gramática, deixando opaca a relação entre forma e função. Assim, quando Halliday (1985, 1994, 2004, 2014) insiste na questão da multifuncionalidade dos itens, ele está justamente invocando o fato de que nenhuma forma particular tem motivação direta em nenhuma função particular: por exemplo, uma posição sintática "sujeito" não corresponde necessariamente a um papel semântico "Agente", nem é necessariamente um "Tópico" pragmático, mas a relação entre as diferentes funções é resultado da competição que se estabelece, na produção do enunciado.

NOTAS

[1] "This is not to say that the study of formal properties needs to be undertaken in a functional vacuum. As is often the case, a more comprehensive understanding of the formal properties of grammatical relations turns out to suggest a functional interpretation."

[2] O conteúdo desse parágrafo corresponde ao que está na resposta relativa ao paradigma formal (PFO) número 1 da versão de Dik (1989a).

5.
Modelos funcionalistas

> *Os estudos funcionalistas caracterizam-se em primeiro lugar e principalmente pela afirmação de que a língua deve ser vista primariamente como um meio de comunicação humana em contextos socioculturais e psicológicos, e de que esse fato deve determinar nossa visão de como a língua tem de ser modelada.*[1]
>
> (Christopher S. Butler, *Functional Approaches to Language*, 2005, p. 4.)

5.1 OS DIFERENTES 'FUNCIONALISMOS'

Um dado curioso sobre os considerados 'Funcionalismos' é a especificidade marcante das diversas correntes que se autodefinem nesse modelo. Já se chegou a dizer que o Funcionalismo é como o protestantismo: um grupo de seitas em conflito, que concordam somente na rejeição da autoridade do papa (Van Valin, 1990: 171, remetendo a Elizabeth Bates, 1987).

Acresce que muitas das características que se atribuem ao geral de um 'Funcionalismo' aplicam-se, na verdade, apenas a modelos mais radicais. No final do século XX, propunha Nichols (1984) a existência de um Funcionalismo conservador, um Funcionalismo extremado e um Funcionalismo moderado. O tipo conservador é o que apenas aponta a inadequação do Formalismo ou do Estruturalismo, sem ir a uma análise da estrutura; o tipo moderado não apenas aponta essa inadequação, mas vai além, propondo uma análise funcionalista da estrutura; e o Funcionalismo extremado nega a realidade da estrutura como estrutura, considerando que as regras se baseiam internamente na função, não havendo, pois, restrições sintáticas.

Van Valin (1990) tem como "extremo" o Funcionalismo de Sandra Thompson (a obra citada é *That-deletion from a Discourse Perspective*, de 1987), bem como o de Paul Hopper (a obra citada é *Emergent Grammar*, de 1987), argumentando que esse conjunto de modelos (no qual ele enquadra também o Givón de *On Understanding Grammar*, 1979c) nega a validade da concepção saussuriana da linguagem como um sistema estrutural, e defende que a gramática pode ser reduzida ao discurso. No outro extremo, no Funcionalismo "conservador", Van Valin (1990) enquadra Susumu Kuno (1987), que, segundo ele, apresenta uma sintaxe funcional como componente apenas adicional que deve ser acrescentado às teorias formais existentes. "Moderado" Van Valin considera o Funcionalismo de Dik, bem como o de Halliday e o seu próprio: é aquele que, reconhecendo a inadequação de um Formalismo e de um Estruturalismo estritos, propõe alternativas funcionalistas para a análise. Essa corrente funcionalista enfatiza a importância da semântica e da pragmática para a análise da estrutura linguística, mas, admitindo que a noção de estrutura é central para o entendimento das línguas naturais, propõe uma consideração de estrutura linguística, obviamente distinta da proposta pelos formalistas. De 1977 é a proposta de Van Valin de uma *Role-and-Reference Grammar* (Foley e Van Valin, 1977), na qual se prevê a intervenção de fatores pragmáticos e de metarrelações semânticas na especificação da forma sintática, moderando-se, pois, pela interveniência de fatores semânticos, a pressão dos fatores externos sobre a forma sintática. Também se enquadram entre as moderadas as obras mais tardias de Givón (a partir de meados dos anos 1980), que, enquanto procedem a investigações de base funcionalista, como, por exemplo, o exame dos aspectos icônicos da gramática, também mantêm a atenção para a abstração da estrutura sintática.

De funcionalista extremado é exemplo Érica Garcia, que, em *Discourse without Syntax* (1979), defende que a caracterização das relações entre forma e função prescindem de uma teoria que forneça uma estrutura gramatical. Para ela, ao contrário do que a gramática gerativa supõe, "certas características de uma oração podem simplesmente ser consequência do discurso maior de que ela é parte" (1979: 24). E se um aspecto de uma oração é a consequência de alguma coisa a partir da qual ela pode ser compreendida, não se pode estabelecer esse aspecto como um fenômeno sintático autônomo. Há que verificar, então, quais fatos da chamada "estrutura da oração" são características arbitrárias dessa estrutura, requerendo descrição pela 'sintaxe', e quais são meramente o resultado de fatos gerais do discurso. Garcia (1979: 24) afirma que a 'oração' se tem mostrado uma unidade bastante insatisfatória de análise para quem quer que esteja interessado na distribuição das unidades gramaticais, mesmo no interior dessa unidade, e que a restrição da análise linguística a orações isoladas, com desconsideração do contexto maior no qual elas ocorrem (contexto tanto linguístico como extralinguístico), só poderia levar a malogro na busca da estrutura da língua.[2]

Obviamente não negava a autora (Garcia, 1979) que a tarefa do linguista é registrar e estabelecer os fatos arbitrários da língua aos quais o falante tem de conformar-se; entretanto, dadas as características óbvias da linguagem como instrumento de comunicação entre seres humanos, o objetivo específico de seu trabalho era buscar elucidar, com base em considerações comunicativas, certos fatos que simplesmente se estabeleciam como "fatos arbitrários" (por exemplo, a ordem de palavras do inglês antigo).

Uma crítica à posição extremada de Garcia está em Paprotté e Sinha (1987), que encontram problemas nesse tipo de consideração. Em primeiro lugar, considera a crítica, tais esquemas classificatórios funcionais tendem a apresentar noções estáticas e casuísticas de pressões externas contextuais sobre as estruturas, sem indicar os graus de pressão ou determinação; além disso, o estudo funcional da linguagem requer uma clareza equivalente das noções funcionais e das estruturais, já que estrutura e função parecem ser interdependentes.

No histórico do desenvolvimento de relevantes propostas que teoricamente se têm definido como 'funcionalistas' – e que consensualmente são tidas como tal, sem posições extremadas – com certeza existem caracterizações particulares com as quais cada uma delas se instituiu. Acentuando para cada grupo uma marca particular de proposta funcionalista, Neves (2004: 15-16) assim resume a proposta de quatro modelos funcionalistas de direções bem evidentes:

- o de um Coseriu, que se fixa particularmente na proposta estruturalista de estabelecer os significados gramaticais distinguidos na língua e as oposições entre os significados, entendendo a língua como estruturação de conteúdos, como sistema de funções, enfim, como um conjunto de paradigmas funcionais;
- o de um Halliday, que se fixa particularmente na noção de "função" como o papel que a linguagem desempenha na vida dos indivíduos, em correspondência às demandas da situação e da cultura, assentando a sua gramática numa base sistêmica (e paradigmática), na qual o enunciado parte das escolhas que o falante faz quando o compõe para produzir significado, atingindo o seu propósito;
- o de um Dik, que se fixa particularmente na visão da interação verbal por via dos usuários, preocupando-se, entretanto, em valorizar o papel da expressão linguística na comunicação (incluída na descrição linguística a referência aos papéis e ao estatuto dos usuários naquela determinada situação sociocultural de interação), e, por isso mesmo, dedicando-se a prover formalizações no modelo da gramática;
- o de um Givón, que, particularmente, se fixa: no postulado da não autonomia do sistema linguístico; na concepção da estruturação interna da gramática como o organismo que, na sintaxe, unifica a codificação dos dois domínios funcionais, que são a semântica (proposicional) e a pragmática (discursiva), no exame dos aspectos icônicos da gramática.

Para ilustração do que se caracteriza como o pensamento funcionalista mais corrente, a seguir se repassarão, entre essas propostas, as duas que se instituíram, declaradamente, como "gramáticas funcionais" (funcionalistas), e que foram ambas classificadas por Van Valin (1990) como moderadas: a correntemente denominada "Gramática sistêmico-funcional" (da Austrália), de Michael A. K. Halliday; a autodenominada "Gramática funcional" (da Holanda), de Simon Dik (com sua sucedânea, autodenominada "Gramática discursivo-funcional").

5.2 DUAS 'GRAMÁTICAS' DE PROPOSIÇÃO EXPLICITAMENTE FUNCIONAL/FUNCIONALISTA

5.2.1 A Gramática sistêmico-funcional (GSF) de Michael A. K. Halliday

5.2.1.1 O ARCABOUÇO DA TEORIA

A teoria à qual se liga a gramática funcional de Halliday é uma teoria sistêmica, que se baseia nas propostas de John Rupert Firth (chamada "neofirthiana" por Robins, 1964: 290), com inspiração em Malinowski e Whorf (Kress, 1976: VIII-XI). Desse modo, a teoria é constantemente (e legitimamente) referida como *Systemic Functional Grammar* – SFG (em português: *Gramática sistêmico-funcional* – GSF), embora a denominação dada pelo próprio Halliday às suas obras de elaboração de uma "gramática" seja sempre *Functional Grammar* (Halliday, 1985, 1994, 2004, 2014). Isso se deve à própria seleção de conteúdo que ele faz para essas obras: já na introdução do livro inaugural dessa série (Halliday, 1985) o autor declara que o que vem apresentado não é a "porção sistêmica da descrição do inglês, com a gramática representada como uma rede de escolhas", mas é "a porção estrutural, na qual se vê como as opções se realizam" (1985: XV). A essa questão volta o final da seção (5.2.1.2), a seguir.

Mathiessen (1989) aponta que na base da teoria de Halliday estão o Funcionalismo etnográfico e o contextualismo desenvolvido por Malinowski nos anos 1920, além da Linguística firthiana, que é da tradição etnográfica de Boas e Sapir-Whorf, assim como do Funcionalismo da Escola de Praga.

Neves (2010a: 73-85) propõe que a base da proposta hallidayana possa ser resumida com a ligação que Halliday (1978: 34) faz da linguagem com a produção de significado, e desta com a inserção (pragmática) nos diversos tipos de situação, ou contextos sociais, que a cultura gera. Entra, pois, aí, o conceito de contexto de cultura, que é, como dizem Halliday e Hasan (1976: 23), "outro dos conceitos de

Malinowski". A ligação entre esses dois contextos pode ser observada no seguinte quadro (resumido de Neves, 2010a: 78), no qual se comparam os dois conceitos, segundo indicações colhidas em Halliday (1973a, 1978), em Halliday e Hasan (1976, 1989), em Eggins (1994) e em House (2001):

Quadro 5

CONTEXTO DE SITUAÇÃO	CONTEXTO DE CULTURA
Mais particular e restrito: concretiza a comunicação em um determinado ambiente.	Mais abstrato e geral (Eggins, 1994): é parte de um sistema social (Halliday, 1978).
"Real": constitui o modo como se efetivam as possibilidades na língua.	"Potencial" (Halliday, 1973a): constitui as possibilidades de produção de sentido na língua (Halliday, 1978).
Ambiente em que se faz a seleção das possibilidades de uso.	Ambiente de desenvolvimento das diversas possibilidades de uso linguístico disponíveis. (Halliday e Hasan, 1989).
Associação com o registro: liga o texto e seu microcontexto.	Associação com o gênero (Eggins, 1994): liga texto e macrocontexto (House, 2001).

A partir daí, o contexto de situação e o contexto de cultura devem ser vistos como igualmente importantes na observação da linguagem: eles integram a distinção entre o "potencial" (que é o que está no contexto de cultura, com suas "possibilidades") e o "real" (que é o que está no contexto de situação, com a(s) escolha(s) entre as possibilidades) (Halliday, 1973a). Com a análise de ambos compreende-se de que modo os indivíduos usam a linguagem. Esses dois contextos têm uma relação que se explica na afirmação hallidayana de que a linguagem é "a habilidade de 'significar' em determinados tipos de situação, ou contextos sociais, que são gerados pela cultura" (Halliday, 1978: 34). Ora, é a cultura que constrói a possibilidade de produção de significados no uso: pode-se dizer que no contexto de cultura se definem os gêneros, enquanto no contexto de situação se definem os registros, ambos naturalmente atuantes na 'angulação' e na 'moldagem', de cada produção linguística

Para exemplo de toda essa configuração, Neves (2010a: 79) recorre a Halliday e Hasan (1976: 22-23), que começam com a indicação de que, se meramente nomeamos um meio de produção, dizemos pouco: poderíamos falar de um "registro de biologia marinha" ou de um "registro de jornal", mas isso dificilmente nos capacitaria a dizer algo de interesse acerca dos tipos de texto em questão. Entretanto, se damos alguma informação acerca das categorias de "campo", "modo" e "relação", começamos a ser capazes de fazer observações úteis. Por exemplo,

a. se especificamos:
   - um "campo", tal como: "interação pessoal, no fim do dia, para distração com a narrativa de eventos familiares",
   - com o "modo": "monólogo, imaginativo, narrativo, improvisado",
   - e com a "relação": "relação íntima, de mãe com filho de três anos",
b. podemos reconstruir uma grande parte da linguagem desse tipo de história para dormir,
c. especialmente se formos adiante e descrevermos o "contexto de cultura", que nos dirá, entre outras coisas, o que efetivamente são os eventos familiares na vida de uma criança com dado pano de fundo sociocultural.

Afinal, é assim que surge, e com primado, dentro da proposta de Halliday, a entidade **texto**, essencialmente porque no texto estão as variáveis do registro, que é o complexo (não hierarquizado) que faz que os textos sejam tão diferentes entre si: há um conhecimento assumido (ligado ao 'quê', ou seja, ao "campo"); há a expressão de atitudes (ligadas ao 'quem', ou seja, às "relações"); e há um padrão de formalidade/de uso (ligado ao 'como', ou seja, ao "modo"). A partir dessa configuração, entende-se que do texto se deduz o contexto, e, por outro lado, que é da relação do texto com o seu contexto que nasce o "registro" (que o comanda e o conforma para o uso). Enfim, pode-se considerar legítimo afirmar, numa apreciação geral, que o produtor, dominando as regras gramaticais do sistema, vai ao texto a partir da sua noção do contexto, e que o analista, de seu lado, vai ao contexto pelo que lhe dá o texto.

Resta acoplar a esse complexo de variáveis o feixe de metafunções a que se prende a visão sistêmico-funcional dessa gramática. As metafunções se organizam, numa escala de níveis, nos três componentes gramaticais da linguagem propostos (já referidos em 1.2 e em 2.5): (i) ao conteúdo experiencial, de fonte interna ou externa, com escolha da transitividade, liga-se a metafunção ideacional; (ii) à escolha do modo/modalidade liga-se a metafunção interpessoal; (iii) à escolha do processo de tematização do enunciado liga-se a função textual.

Chame-se a atenção para o fato de que, como explicita Gouveia (2009: 17), em Halliday as funções da linguagem são referidas como "metafunções" em razão de dois aspectos fundamentais: de um lado, por estar em consideração o seu carácter geral e o seu pendor abstrato (por oposição às funções que as unidades dos sistemas linguísticos particulares realizam em estruturas particulares), e, de outro lado, porque a funcionalidade é intrínseca à linguagem. Gouveia lembra as indicações de Halliday (2004: 31) de que "toda a arquitetura da linguagem se organiza em linhas funcionais", de que "a linguagem é como é, por causa das funções em que se desenvolveu na espécie humana", e, afinal, de que "o termo 'metafunção' foi adotado para sugerir que função é uma componente nuclear na totalidade da teoria". Assim, completa Gouveia (2009: 17): "A partir da consideração da existência de metafunções, é possível verificar, por meio de descrição, como as línguas naturais se estruturam, se organizam com base em tais princípios funcionais de caracterização da linguagem humana."

5.2.1.2 O HISTÓRICO[3]

O modelo de Halliday começou a ser elaborado em meados do século XX (Halliday, 1961, 1963, 1966, 1967a, 1967b, 1967c, 1968, 1970, 1973a, 1973b, 1977, 1978, 1980, entre outros). O coroamento desse percurso de elaboração da teoria deu-se com a publicação da obra *An Introduction to Functional Grammar* (Halliday, 1985), a respeito da qual Christian Mathiessen preparou uma recensão (Mathiessen, 1989) em que oferece o seguinte histórico (considerada a essência): a primeira versão da teoria sistêmico-funcional foi *a scale-and-category theory* (Halliday, 1961), que depois foi revista e ampliada com proposição de uma base paradigmática (Halliday, 1966), e completada com a teoria das (meta)funções (Halliday, 1967b, 1967c, 1968, 1973a).

Essa obra-mestre de Halliday (Halliday, 1985) teve segunda edição em 1994, e já na terceira edição, de 2004, passou a ter a colaboração de Christian Mathiessen, que consta como "revisor" na capa e na folha de rosto da obra, mas vem registrado como coautor na ficha catalográfica ("© 2004 M. A. K. Halliday and Christian M. I. M. Mathiessen"). O breve "Prefácio" (2004: IX-X) tem duas partes: os dois primeiros parágrafos são assinados por M. A. K. Halliday, e os dois seguintes são assinados por ambos. Na sua parte, Halliday conta que, cinco ou seis anos após a segunda edição (na qual ele tinha trabalhado com bastante facilidade), os editores lhe solicitaram o preparo de uma terceira edição, mas que, então, ele já não esteve certo de ter a energia ou a *expertise* necessárias para tal trabalho. A "solução óbvia" era trabalhar em colaboração, e a "pessoa óbvia" era Christian Mathiessen. Diz ele, afinal, que contribuiu em poucas seções para a revisão (publicada em 2004), tendo ficado com Christian "a parte do leão do trabalho". Nos dois parágrafos seguintes do "Prefácio" registra-se bem sucintamente o que representaram as revisões, em cada capítulo: houve expansões maiores ou menores (o primeiro capítulo, por exemplo, foi "amplamente reescrito", introduzindo-se nele conceitos teóricos fundamentais para a composição da "arquitetura da gramática") e houve alguma reorganização dos capítulos. Entretanto, o toque principal desse "Prefácio" vai para a proposição da importância do trabalho com o texto e para a valorização da metodologia adotada, a de oferecer nas lições os usos da língua: os autores declaram que tentaram, dentro do espaço disponível, fazer ver que "a gramática faz sentido no texto escrito e no texto oral", e praticamente se lamentam por terem tido de "remover exemplos que originariamente estavam incluídos".

Afinal, a quarta edição da obra, posterior à morte de Halliday (2014), vem com um título que atribui nominalmente a ele a autoria (*Halliday's Introduction to Functional Grammar*), embora no rodapé conste Michael Halliday como autor e Christian Mathiessen como "revisor". Na ficha catalográfica ambos vêm como autores das quatro versões ("© 1985, 1994, 2004, 2014 M. A. K. Halliday and Christian M. I. M. Matthiessen").

Pode-se lembrar que, já no início dos anos 1960, fica assentada a noção de sistema como conceito teórico central da gramática de Halliday (1961). Na mesma época ficam estabelecidos o sintagma (a cadeia) e o paradigma (a escolha) como elementos de organização para uma teoria linguística (Halliday, 1963). Em Halliday, McIntosh e Strevens (1964) ficam propostos os três componentes do contexto de uso: o "campo", o "modo" e a "relação".[4] O estatuto de sistema é plenamente estabelecido em Halliday (1966), com a noção de uma gramática profunda que abriga a totalidade dos sistemas e com a noção de que a estrutura é a representação sequencial física das escolhas, feitas dentro dos sistemas.

Em Halliday (1967b, 1967c, 1968), após essa definição do caráter sistêmico da teoria, acentua-se o seu caráter funcional, com destaque para o sociocultural, no qual se resolvem as três metafunções (ideacional, interpessoal e textual). Em Halliday (1978), há um fortalecimento dessa inserção social, apresentando-se uma "semiótica social", em que a linguagem se explica como a realização dos significados que constituem a cultura. Em Halliday (1985), interpretando-se o sistema linguístico em termos das categorias funcionais (ideacional, interpessoal e textual), acentua-se a visão de texto como a instanciação do "significado potencial" nos contextos de situação reais (ver 2.5). Cite-se a valorização dos estudos da conversação como meio de compreensão do sistema linguístico, procedimento de análise que também se vê no *Cohesion in English* (Halliday e Hasan, 1976). E a partir daí volte-se às sucessivas versões da obra *An Introduction to Functional Grammar* (Halliday, 1985, 1994, 2004, 2014), cuja definição pode ser tirada do próprio Halliday (1985):

> [A obra] É uma introdução à gramática funcional porque a estrutura conceptual em que ela se baseia é funcional, e não formal. Ela é funcional em três sentidos distintos, entretanto intimamente relacionados: na sua interpretação (1) de textos, (2) do sistema, (3) dos elementos das estruturas linguísticas. (1985: XIII)

As propostas centrais desenvolvidas na construção dessa gramática funcional (mais especificamente, "sistêmico-funcional") receberão alguma explicitação na sequência.

5.2.1.3 A EXPLICITAÇÃO DA TEORIA

Do modelo sistêmico-funcional – visto a partir de suas primeiras proposições – pode-se dizer que ele se enquadra em uma gramática sistêmica que se interpreta metafuncionalmente. Como indica Beaugrande (1993, cap. I: 20), já que toda Linguística é, afinal, sistêmica, trata-se de uma "Linguística funcional sistêmica" em contraste com a "Linguística formal sistêmica" de Saussure, Z. S. Harris, Chomsky, etc.

O termo *sistema* é usado, nesse modelo, no sentido firthiano de "paradigma funcional", mas é desenvolvido no constructo formal de uma rede sistêmica, o que configura uma teoria da língua como escolha. Assim, à interpretação funcionalista da Linguística se acopla uma descrição sistêmica, na qual a gramática toma a forma de uma série de estruturas em sistema, cada estrutura representando as escolhas associadas com um dado tipo de constituinte (Halliday, 1967b: 37).

A gramática de uma língua é representada, pois, na forma de redes sistêmicas, não como um simples 'inventário' de estruturas, portanto, já que não é a estrutura que define a língua, embora ela seja parte essencial da descrição. Assim, o texto é o produto de seleção contínua em uma ampla rede de sistemas (Halliday, 2014: 23).

Como aponta Hudson (1986: 809), há dois tipos de categorias em uma gramática sistêmica, os traços e as funções: o traço é uma categoria paradigmática, que relaciona um item com outros itens da língua que são similares sob algum aspecto relevante, enquanto a função é uma categoria sintagmática. Uma gramática sistêmica é, acima de tudo, paradigmática, isto é, ela coloca nas unidades sintagmáticas apenas a realização. Na verdade, uma rede sistêmica constitui um complexo de interdependências existentes entre os traços de determinados paradigmas. O termo *traço* nomeia, ao mesmo tempo, significado formal e significado semântico (Martin, 1978). Diz Halliday, já em uma de suas primeiras obras, que a teoria linguística se organiza com duas possibilidades alternativas, que são a "cadeia" (o sintagma) e a "escolha" (o paradigma) (Halliday, 1963).

Em resumo, a consideração do sistêmico implica, em si, a consideração de escolhas entre os termos do paradigma, sob a ideia de que escolha produz significado. Berry (1977: 52) lembra que é importante compreender que o termo *escolha*, nesse caso, não implica, necessariamente, escolha consciente, nem escolha livre, podendo o grau de consciência variar de uma escolha completamente subconsciente até a escolha plenamente consciente. A gramática é, afinal, o mecanismo linguístico que liga umas às outras as seleções significativas que derivam das várias funções da linguagem, e as realiza numa forma estrutural unificada (Halliday, 1973b: 364). A gramática organiza as opções em alguns conjuntos dentro dos quais o falante faz seleções simultâneas, seja qual for o uso que esteja fazendo da língua (Halliday, 1973b: 365).

As diferentes redes sistêmicas codificam diferentes espécies de significado, ligando-se, pois, às diferentes funções da linguagem. Assim, o sistema de transitividade, especificando os papéis dos elementos da oração, como 'ator', 'meta', etc., codifica a experiência do mundo, e liga-se, pois, com a função ideacional; o sistema de modo (do qual deriva o de modalidade), especificando funções como 'sujeito', 'predicador', 'complemento', 'finitude', diz respeito aos papéis da fala, e liga-se, pois, com a função interpessoal; os sistemas de tema e de informação, especificando as relações dentro do próprio enunciado, ou entre o enunciado e a situação, dizem respeito à função linguisticamente intrínseca, a função textual. O quadro a seguir representa esse complexo:

Quadro 6

SISTEMA ↔ FUNÇÃO		ESPECIFICAÇÃO	CODIFICAÇÃO
transitividade	Ideacional	papéis (ator, meta, etc.)	representação do mundo
modo (modalidade)	interpessoal	funções (sujeito, etc.)	troca
tema (informação)	Textual	relações (dentro do enunciado; entre enunciado e situação)	mensagem

Dentro de cada sistema, as escolhas se fazem com respeito a um determinado nível gramatical. Assim, no nível da frase, está implicada a escolha referente ao sistema de modo, já que toda e qualquer frase há de ser ou declarativa ou interrogativa, e assim por diante. Cada sistema maior implica subsistemas, nos quais o modo de operação se repete, levando a escolhas cada vez mais específicas.

Diz Davidse (1987: 46) que o movimento do sistema ao texto envolve dois momentos: num primeiro passo, há uma seleção dentre o conjunto de traços, e uma "forma canônica" possível é selecionada para o sintagma em questão; num segundo passo, o processo se realiza, isto é, os traços paradigmáticos se convertem em uma forma sintagmática concreta.

Na "Introdução" da primeira edição da obra *An Introduction to Functional Grammar* (1985: XIII-XXXV), Halliday apresenta uma visão geral de sua "gramática funcional", esclarecendo que (como já observado em 2.5) deixa de lado, aí, o aspecto sistêmico da gramática e trata apenas o funcional. Para ele, uma gramática funcional é essencialmente uma gramática "natural", no sentido de que tudo nela pode ser explicado, em última instância, com referência a como a língua é usada. Seus objetivos são, realmente, os usos da língua já que são eles que, de geração em geração, têm dado forma ao sistema.

A partir daí, os componentes fundamentais do significado na língua são os componentes funcionais. Todas as línguas são organizadas em torno de dois significados principais: o "ideacional", ou reflexivo, e o "interpessoal", ou ativo. Esses componentes – as "metafunções" de Halliday, já referidas em vários pontos desta obra – são as manifestações, no sistema linguístico, dos dois propósitos considerados como os mais gerais, os que estão na base de todos os usos da linguagem: entender o ambiente (ideacional) e influir (interpessoal). Associado a esses, o terceiro componente metafuncional, o "textual", lhes confere relevância.

Desse modo, numa língua, cada elemento é explicado por referência à sua função no sistema linguístico total. Nesse sentido, uma gramática funcional é aquela que constrói todas as unidades de uma língua – suas orações, suas expressões – como configurações orgânicas de funções e, assim, tem cada parte interpretada como funcional em relação ao todo. Dois pontos são básicos: (i) a unidade maior de funcionamento é o texto; (ii) os itens são multifuncionais.

É essa, pois, a unidade de sentido em consideração, e a língua é vista como o sistema de produção de sentidos nos seus enunciados, o que significa que ela é um sistema semântico. O termo *semântica* implica todo o sistema de significados de uma língua, os quais se codificam na organização de itens lexicais e de itens gramaticais. É a gramática que codifica o significado, e ela o faz sem unir simplesmente porção a porção, ou relação a relação, mas provendo o isolamento de variáveis e de suas possíveis combinações na consecução de funções semânticas específicas (Halliday, 1985: xx).

Quanto à investigação da multifuncionalidade dos itens, no modelo hallidayano prevê-se:

(i) a investigação do cumprimento de diferentes funções da linguagem (apesar de sua indissociabilidade e implicação mútua);
(ii) a investigação do funcionamento dos itens segundo diferentes limites de unidade (desde o texto até os sintagmas menores que a frase: texto; frase, ou oração complexa/complexo oracional; oração; sintagma).

Entrecruzam-se, pois, no tratamento, funções e níveis de análise. E, na consideração de que o princípio da multifuncionalidade constitui a chave para uma interpretação funcional da linguagem (Halliday, 1985: 52), assenta-se que muitos dos constituintes de uma construção entram em mais de uma configuração construcional.

Acresce, ainda, do ponto de vista da função ideacional, a configuração de diferentes esferas nas quais os diferentes itens atuam:

(i) a esfera dos participantes: nomes e pronomes pessoais;
(ii) a esfera dos processos e relações: verbos e certas palavras gramaticais;
(iii) a esfera dos circunstantes.

Exemplifique-se aqui esse complexo, com as palavras de relação (preposição, conjunção, pronome relativo):

1. a preposição, que atua: a) no nível do sintagma; b) no nível da oração (em ambos os níveis podendo funcionar no sistema de transitividade; e, no nível do sintagma, sendo o elemento que ativa esse sistema);
2. a conjunção subordinativa (com diferença entre a integrante e a adverbial) e o pronome relativo (com diferença entre o de oração restritiva e o de não restritiva), que atuam no nível da oração complexa/complexo oracional (de termos expandidos);
3. os coordenadores, que atuam: (i) fora dos/entre os sintagmas; (ii) fora das/entre as orações; (iii) fora das/entre as frases.

Então, uma primeira matriz organiza assim as palavras gramaticais de relação:

Preposição	conjunção subordinativa adverbial e pronome relativo	coordenador

Traga-se, ainda, a classe 'nome', como exemplo de uma análise nessa linha.

a. Do ponto de vista da função ideacional (de Halliday) ou representativa (de Bühler), que põe em exame a língua como representação da realidade/da experiência, o 'nome' é, em primeiro lugar, um referenciador, remetendo necessariamente a uma pessoa ou coisa. Por outro lado, na organização semântica da oração, o 'nome' entra no sistema de transitividade como participante de processos e relações, e é a partir daí que nucleia, na estrutura do enunciado, uma função sintática. Além disso, alguns substantivos entram ainda de outro modo na organização do sistema de transitividade: nomes valenciais (nomes de processos e relações) acionam o sistema de transitividade como predicadores de outros nomes (participantes), projetando novas estruturas sintáticas.
b. Do ponto de vista da função interacional ou interpessoal, que põe em exame a língua como troca ou interação, o substantivo constitui uma não pessoa do discurso. Sua escolha como sujeito (uma função 'sintática'), por exemplo, implica escolha de exclusão, no nível da interação: implica que não se escolhe nem falante nem ouvinte para essa posição sintática.
c. Do ponto de vista da função textual, o substantivo, examinado na sua relação com a proeminência sonora e com a posição no enunciado, é peça da

organização da informação. No nível da oração/frase, tem vocação especial para tema, ou seja, para ponto de partida da mensagem. No nível do texto, organizando informação nova e informação velha, os nomes mapeiam uma rede de recuperações, remissões, projeções baseadas nas relações de sentido, configuradas tanto por relações gramaticais quanto por relações lexicais (como a sinonímia, a antonímia, a hiperonímia, a hiponímia, ou a colocação em campo semântico comum, referidas em Halliday e Hasan, 1976).

Tudo isso se reflete na estrutura do enunciado, na qual o substantivo, em decorrência do funcionamento explicitado (referenciador de coisas e pessoas, e participante de eventos), é elemento nuclear, e impõe restrições à organização do sintagma em que ocorre (questão dos determinantes, especificadores, classificadores, qualificadores).

É desse modo que o exame dos itens de uma classe, vistos em seu funcionamento (em sendo multifuncionais) leva à explicitação dos diversos processos. O exame dos substantivos exploraria, por exemplo: a semântica vocabular (referenciação), a semântica de relações (participação em eventos), a sintaxe (posição e função na estrutura), a pragmática (organização da interação, em termos de definição de papéis na interlocução e em termos da organização da informação), a composição textual (configuração da mensagem com unidades que, em termos de delimitação e extensão, independem das unidades sintáticas).

A obra *Introdução à Gramática funcional* (Halliday, 1985, 1994, 2004, 2014) revela, em sua própria organização, uma condução de exame por níveis. Ela identifica o complexo oracional (*clause complex*) com a frase[5] (*sentence*), que é, em certo sentido, o limite superior dentro do qual a oração é a unidade fundamental de organização: "o complexo oracional é relacionado grafologicamente como uma frase". Essa unidade é explicada, em Halliday (2014: 37), na sua relação com a escrita: "a frase é a mais alta unidade de pontuação", "representando, no sistema de escrita, o domínio mais extenso da estrutura gramatical". Dentro desse limite, há uma relação típica construcional, de partes que formam todos, uma configuração orgânica de elementos que têm, um a um, suas funções particulares em relação ao todo. Para além desse limite, a posição se inverte, e a norma são as formas de organização não construcionais. Assim (citando-se a versão inicial, que é Halliday, 1985, na sua parte I), após ser tratada a "arquitetura da língua" (capítulo 1) e a "direção da gramática funcional" (capítulo 2), vem estudada a *clause* (oração/frase) como o limite superior dentro do qual a 'oração' é a unidade fundamental de organização:

- Cap. 3: A oração/frase como mensagem.
- Cap. 4: A oração/frase como troca.
- Cap. 5: A oração/frase como representação.

E, na parte II, vem estudado, por outro lado, tudo o que está:

- **abaixo** da oração simples: grupos e sintagmas (Cap. 6);
- **acima** da oração simples: o complexo oracional (Cap. 7);
- **ao lado** da oração/frase: entonação e ritmo (Cap. 8);[6]
- **em torno** da oração/frase: coesão e discurso (Cap. 9);
- **além** da oração/frase: modos de expressão (Cap. 10).

Como exercício de análise, pode-se examinar uma oração (simples) com vista a considerá-la nas suas diversas funções (Neves, 1989).

Fazendo-se um estudo do enunciado linguístico visto como ativação da função ideacional dentro da estrutura do limite superior da oração, o que fica sob exame são as relações sintático-semânticas, que têm, em primeiro lugar, uma definição lógica ligada à representação da 'realidade' (aquela a que o texto remete, seja qual for seu grau de concretude). Tomemos como exemplo uma situação em que (de fato) tenha ocorrido um acidente rodoviário a respeito do qual um falante construa seu enunciado. Embora a cena seja complexa, o falante é obrigado, pelo sistema da língua, a fazer estruturas contíguas que organizem a sua perspectiva. Cada vez que constrói uma nova oração, ele seleciona, segundo sua perspectiva, um novo predicador e os argumentos que devem entrar na relação de predicação. Assim, por exemplo, na oração "o motorista dirigia em alta velocidade" o esquema de predicação parte de um predicado de ação (*dirigir*), que seleciona, necessariamente, um agente, ficando definido um determinado esquema de estruturação sintático-semântica; por outro lado, na oração "o acidentado sentia dores", pela natureza do predicado (*sentir*), que expressa processo, encontra-se, necessariamente, um experimentador como participante, definindo-se um outro esquema estrutural.

Assim, há uma análise a ser feita em cada estrutura oracional, embora exista algo mais complexo e mais completo na relação do conjunto com a perspectiva total da cena e sua ativação.

Num segundo aspecto, as mesmas orações/frases podem ser vistas na função interacional, que representa uma configuração resolvida entre *modo* e *resíduo*. Nesse ponto de vista de análise, vê-se que cada oração tem, dentro do *modo*, um sujeito (que consiste de um componente nominal, definido como "ponto de descanso" da predicação) e um elemento finito (expresso por um operador verbal, e responsável pelo relacionamento da proposição com o contexto discursivo, por referência ao tempo da fala ou ao julgamento do falante). Na verdade, embora o sujeito seja uma entidade com estatuto gramatical, sintático, ele é determinado pela função interacional da linguagem, já que escolher o sujeito implica determinar se ele será o próprio falante, ou o ouvinte, ou nenhum dos dois, como ocorre em (1) e em (2): <u>o motorista</u> e <u>o acidentado</u> (respectivamente) não são nem falante nem ouvinte, considerada a interação. Analisar a escolha do sujeito é, pois, pensar a oração em um esquema funcional, ou seja, é vê-la como peça da interação (potencialmente como 'frase', unidade de comunicação). Ligada à escolha do sujeito está, por exemplo, a escolha entre uma frase declarativa, interrogativa ou diretiva.

Mas tem de ser apontado, ainda, um terceiro esquema, já que a linguagem estruturada em frases/orações também é mensagem, isto é, em cada oração se fala sobre algo. Assim, voltando-se ao nível organizacional da oração, outro elemento, ainda, é depreensível, o **tema**, aquilo que está sob mira na organização da estrutura, ou seja, a entidade sobre a qual se faz o comentário (**rema**, exatamente o predicado). Em cada oração subsequente, faz-se novamente a escolha de um tema (que pode também ser retomado do rema de uma oração anterior) com o qual se articula um novo rema, compondo a "estrutura temática", manifestada na ordem dos constituintes (um esquema que traz fortemente à lembrança a proposta funcional inaugural da Escola de Praga) (ver 2.4 e 3.4).

Ocorre, por outro lado, que a ativação dessas funções aí implicadas se dá também no nível do texto, onde a complexidade, obviamente, é muito maior.

No nível da oração, a organização semântica se resolve no sistema de transitividade, enquanto, no nível do texto, tanto os processos e relações quanto os argumentos têm uma organização responsável pela coesão, na textualidade que se tece. No contraponto, enquanto no nível da oração a análise revela uma organização em tema/rema, no nível do texto o que se vai relacionando são segmentos organizados entre o que é *dado* e o que é *novo* no sistema da informação, compondo-se, por meio de grupos tonais e de focos, uma 'estrutura de informação'. Nesses dois níveis de organização da mensagem (a oração e o texto), as unidades podem até coincidir em extensão, mas não necessariamente coincidem: não marcadamente, o tema é o dado e o rema é o novo, mas não necessariamente *dado* e *novo* têm relação direta com a organização intrafrásica em tema e comentário.

Isso significa nada mais do que ver a oração replicada no texto, ou seja, na 'linguagem': dentro do sistema da língua, o texto é – repetindo e resumindo – uma representação (funcionamento semântico), uma troca (funcionamento interacional) e uma mensagem (funcionamento textual). Na verdade, seguindo-se os mesmos passos do exame das funções empreendido no nível da oração, verifica-se que o texto é, ao mesmo tempo, organização semântica (metafunção ideacional), organização da interação (metafunção interpessoal) e organização da informação (metafunção textual) (Neves, 2016a: 100).

E, realmente, a questão da organização da informação tem de ser discutida nos dois níveis, o do texto e o da frase/da oração.

Neves (2015b) apresenta um estudo de base funcionalista (especialmente hallidayana) da oração, vista em relação com o texto, e dele vem oferecido, a seguir, um resumo. O estudo parte de Neves (2011a, 2011b), em que vêm tratados funcionalmente os diversos "processos de constituição do enunciado", e, entre eles – aliás, em primeiro lugar – vem tratada a predicação, que é exatamente o processo pelo qual se institui uma "oração", processo definido como aquele "que organiza as relações, constrói as significações e define os efeitos pragmáticos que, afinal, fazem do texto uma peça em função" (Neves, 2011b: 11).

O que a visão funcionalista de Halliday faz é deslocar aquela tradicional noção de 'oração', como entidade puramente sintática, para outro(s) território(s) de consideração de sua natureza e funcionamento. Amplifica-se funcionalmente o estatuto dessa unidade, envolvendo-se os componentes sintático, semântico e pragmático da gramática (ver 2.6), de modo que, seguindo-se a proposta sistêmico-funcional (Halliday, 2004), a oração (noção alargada para a de "oração complexa") possa ser vista como determinada textual-interativamente, e, portanto, como 'autônoma' apenas do ponto de vista de fechamento sintagmático, ou seja, como unidade comunicativa (frase). Dirigido por um viés paradigmático, esse tratamento permite envolver o entrecruzamento de tais componentes (chegando-se até o texto) a partir das escolhas interacionais dos diversos subsistemas linguísticos, cuja integração responde não apenas pela oração, mas também pelo todo textual. Funcionalmente a oração é vista, pois – mais uma vez retomando –, como organização semântica (de representação de ideias e de experiências), como organização informativa (de produção de mensagem) e como organização interlocutiva (de troca interpessoal) do enunciado. Ressalta o fato de que, por outro lado, seu fechamento sintático, inegável, não vai encontrar contraponto imaginável no nível do texto.

Se a questão é a organização informativa, a 'mensagem' obtida na oração implica a consideração inicial daquele termo que seria uma espécie de 'sujeito psicológico',[7] o ponto de partida da mensagem (função textual). É em torno dele que gira a informação oferecida, ou seja, que gira o 'predicado', mas já não visto como entidade sintática, e sim como entidade informativa: trata-se do 'rema', ou 'comentário', ou seja, 'aquilo que se diz/se informa de' um 'sujeito' que está na mente de quem fala.[8]

Se a questão é a organização da interação linguística, trata-se do modo de organização interna das orações/frases do papel determinante que elas (até independentemente da sua forma, ou até por simples recurso de contornos entonacionais) exercem na condução interlocutiva do texto; por exemplo, ou simplesmente declarando, ou interrogando, ou interpelando, ou apelando, ou cooptando, ou ordenando, ou pedindo, etc.

Se a questão é a organização semântica, trata-se do modo de organização da transitividade (sintático-semântica) que sustenta a oração, unidade amplamente determinada (discursivo-textualmente) e manifestada, em especial, pela escolha entre construção ativa e construção passiva. O ponto de partida é a estrutura temática interna à oração, mas com grande dependência do andamento textual, pela hierarquização dos papéis temáticos na construção do 'enredo' geral e no atendimento às necessidades da mensagem como um todo.

Também descendo para o interior da estrutura oracional, a proposta hallidayiana (ver, por exemplo, Halliday, 2004) vai ao exame das funções na oração, como já se adiantou nesta mesma seção. No exame da estrutura do sintagma nominal (SN), por exemplo, Halliday parte de um enfoque experiencial. Tendo-se em vista a função ideacional (a representação de uma experiência ou um processo mental), detecta-se no sintagma nominal, em primeiro lugar, aquilo que Halliday denomina "coisa" (*thing*), que se representa pelo substantivo. Na contraparte, essas "coisas" terão indicação de: (i) agrupamento ou não em subconjuntos especiais; (ii) traços numéricos do subconjunto; (iii) qualificações do subconjunto; (iv) subclassificações particulares. Há, pois, formando sintagmas com o substantivo, elementos que operam como: (i) dêiticos, os quais podem ser definidos ou indefinidos; (ii) numerativos, os quais podem ser quantificadores ou ordenadores; (iii) epítetos, os quais podem indicar propriedade objetiva de coisa ou atitude subjetiva do falante; (iv) classificadores, os quais instituem subconjuntos. Por outro lado, falar da qualificação das coisas já implica que as funções não se excluem mutuamente, visto que, imbricada na expressão objetiva, há a expressão subjetiva de qualidades, caso em que se ativa visivelmente a linguagem como interação; por exemplo, se uma coisa é qualificada como *linda*, está em jogo, talvez, muito mais a função interpessoal do que a ideacional ou representativa. Outra questão, ainda no nível do SN, é a consideração do esquema lógico, no qual se depreende um núcleo (a 'coisa') e os modificadores, dentro dos quais, recursivamente, podem ocorrer, novos SNs com seu núcleo e modificadores.

A questão fundamental, na gramática funcional de Halliday, é o modo como os significados são expressos, o que coloca as formas da língua como meios para um fim, não diretamente como o fim (ver 2.2). Quando diz que a língua é um sistema semântico, Halliday não se refere, apenas, ao significado das palavras, mas a todo o sistema de significados da língua. A linguagem adulta construiu estruturas semânticas que permitem 'pensar sobre' a experiência, isto é, interpretá-la construtivamente; porque são plausíveis, elas fazem sentido e o homem pode agir sobre elas. Os sistemas de significados, por sua vez, geram estruturas lexicogramaticais que são igualmente plausíveis: há, então, verbos e substantivos para enquadrar a análise da experiência em processos e seus participantes. Como diz Halliday (2004), é assim que as crianças são capazes de construir uma gramática: elas podem fazer uma ligação entre as categorias da gramática e a realidade que está não apenas em seu redor, mas dentro de sua cabeça, conseguindo ver o sentido por trás do código.

Se, de um lado, um texto é uma unidade semântica, e não gramatical, de outro os significados são compreendidos quando se corporificam em enunciados (na "colocação em palavras": *wordings*), e, sem uma teoria que dê conta de como as palavras codificam os significados, isto é, sem uma 'gramática', não há como explicitar uma interpretação do sentido de um texto. A relação entre a semântica e a gramática é de "interpretação": os *wordings* "interpretam" (ao codificar) o significado, e são, por sua vez, "interpretados" pelo som ou pela escrita. Não é possível perguntar o que cada elemento significa isoladamente, pelo contrário, pois o significado é codificado no enunciado como um todo integrado: a escolha de um item pode significar uma coisa; o seu lugar no sintagma, outra; a sua combinação com outro elemento, outra; a sua organização interna, outra, ainda. O que a gramática faz é destacar todas essas variáveis possíveis e atribuí-las às suas funções semânticas específicas.

Na proposta de Halliday, uma gramática funcional destina-se, pois, a revelar, pelo estudo das sequências linguísticas, os significados que estão codificados por essas sequências. O fato de ser "funcional" significa que ela está baseada no significado, e o fato de ser "gramática" significa que ela é uma interpretação das formas linguísticas. A análise linguística, num primeiro nível, permite mostrar como e por que o texto significa o que significa, e, num segundo nível, permite dizer por que o texto é ou não é um texto efetivo, dados os propósitos que tem.

Davidse (1987) mostra a indicação que faz Halliday (1980) de diferentes espécies de padrões, que, na lexicogramática das frases, bem como na organização do texto, realizam os diferentes significados. Os significados lógicos são sempre realizados por estruturas recursivas; os significados experienciais, por estruturas constituintes; os significados interpessoais, por padrões prosódicos; e os significados textuais, por padrões cumulativos.

Verifica-se, afinal, que Halliday apresenta um modelo altamente elaborado, no qual as diversas noções se sustentam mutuamente, evitando vazios na proposição – que é básica – da maneira como o significado se codifica nos enunciados efetivos. Volte-se a observar, por exemplo, o estabelecimento de uma relação sistêmica entre a análise linguística e o contexto de ocorrência dos enunciados, de tal modo que se pode encontrar, já nas primeiras propostas de Halliday (Halliday et al., 1964), três variáveis situacionais de registro associadas aos três componentes metafuncionais do sistema linguístico (já apontados): o "campo" do discurso (a atividade social implicada), ligado ao componente experiencial; a "relação" do discurso (a distância social entre os participantes), ligada ao componente interpessoal; o "modo" do discurso (o canal entre os participantes), ligado ao componente textual.

Recorrendo-se a Neves (2010a: 77), a articulação desses três componentes metafuncionais do sistema linguístico pode ser explicitada da seguinte maneira (esquema já anunciado aqui em 5.2.1):

1. Campo – É o todo do evento dentro do qual funciona o texto (e ocorre o discurso). Inclui tanto o propósito daquele que fala ou escreve quanto o conteúdo daquilo que ele diz (Halliday e Hasan, 1976: 22). Abrange tanto a ação social em que o discurso se instaura (eventos, pessoas, objetos) quanto a configuração que a linguagem toma para fazer a representação. Cite-se como exemplo a indicação de Eggins (1994) de que a linguagem cotidiana representa um tipo de atividade social situada no extremo oposto em relação à atividade representada pela linguagem técnica.
2. Relação – É o tipo de interação de papéis, o conjunto de relações sociais relevantes (permanentes ou temporárias) entre os participantes envolvidos (Halliday e Hasan, 1976: 22). Falando das três dimensões que Poynton (1985) aponta como caracterizadoras do conceito de "relação" (poder, envolvimento afetivo e contato), Eggins (1994) mostra diferenças entre essas dimensões, bem como extremos a que cada uma delas pode chegar, na composição de uma situação de uso da língua. Assim, a relação de poder na interação pode ser igual ou desigual, o envolvimento afetivo pode ser alto ou baixo, o tipo de contato pode ser frequente ou eventual, e tudo isso converge para uma determinada situação. Por exemplo, como aponta Eggins (1994), a situação formal e a informal são dois tipos de situação em contraste constantemente visível nas variações de uso da língua.
3. Modo – É a função do texto no evento. Inclui tanto o canal da linguagem (oral e/ou escrito; de improviso ou preparado) quanto o modo retórico de expressão (narrativo, didático, persuasivo, de comunhão fática, etc.) (Halliday e Hasan, 1976: 22). Essa é a origem da variação linguística, porque o "como" da linguagem é exatamente o resultado das escolhas efetuadas na composição textual, identificando-se pelo "modo" a organização simbólica do texto (Halliday e Hasan, 1989: 144). O exemplo de configuração de "modo" que Eggins (1994) apresenta é a situação de espontaneidade e proximidade espacial da fala (interação face a face, representando linguagem como ação), vista em relação com a situação de distanciamento espacial da escrita (que possibilita até a reescrita, representando linguagem como reflexão). Assim, o "modo" serve à identificação da organização simbólica do texto, e são as formas simbólicas que determinam a informação e os padrões de coesão textual (Halliday e Hasan, 1989: 144).

Resumindo, a proposta sistêmico-funcional de Halliday coloca na base:

a. a tríade que constitui o sistema lexicogramatical (transitividade, modo e tematização);
b. generalizada na tríade que constitui o contexto de situação (campo, relações e modo);

c. e generalizada na tríade que constitui o contexto de cultura (atividade, relações interpessoais e meio);

d. por onde se configura nos sistemas gerais das sociedades humanas (os sistemas de cultura material e simbólica, os sistemas de face e os sistemas de socialização, respectivamente).

Do mesmo modo, a proposta pode ser vista partindo dos sistemas sociais (partindo da sociedade) para a lexicogramática (para a oração), passando pelo contexto de cultura e pelo contexto de situação, cada um com seus componentes triádicos mantidos em correspondência.

O quadro que se oferece a seguir resume o arcabouço da teoria hallidayana, mostrando a relação entre texto e sistema quanto às unidades em organização.

Quadro 7

A TEXTUALIDADE NO ENUNCIADO LINGUÍSTICO					
Texto e sistema: as unidades em organização					
Organização semântica		Organização da interação		Organização da informação	
Função ideacional		Função interpessoal		Função textual	
Relações processivas: Experiência linguística externa ou interna		Relações humanas: Inserção dos participantes na comunicação		Relação entre texto e sistema: Instanciação do sistema	
Representação		Troca		Mensagem	
Oração	Texto	Oração	Texto	Oração	Texto
Relações, processos, participantes e circunstantes	Referenciação e junção	Sujeito: interno / externo ao enunciado	Falante / Ouvinte	Tema / Rema	Dado / Novo
Papéis		Funções		Relações	
Transitividade	Coesão	Modo / Modalidade		Informação	
Organização do contexto na organização funcional					
Campo		Relações (*Tenor*)		Modo / Estilo	
Ação social		Estrutura de papéis		Organização simbólica do texto	

Como bem aponta Davidse (1987: 74), em Halliday as referências à situação e à estrutura social não se fazem *ad hoc*; pelo contrário, a teoria proposta relaciona linguagem, situação e cultura, sistemicamente. Um grande diferencial da proposta funcional hallidayana é, comprovadamente, a forte defesa de uma fixação na noção de função ligada ao papel do falante na vida sociocultural em que está inserido, o que o leva a desenvolver sua gramática (de base paradigmática) sobre a noção de que um enunciado se define pelas escolhas que o falante faz para produzir significado, na direção de sua intenção interlocutiva (envolvidas, aí, as escolhas 'sintagmáticas'). Dessa forma, fica fortemente assentada a importância da liberdade do falante no uso da linguagem, questão de relevância especial para a avaliação do que a proposta em si representa (uma proposta funcional).

5.2.2 A Gramática funcional (GF) e a Gramática discursivo-funcional (GDF) da Holanda

5.2.2.1 O ARCABOUÇO INICIAL DA TEORIA

Do mesmo modo que os linguistas da Escola de Praga, Simon Dik, o teórico que propõe o modelo da Gramática funcional (GF), trabalha com a concepção de um caráter teleológico da linguagem, mas, como aponta Gebruers (1987: 104), é difícil dizer até que ponto a sua gramática funcional foi influenciada por aquela escola, já que é evidente sua inspiração na teoria pragmática da Escola de Oxford, bem como no Interacionismo Simbólico de G. H. Mead, com o qual as propostas de seu mestre, prof. Reichling, têm "mais do que uma leve semelhança".

A Gramática funcional é para Dik – tal como para o Funcionalismo, no geral – uma teoria de componentes integrados, e, como aponta Auwera (1989, citando Dik, 1978), ela inclui a pragmática desde os seus primeiros trabalhos. A própria função referencial da linguagem é considerada como uma ação pragmática, cooperativa: um falante quer levar um destinatário a captar uma mensagem coerente, a partir do conhecimento dos significados codificados nos signos, bem como do conhecimento da situação e do conhecimento do mundo posto sob consideração, isto é, a partir da informação pragmática (Dik, 1978: 128). A linguagem é concebida, então, como aquele componente da competência comunicativa do homem que o habilita a estabelecer relações comunicativas por meio das expressões linguísticas (Dik, 1978: 1-6). Diz Dik (1978: 2) que uma teoria da gramática não deve contentar-se em expor as regras da língua como uma finalidade em si, mas deve tentar, o quanto possível, explicar essas regras em termos de sua funcionalidade em relação aos modos como elas são usadas e em relação aos propósitos desses usos.

Segundo Bolkestein et al. (1985: v), foi Dik (1978) quem pela primeira vez colocou a Gramática funcional na teoria geral da sistematicidade da linguagem, com a ideia de que não existe (Dik, 1980: 1) distinção clara entre o sistema da língua e o uso da língua, embora nenhum desses dois estudos possa ignorar o outro (ver 2.5). A forma dos enunciados não é entendida, pois, independentemente de sua função:

uma descrição completa inclui referência ao falante, ao ouvinte e a seus papéis e estatuto dentro da situação de interação determinada socioculturalmente. De um ponto de vista funcionalista, a relação entre a intenção do destinador e a interpretação do destinatário, na interação verbal, tem a expressão linguística apenas como mediação.

Em Dik está registrada uma preocupação com ajustamento e desenvolvimento da teoria de modo que ela possa chegar "a uma concepção funcional adequada da organização das línguas naturais" (Dik, 1983: v). Entende ele que uma teoria geral da gramática pode levar a uma visão mais adequada da organização de línguas particulares, especialmente se essa teoria "tenta atingir um alto grau de adequação tipológica, buscando determinar, para cada fenômeno gramatical, o nível próprio de generalização e o nível ótimo de abstração" (Dik, 1989b: 54). A adequação tipológica exige que a teoria seja capaz de prover gramáticas para línguas de qualquer tipo, e ao mesmo tempo exige que a teoria dê conta, de um modo sistemático, de similaridades e de diferenças entre as línguas; isso implica que a teoria seja desenvolvida com base em fatos de uma ampla variedade de línguas, e que as hipóteses sejam testadas em fatos de outras línguas ainda (Dik, 1989a: 14). E, no sentido de levar a um melhor entendimento da natureza básica da linguagem, a teoria geral da gramática deve, sempre que possível, integrar o estudo da forma, do significado e do uso, de tal modo que não somente os traços de sintaxe, mas também os semânticos e os pragmáticos sejam colocados em uma perspectiva teórica mais geral.

Assim considerada, diz Dik (1978; 1989a; 1997a: 12-15), uma gramática funcional tem de apresentar, ao lado da adequação tipológica, dois outros modelos de adequação explanatória: adequação pragmática e adequação psicológica.

A adequação pragmática diz respeito à integração da gramática em uma teoria pragmática mais ampla da interação verbal. É desejável, em particular, que uma gramática funcional revele as propriedades das expressões linguísticas que são relevantes para o modo como são usadas, e que essa busca seja feita de tal modo que as propriedades possam ser relacionadas às regras e aos princípios que governam a interação verbal; isso significa que as expressões linguísticas não devem ser pensadas como objetos isolados, mas como instrumentos que o falante usa para evocar no ouvinte a interpretação que estava em seu propósito. Butler (1991) aponta que o texto de Dik (1989a) sugere, na verdade, duas diferentes maneiras pelas quais dever ser entendida a adequação pragmática, no que se refere à descrição e à explanação das expressões linguísticas: a primeira exige um quadro geral fornecido pelo sistema pragmático de interação verbal; a segunda apenas pede que a gramática seja vista de modo compatível com alguma (não especificada, e, presumivelmente ainda não disponível) teoria da interação verbal.

A adequação psicológica, por sua vez, refere-se ao relacionamento, tão próximo quanto possível, entre os modelos psicológicos da competência linguística e o comportamento linguístico. A gramática é vista como uma construção tripartite que se configura como: (i) um modelo de produção (um 'gerador', em termos computacionais); (ii) um modelo de interpretação; (iii) um estoque de elementos e princípios usados tanto em (i) como em (ii).

Uma gramática funcional que deseje obter adequação pragmática e psicológica deve refletir, de algum modo, uma dicotomia entre produção e compreensão: os modelos de produção definem como os falantes constroem e formulam as expressões linguísticas; os modelos de compreensão definem como os destinatários processam e interpretam as expressões linguísticas. E Dik (1989a: 17; 1997a: 18) mostra que uma teoria de gramática pode falhar de dois diferentes modos: ela pode ser fraca demais (concreta demais), de tal modo que se torne incapaz de produzir descrições adequadas de gramáticas de línguas particulares, ou ser forte demais (abstrata demais), de modo a definir uma classe de gramática que exceda amplamente a classe das línguas humanas reais. Para evitar este último perigo, o poder descritivo permitido pela teoria deve ser restringido ao máximo, e isso é obtido, na GF, de três maneiras:

- evitando transformações, ou operações de mudança de estrutura: uma vez construída uma estrutura, ela é mantida em toda a derivação posterior da expressão linguística (a derivação é uma questão de expansão gradual, não uma questão de transformação);
- evitando filtros, que são estratégias descritivas que conferem excessiva liberdade à formulação de regras gramaticais: as regras devem gerar apenas o conjunto de expressões bem formadas, sem produzir qualquer expressão que depois deva ser descartada;
- não admitindo predicados abstratos: todos os lexemas básicos de uma língua estão contidos no léxico na forma em que podem aparecer nas expressões da língua objeto.

No modelo de Dik (1985: III; 1989a: 54; 1997a: 58), realmente, todos os itens lexicais de uma língua têm de ser analisados dentro da predicação, e, no reverso, todos os predicados básicos de uma língua compõem o seu léxico, sendo esse, pois, o estoque completo das estruturas predicativas básicas (predicados e termos da língua). Todos os predicados são semanticamente interpretados como designadores de propriedades ou de relações, e diferentes categorias de predicados se distinguem, de acordo com suas propriedades formais e funcionais.

Diz Siewierska (1991) que exatamente o que distingue a GF de Dik das outras correntes funcionalmente orientadas é que ela objetiva dar conta da estrutura da oração, desde a representação semântica subjacente até a forma fonética de superfície. Como se explicita adiante, em 5.2.2.3, em Dik (1989a, 1997a) a descrição de uma expressão linguística começa com a construção de uma predicação subjacente, que é, então, projetada na forma da expressão por meio de regras que determinam a forma e a ordem em que os constituintes da predicação subjacente são realizados. A predicação subjacente é basicamente formada por meio da inserção de "termos" (expressões que podem ser usadas para referir-se a unidades em um dado mundo) em "estruturas de predicado" (esquemas que especificam um predicado juntamente com um esqueleto das estruturas nas quais ele pode aparecer). Os predicados constituem os blocos de construção mais básicos no nível morfossemântico da organização linguística. Para a construção de predicações subjacentes são necessários, então, pelo menos, um conjunto de estruturas de predicado e um conjunto de termos. A esses dois conjuntos reunidos, Dik (1989a: 51 ss.; 1997a: 58 ss.) chama "fundo da língua". Dentro do "fundo", está o léxico, que contém as expressões básicas da língua, isto é, os predicados básicos e os termos básicos; cada um desses dois subconjuntos pode ser estendido por meio de regras sincronicamente produtivas, formando, respectivamente, predicados derivados e termos derivados. Tanto a formação de predicado quanto a formação de termo têm propriedades recursivas, e, assim, o "fundo" oferece um estoque praticamente ilimitado de esquemas de predicado e de estruturas de termos para a construção de predicações.

5.2.2.2 O HISTÓRICO

A Gramática funcional (GF; em inglês, *Functional grammar*: – *FG*) de Dik (e 'da Holanda') tem um precioso texto para os estudiosos interessados em seu histórico, uma publicação denominada *A First History of Functional Grammar*, de autoria do professor Lachlan Mackenzie (Mackenzie, 2016a).[9] Trata-se de um documento de extrema confiabilidade, já que o autor é um pesquisador diretamente envolvido nesse histórico, e, juntamente com o professor Kees Hengeveld, é um continuador de Dik, no desenvolvimento da teoria. Por isso, é nesse artigo que se baseia o resumo, que se apresenta a seguir, da história de formação da proposta teórica da GF, com sequência na GDF.[10]

Há, já no início do texto, duas indicações taxativas bastante relevantes: a primeira é a de que a GF, desenvolvida, com centro em Amsterdã, pelo linguista holandês Simon C. Dik (1940-1995), com a colaboração de discípulos, hoje já não é ativamente praticada (embora tenha sido aplicada em muitos lugares do mundo); a segunda é a de que várias outras teorias de análise gramatical também empregaram o rótulo "Gramática funcional":[11] Halliday e Matthiessen (2014) intitulam a sua gramática, dentro da Linguística sistêmico-funcional (LSF), como "Gramática funcional" (ver 5.2.1); diversos estudiosos espanhóis também propuseram uma "gramática funcional", notadamente Emilio Alarcos Llorach (1922-1998) (Alarcos Llorach, 1972); Bondarko (1991) aplicou uma "gramática funcional" a dados do russo; e Martinet (1979) desenvolveu uma *grammaire fonctionnelle* do francês. (Mackenzie, 2016a: 233).[12]

Encontram-se dados históricos muito interessantes e importantes nesse texto de Mackenzie:

1. (p. 234) – A primeira menção de Dik à palavra "funcionalismo" ocorre em uma resenha de 1967 de um trabalho do pesquisador tcheco Josef Vachek (1909-1996), e a primeira menção a "uma gramática funcional" (referida exatamente desse modo: precedida de artigo indefinido) ocorre na tese doutoral de Dik, publicada comercialmente em Dik (1968).
2. (p. 235) – A tese dialoga com a Gramática Gerativa, oferecendo uma crítica das propostas transformacionalistas, enfatiza os méritos da formalização gerativa, e, embora criticando as transformações, endossa muitos dos objetivos primários da teoria, especificamente o de tentar atingir uma "adequação explanatória".
3. (p. 235) – A tese oferece, em seu capítulo 9, o esboço de uma "gramática funcional", referido como "nada mais do que uma tentativa preliminar" (Dik, 1968: 162), que já contém princípios programáticos como o de que existe uma única estrutura gramatical especificando todas as distinções gramaticais relevantes (Dik, 1968: 163) e o de que podem ser distinguidos elementos orientados para o discurso nas orações gramaticalmente dependentes (como parte de uma "expressão linguística independente" mais ampla).
4. (p. 236) – A influência da Gramática Gerativa pode ser vista na definição da Gramática funcional como "um sistema de regras que gera todas, e somente as bem-formadas, expressões linguísticas de uma língua em conjunto com suas descrições estruturais" (Dik, 1968: 190), assim como na discussão sobre recursividade, que leva à explicitação da forma das regras e dos esquemas de regras (regras opcionais e regras obrigatórias).

Entretanto, diz Mackenzie (2016a: 236), "o tiro de largada oficial da GF" foi disparado em 1978, com o lançamento da obra *Functional Grammar*, que, em nove capítulos, implementa uma bem desenvolvida e disciplinada visão funcional da relação entre sistema e uso. Acrescenta-se que talvez a proposta central do livro seja a de que uma única representação formalizada deva ser dada para todas as propriedades gramaticais de uma expressão linguística. Os dez anos de intervalo desde essa obra são considerados como o "período de incubação" da "Gramática funcional" (e Mackenzie diz isso chamando a atenção para o fato de que, agora, a expressão *Functional Grammar* vem referida "com letras maiúsculas e sem artigo indefinido"). E é aí que Dik consegue não só entrelaçar todas as suas influências em uma teoria coerente como também reunir uma ampla gama de propostas que funcionariam como hipóteses de pesquisa nos diversos anos seguintes.

Mackenzie (2016a: 237) cita, destacadamente (em especial pela adoção do termo "subjacente"), uma "influência profunda" da Gramática Gerativa na GF, embora registrando que, ao mesmo tempo, Dik reagiu contra essa teoria, rejeitando muitas de suas mais fundamentais crenças. Cita, também, como influências: a Gramática Relacional, de David Perlmutter, Edward Keenan e David Johnson, especificamente com respeito às funções sintáticas e ao tratamento interlinguístico; a Gramática de Casos, de Charles Fillmore, no que tange às funções semânticas; o trabalho de Joseph Greenberg e Bernard Comrie quanto às hierarquias implicacionais; o artigo de Emmon Bach "Nomes e sintagmas nominais" (Bach, 1968), para a análise de termos (ou expressões referenciais); e a obra de Reichenbach (1947), para o estudo sobre os advérbios de modo apresentado em Dik (1978), que traz exatamente o mesmo exemplo utilizado por Reichenbach (1947: 306). E Mackenzie (2016a) ainda aponta que as representações subjacentes de Dik tinham aparência de ser (embora não fossem) fórmulas da lógica de predicados, e que o leitor fica com a sensação de que, no rescaldo das discussões em torno da tese de 1968, a GF é apresentada como alternativa aos modelos gerativistas (o que repercute no fato de que a obra tenha sido recebida de maneira negativa pelos teóricos dessa escola).[13]

Na década seguinte, diz Mackenzie (2016a), a GF expandiu-se e institucionalizou-se, nos Países Baixos, como resultado do interesse dos departamentos de línguas (clássicas, eslavas, inglês, francês, posteriormente, espanhol e finalmente português), não por parte de outros departamentos de Linguística, que eram fundamentalmente dominados, em maior ou menor escala, por gerativistas. Mas o completo reconhecimento internacional da GF veio com a publicação de *Studies in Functional Grammar* (Dik, 1980), cujos variados capítulos mostravam o potencial da GF para a análise e a comparação de línguas sob uma perspectiva funcional. Dik começou também a viajar promovendo ativamente a GF, com grande participação em eventos que incentivaram o interesse internacional pela teoria.

Obviamente, a expansão do grupo de pesquisadores da GF (com sua diversidade de formação) levou ao surgimento de novas ideias e inspirações, formando-se correntes de pensamento que não estavam presentes na formulação original do modelo de Dik. O exemplo que Mackenzie (2016a) oferece é o ramo espanhol da comunidade – influenciado pelo trabalho de Eugenio Coseriu (1921-2002) –, que, com a proposta de compensar a negligência ao léxico, desenvolveu o Modelo Lexemático Funcional, cujos seguidores ainda estão, até aí (em 2016, data do texto), fortemente ativos na Espanha.

Mas Mackenzie (2016a) também relata alguns "tropeços" nesse histórico: a ideia de Dik de que as representações subjacentes poderiam ser utilizadas para a representação do conhecimento em aplicações de inteligência artificial e a de que uma Lógica Funcional deveria ser desenvolvida (Dik, 1987) foram recebidas com grande ceticismo; ao mesmo tempo, a representação subjacente única estava tornando-se complicada, pondo em dúvida a validade e a possibilidade de controle do trabalho que se realizava.

A nova ideia da qual o grupo precisava – diz Mackenzie (2016a: 239) – veio de Kees Hengeveld, orientando de doutorado de Dik, cujo artigo *Layers and Operators in Functional Grammar* (Hengeveld, 1989) propôs, para a explicação de numerosos fatos sobre a ordenação na sintaxe e na morfologia de línguas divergentes, uma representação subjacente composta de quatro camadas encaixadas, o que efetivamente permitiu explicar um grande número de fatos sobre a ordenação na sintaxe e na morfologia de diferentes línguas.

Incorporada por Dik, a proposta de Hengeveld aparece em *The Theory of Functional Grammar* (Dik, 1989a, 1997a), e, em certa medida, essa obra de Dik constitui uma expansão da apresentação inicial da GF, à qual se acrescentou o material desenvolvido na base da proposta de camadas.

Mackenzie (2016a: 241) acentua os avanços de Dik (1997) sobre Dik (1989a), afirmando que o tratamento que essa nova obra deu ao discurso correspondeu a um crescente movimento de interesse entre os pesquisadores da GF quanto à extensão em que essa teoria poderia avançar no estudo do discurso, não apenas tendo por objeto o impacto do discurso sobre a estrutura sintática, mas ainda tendo como objeto o discurso em si.

5.2.2.3 A EXPLICITAÇÃO DA TEORIA DA GRAMÁTICA FUNCIONAL (GF)

A exposição parte justamente do conjunto dessa obra gramatical, de peso histórico para a explicitação da teoria da Gramática funcional – GF (Dik, 1989a: 1; 1997a: 1), que já se abre dizendo que, quando alguém adota um ponto de vista funcionalista no estudo de uma língua natural, a principal questão de interesse é a seguinte: "Como opera o usuário da língua natural?". E, a seguir, mais especificamente ainda, vem a questão: "Como os falantes e os destinatários são bem-sucedidos comunicando-se uns com os outros usando expressões linguísticas?" Ou ainda: "Como lhes é possível, por meios linguísticos, fazer-se entender mutuamente, ter influência no estoque de informação (incluindo conhecimento, crenças, preconceitos, sentimentos), e, afinal, no comportamento prático um do outro?". O que ocorre, diz o autor, é que esse "usuário" é muito mais do que um "animal linguístico", estando envolvidas no uso comunicativo da língua muitas funções humanas "mais elevadas" do que a simples função linguística. Juntamente com a capacidade linguística (pela qual o usuário é capaz de produzir e interpretar corretamente expressões linguísticas de grande complexidade estrutural em diferentes situações comunicativas), atuam:

a. a capacidade epistêmica: o usuário é capaz de construir, manter e explorar uma base de conhecimento organizado; ele pode derivar conhecimento de expressões linguísticas, arquivar esse conhecimento de forma apropriada e, ainda, recuperá-lo e utilizá-lo interpretando expressões linguísticas ulteriores;
b. a capacidade lógica: munido de determinadas parcelas de conhecimento, o usuário é capaz de extrair outras parcelas de conhecimento por meio de regras de raciocínio, com princípios da lógica dedutiva e probabilística;
c. a capacidade perceptual: o usuário é capaz de perceber seu ambiente, derivar conhecimento de suas percepções e usar esse conhecimento perceptualmente adquirido tanto para produzir quanto para interpretar expressões linguísticas;
d. a capacidade social: o usuário não somente sabe o que dizer, mas também como dizê-lo a um parceiro comunicativo particular, numa situação comunicativa particular, para atingir objetivos comunicativos particulares.

Essas diferentes capacidades interagem estreitamente umas com as outras, produzindo cada uma delas um *output* que pode ser essencial para que as demais operem. Exatamente nesse sentido é que a GF é vista como uma teoria geral que diz respeito à organização gramatical das línguas naturais.

Do ponto de vista funcional, mostra Dik (1989a: 3; 1997a: 3-4), a Linguística diz respeito a dois tipos de sistemas de regras: i) as regras que governam a constituição das expressões linguísticas (regras semânticas, sintáticas, morfológicas e fonológicas); ii) as regras que governam os padrões de interação verbal nos quais essas expressões linguísticas são usadas (regras pragmáticas). O sistema (i) é um sistema de regras visto como instrumental em relação às metas e aos propósitos do sistema de regras (ii), já que o requisito básico do paradigma funcional é que as expressões linguísticas sejam descritas e explicadas em termos de um quadro geral fornecido pelo sistema pragmático de interação verbal. A GF pretende ser uma teoria que preenche esse requisito do paradigma funcional, e isso significa, entre outras coisas, que, onde seja possível, deve-se tentar prover a explanação funcional dos dois seguintes requisitos:

a. uma teoria da linguagem não deve contentar-se em apresentar em si e por si as regras e princípios que estão subjacentes à construção das expressões linguísticas, mas deve tentar, dentro do possível, explicar essas regras e princípios em termos de sua funcionalidade em relação aos modos de uso das expressões;
b. embora em si própria uma teoria das expressões linguísticas não seja o mesmo que uma teoria da interação verbal, é natural exigir que ela seja planejada de tal modo que possa ser mais fácil e realisticamente incorporada em uma teoria pragmática mais ampla de interação verbal.

O que se propõe, afinal, é que a teoria da gramática constitui um subcomponente integrado da teoria do "usuário da língua natural" (NLU: *the natural language user*).

Para ser praticamente aplicável na visão de línguas de qualquer tipo, a teoria tem de ter certo grau de abstração, mas, para ser praticamente aplicável na descrição de cada língua em particular, a teoria tem de ser tão concreta quanto possível: ela precisa manter-se tão perto quanto possível dos fatos linguísticos tais como eles se apresentam em qualquer língua. Esse aparente paradoxo pode também ser assim formulado: a GF precisa empenhar-se para obter o mais baixo grau de abstração que ainda seja compatível com a meta da adequação tipológica (entende-se "abstração" como a distância, medida em termos de regras e de operações a ser aplicadas, entre as expressões reais de uma língua e as estruturas subjacentes em termos das quais essas expressões são analisadas). A abstração e a adequação tipológica se inter-relacionam do seguinte modo: quando a teoria se concretiza demais na descrição de línguas particulares, as noções adotadas não podem ser transferidas para a descrição de outras línguas, e, assim, não se obtém adequação tipológica; e quando a teoria é abstrata demais (mais abstrata do que a adequação tipológica requer), ela excede seu limite de definição das mais significativas generalizações linguísticas, e então perde sua importância empírica: ela não nos diz muito sobre as línguas. É o que se referiu em 5.2.2.1 como fatores propiciadores de falha da teoria.

Em Linguística, como em outras ciências, diz Dik (1989b, 1997a), há um inter-relacionamento essencial entre análise de dados e formação de teoria: uma análise adequada dos dados de alguma língua particular é impossível sem uma incursão teórica geral nos princípios que estão na base da estrutura e do funcionamento da língua em geral; por outro lado, um desenvolvimento adequado da teoria linguística geral pressupõe a análise meticulosa dos fatos das línguas particulares. A inter-relação entre a análise de dados e a formação de teoria é apresentada por Dik sob a forma de uma estrutura piramidal, em cuja base estão os dados linguísticos concretos das línguas particulares, e em cujo topo estão os princípios que abrangem a organização de todas as línguas. Diferentes camadas intermediárias de subpirâmides indicam diferentes níveis de generalização. O movimento da base para cima (*bottom-up*) é atingido por meio de indução e generalização, a partir do mais concreto para o mais abstrato; o movimento do topo para baixo (*top-down*) envolve dedução e predição de fatos mais concretos/particulares sobre a base de princípios mais abstratos/gerais.

Prevê-se, na base, uma estrutura subjacente de oração que se projeta na expressão linguística, tal como neste esquema de representação:

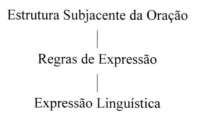

(Dik, 1989a; 49; 1997a: 49)

A estrutura subjacente da oração é uma estrutura abstrata na qual podem ser distinguidas diversas "camadas" de organização formal e semântica. O que se preconiza é uma rede estratificada complexa na qual um grande número de diferentes elementos pode operar em diferentes níveis, criando toda sorte de dependências. As regras de expressão, que fazem a mediação entre essa rede subjacente e a forma real das expressões linguísticas, também formam uma estrutura complexa, como mostra Dik (1989: 50; 1997a: 50) nesta representação:

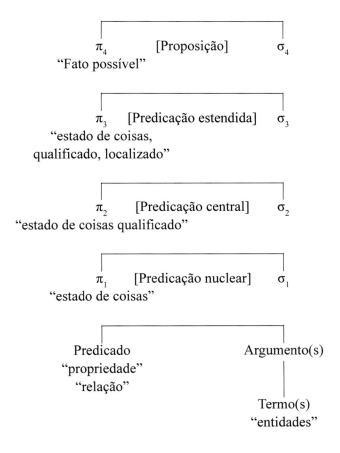

(Dik, 1989a: 50; 1997a: 50)

No sentido *bottom-up*, a construção subjacente primeiro requer um predicado ao qual pode ser aplicado um número apropriado de termos que funcionam como argumento para ele.

O predicado é, pois, o nível exigido para que se organize uma estrutura subjacente da oração. Designando propriedades ou relações, ele se aplica a certo número de termos – que se referem a entidades – produzindo uma "predicação", que designa um estado de coisas, ou seja, uma codificação linguística (e possivelmente cognitiva) que o falante faz da situação. É o que se mostra, a seguir, no exemplo que tem como predicado o verbo *quebrar*: esse verbo exige uma relação de dois lugares, então toma dois argumentos, sendo necessário que a esse predicado se apliquem dois termos, que, no exemplo, são *Pedro* e *o brinquedo*. Resulta uma "predicação nuclear" que assim pode representar-se (com bastante generalidade, lembrando-se, porém, que, no modelo, existe toda uma formalização para as representações):

quebrar (Pedro) (o brinquedo)

Com tal predicação, estabelece-se uma relação entre duas entidades que, em algum mundo, desempenham, cada uma, um papel semântico em um estado de coisas (um caso em que alguém chamado *Pedro* quebra algo do tipo 'brinquedo'), e, assim, pode-se dizer que

quebrar (Pedro) (o brinquedo)

descreve esse estado de coisas nesse mundo.

Um estado de coisas é o que se concebe como algo que pode ocorrer em algum mundo (real ou mental), o que significa que essa predicação apresentada faz a descrição correta desse estado de coisas: assume-se a existência de um mundo em que uma pessoa chamada *Pedro* quebra algo do tipo "brinquedo".

Sendo algo que pode ocorrer em um determinado mundo, um estado de coisas está sujeito a determinadas operações, isto é, ele pode: ser localizado no espaço e no tempo; ter uma certa duração; ser visto, ouvido, ou, de algum modo, percebido.

Partindo-se da predicação nuclear, a plena estrutura da oração pode construir-se subindo em camadas, por especificação dos operadores gramaticais "π" e dos satélites lexicais "σ". A predicação nuclear é qualificada pelos operadores de predicado π_1 (um exemplo seria o aspecto "Progressivo") e pelos satélites de predicado σ_1 (um exemplo seria o operador adverbial modal *estupidamente*):

Prog [*quebrar (Pedro) (o brinquedo)(estupidamente)*]
'Pedro (estava / está) quebrando o brinquedo estupidamente'

A seguir, o estado de coisas expresso nessa predicação nuclear pode ser localizado no espaço e no tempo por meio dos operadores de predicação π_2 e pelos satélites de predicação σ_2. Um exemplo seria o seguinte:

[Pres [Prog [*quebrar (Pedro) (o brinquedo)(estupidamente)(na rua)*]
'Pedro (está) quebrando o brinquedo estupidamente na rua'

Fica completada a parte descritiva ou representacional da estrutura oracional (o estado de coisas está descrito, qualificado e situado). Na camada seguinte o falante pode especificar uma atitude sua com respeito ao estado de coisas, então ele usará operadores de proposição π_3 ou satélites de proposição σ_3, ambos os tipos designando atitudes subjetivas ou avaliações modais suas, como em:

[Poss [Pres [Prog
[*quebrar (Pedro) (o brinquedo)*]
(estupidamente)(na rua)] (com certeza)]

A análise dessa estrutura ainda não está completa, porque não está marcado o ato de fala, ou seja, a força ilocucionária da frase como um todo (declarativa, interrogativa ou imperativa), com assunção de que já não se trata de uma (simples) predicação, mas, sim, de uma proposição. Preferencialmente, essa força ilocucionária não é expressa por meios gramaticais, mas por meios lexicais, que entram na forma da expressão, e também se marcam na entonação. Seja exemplo:

[Decl [Poss [Pres [Prog
[*quebrar (Pedro) (o brinquedo)*]
(estupidamente)(na rua)(com certeza)] σ_4]
'Com certeza Pedro deve estar quebrando estupidamente o brinquedo na rua.'

O satélite ilocucionário σ_4 pode também ser marcado por algum adverbial que modifique ou especifique o valor ilocucionário da frase como um todo. Com *francamente*, o exemplo traz a indicação de um "modo de falar" relativo à frase produzida:

[Decl [Poss [Pres [Prog
[*quebrar (Pedro) (o brinquedo)*]
(estupidamente)(na rua)(com certeza)] (francamente)]
'Francamente, com certeza Pedro deve estar quebrando o brinquedo na rua estupidamente.'

A proposição revestida de força ilocucionária constitui, pois, a frase, que corresponde a um ato de fala, e o sistema de regras de expressão da língua determina a forma, bem como a ordem dos termos e o padrão entonacional dos constituintes, isto é, determina a realização superficial dessa estrutura.

Uma predicação pode, por outro lado, aparecer como especificação de um outro estado de coisas, isto é, como argumento de outro predicado, como em:

A mãe viu que o menino quebrou o brinquedo na rua.

Tem-se, então, uma predicação encaixada em uma predicação mais alta, denominada **predicação matriz**. E a predicação total – *a mãe ver que o menino quebrou o brinquedo na rua* – é, por intermédio do operador de predicação Passado, localizada, por sua vez, no intervalo de tempo que antecede o tempo da predicação encaixada.

Predicação encaixada não é o mesmo que proposição encaixada. No exemplo apresentado trata-se de uma predicação encaixada: observa-se que o que se diz que a mãe viu é, de fato, (a ocorrência de) um estado de coisas, o qual consiste em o menino quebrar o brinquedo na rua. Entretanto, em uma expressão como *A mãe acreditou que o menino quebrou o brinquedo na rua*, embora a oração completiva do predicado *quebrou* ocorra com a mesma forma, seu estatuto é diferente: as coisas nas quais se pode dizer que as pessoas acreditam não são estados de coisas, são, antes, proposições, conteúdos proposicionais, fatos possíveis. Essas mesmas coisas podem ser conhecidas ou pensadas, podem ser causa de surpresa e de dúvida, podem ser mencionadas, negadas, rejeitadas ou lembradas, e podem ser verdadeiras ou falsas. Assim, *acreditar* toma proposições, não predicações, como segundo argumento, portanto aí existe uma proposição encaixada.

Como exemplifica Mackenzie (1992), as orações encaixadas podem estar em diferentes camadas "de ordem mais alta", a partir da segunda, como, respectivamente, em:

a. I saw *that Andy was mowing the lawn* (na 2ª camada: um estado de coisas, predicação).
b. I assumed *that Andy was mowing the lawn* (na 3ª camada: um fato possível, proposição).
c. I said "Andy is mowing the lawn" (na 4ª camada: uma enunciação completa, ato de fala).

Volte-se ao predicado, que é, pois, o primeiro nível exigido para que se organize uma estrutura subjacente da oração. Essa organização em níveis assim se configura:

- Nível 1: predicador e termos;
- Nível 2: predicação;
- Nível 3: proposição;
- Nível 4: oração / frase // ato de fala.

A cada nível de unidade estrutural corresponde um diferente tipo de unidade linguística. Consideradas como "variáveis", essas unidades linguísticas se representam por diferentes símbolos, conforme o nível estrutural a que correspondem:

UNIDADE ESTRUTURAL	TIPO DE ENTIDADE	ORDEM	VARIÁVEL
ORAÇÃO / FRASE	ato de fala	4	$E_i, E_j, ...$
PROPOSIÇÃO	fato possível	3	$X_i, X_j, ...$
PREDICAÇÃO	estado de coisas	2	$e_i, e_j, ...$
TERMO	entidade	1	$x_i, x_j, ...$
PREDICADO	propriedade / relação		$f_i, f_j, ...$

Os mais importantes parâmetros para uma tipologia semântica dos estados de coisas são:

± Dinâmico [± din]
± Télico [± tel]
± Momentâneo [± mom]
± Controle [± con]
± Experiência [± exp]

Os dois traços mais gerais (concernentes a "dinamismo"), [+din] e [-din], configuram eventos e situações, respectivamente. A combinação desses traços com [+con] e [-con] leva à tipologia:

1. [+din] [+con]: Ação (Evento)
2. [+din] [-con]: Processo (Evento)
3. [-din] [+con]: Posição (Situação)
   • *você estava comigo* (sit, pos)
4. [-din] [-con]: Estado (situação)
   • *estava lá Otávio* (sit, est)
   • *Maneco Manivela conserva-se naquela mesma tensão* (sit, est)

Uma subtipologização atribui os traços (concernentes a "telicidade") [+tel] e [-tel] aos estados de coisas dinâmicos:

1.1. [+din] [+con] [+tel]: Realização (Evento, Ação)
   • *Nando lançou um olhar aos companheiros* (ev, ação, real)
   • *a rapariga encolheu-se* (ev, ação, real)
1.2. [+din] [+con] [-tel]: Atividade (Evento, Ação)
   • *Ramiro fitava a porta trêmulo* (ev, ação, ativ)
   • *o passarinho e o corcunda caminhavam à frente do grupo* (ev, ação, ativ)
2.1. [+din] [-con] [+tel]: Mudança (Evento, Processo)
   • *altos muros ruíram em silêncio* (ev, proc, mud)
   • *você perdeu o show* (ev, proc, mud)

2.2. [+din] [-con] [-tel]: Dinamismo (Evento, Processo)
- *vocês todos roncavam* (ev, proc, din)
- *ia-lhe pelo corpo todo uma trêmula sensação de febre* (ev, proc, din)

Uma subtipologização ulterior ainda compartimenta os eventos [+tel] (realizações e mudanças) conforme o traço (concernente a "momentaneidade") [± mom], mas a esses subgrupos não se conferem denominações especiais. O traço [± exp], por seu lado, subcategoriza todos esses tipos distinguidos por meio dos traços já considerados, marcando-os segundo haja, ou não, no estado de coisas, uma entidade com o traço "animado" que "perceba, sinta, deseje, conceba ou, de algum modo, experimente algo" (Dik, 1989a: 98ss.; 1997a: 106 ss.).

Resumindo:

A "predicação" – que constitui o núcleo de uma estrutura de oração subjacente – pode ser descrita, pois, segundo os três níveis:

1. predicação nuclear (*nuclear predication*): o predicado e seus argumentos (consiste na aplicação a algum predicado de um número apropriado de termos que preenchem as posições argumentais daquele predicado);
2. predicação central (*core predication*): a predicação nuclear estendida pelos operadores de predicado (meios gramaticais que fazem distinções aspectuais, como "imperfectivo" ou "perfectivo", que especificam a organização temporal interna dos estados de coisas) e pelos satélites de nível 1 (que indicam modo, velocidade, instrumento); pode ocorrer de a predicação nuclear e a predicação central serem iguais, nesse particular, já que a manifestação da perfectividade ou da imperfectividade depende de cada língua, e os satélites são opcionais;
3. predicação estendida (*extended predication*): predicação central estendida pelos operadores de predicação (meios gramaticais pelos quais, ficando a estrutura do predicado intacta, um estado de coisas é localizado por coordenadas temporais e cognitivas, como Passado, ou Modalidade Objetiva) e por satélites de nível 2; é nesse nível que as funções sintáticas (sujeito e objeto), que representam pontos de vista, começam a operar.

A "proposição" consiste de uma variável de conteúdo proposicional que simboliza um fato possível, especificado pela predicação estendida, pelos operadores (modalidade subjetiva, crença, esperança) e pelos satélites de nível 3 (que nada mudam no estado de coisas, apenas restringem o valor que o falante confere ao conteúdo proposicional). Esses elementos de nível 3 servem para especificar a avaliação que o falante faz do fato possível definido pela proposição, e seu compromisso com esse fato possível.

A frase consiste de uma variável de ato ilocucionário que simboliza o ato de fala expresso pela predicação, especificado pela proposição, pelos operadores ilocucionários (Declarativo, Interrogativo, Imperativo) e pelos satélites ilocucionários de nível 4.

Atribuem-se, então, as funções pragmáticas de Tópico e Foco.

São essas duas as noções pragmáticas centrais na GF, as quais se determinam na 'enunciação do enunciado', exatamente o lugar em que se pode verificar em torno de qual termo o falante organizou a frase – qual o Tópico –, e ao mesmo tempo verificar qual é o termo que carrega a informação mais saliente – qual o Foco.

Por seu lado, a consideração de "camadas" permite que se examine a oração/frase efetivamente enunciada (no evento da fala) distinguindo o escopo dos diferentes operadores (meios gramaticais) e satélites (meios lexicais) que interferem em cada uma das fases.

Com esse aparato, explicam-se, por exemplo, as relações entre modalidade, por um lado, e tempo e aspecto, por outro, além de se explicarem diferentes instâncias da própria modalização. Observe-se que no estudo da modalização fica muito evidente a estruturação por níveis. Como se observou pela explicitação dos tipos de estados de coisas, no próprio predicado está o aspecto qualificacional (*Aktionsart*), como, por exemplo, o traço [+tel] / [-tel], entretanto os valores desses parâmetros podem alterar-se por flexões verbais do tipo de "perfeito" ou "imperfeito". No nível da predicação, na sequência, funcionam as operações que localizam o estado de coisas por ela designado no eixo do tempo relativo ao ato de fala (ou a outros estados de coisas): aí atuam os operadores que conferem tempo (tempo de ocorrência) e aspecto quantificacional (frequência de ocorrência), bem como "modalidade objetiva" e "polaridade". Dessa maneira, pode-se dizer que o aspecto semelfactivo ou iterativo não modifica a estrutura interna de um estado de coisas (como ocorre com o aspecto qualificacional, ou *Aktionsart*), apenas especifica quantas vezes um estado de coisas com uma dada estrutura interna ocorre/ocorreu/ocorrerá. Em seguida, sobre a proposição (já no nível interpessoal), situa-se a modalidade que Hengeveld (1989) chama **epistemológica,** e que abrange os meios pelos quais o falante expressa seu compromisso com a verdade da proposição, fazendo uma avaliação externa ao estado de coisas.

Está em Hengeveld (1989) o modelo de uma análise da cláusula em dois níveis, que, na verdade, pode ser considerada como uma certa integração do Funcionalismo da Escola da Holanda com o de Halliday:

1. Nível representacional (relacionado com o evento narrado): o enunciatário compreende a que situação (real ou não) se faz referência.
2. Nível interpessoal (relacionado com o evento de fala): o enunciatário reconhece a intenção comunicativa do enunciador.

No nível representacional estão os estados de coisas, entidades às quais as "orações" (como "expressões referenciais", que ocorrem em algum tempo e lugar) se referem. No nível interpessoal há uma estrutura ilocucionária abstrata, que expressa a relação entre o falante, o destinatário e a mensagem, ou conteúdo transmitido. A frase representa a combinação dos dois eventos, o narrado e o de fala, e, nessa análise, a predicação preenche duas funções: (i) designa o estado de coisas no nível representacional ("predicação"); (ii) representa o conteúdo do ato de fala no nível interpessoal ("proposição"). De um ponto de partida que é a predicação, passa-se, subsequentemente: à expressão referencial; à expressão como unidade de informação (ou conteúdo transmitido em um ato de fala); finalmente, à fala real.

Ao tratar das "funções pragmáticas", Dik (1989a, 1997a: 68) mostra como uma mesma estrutura subjacente pode levar a uma série de expressões alternativas, cada uma delas diferente das outras pela entonação ou pela ordem dos constituintes, casos para os quais se pode dar como exemplo esta série de frases:

- Aquele fazendeiro matou o patinho.
- Aquele fazendeiro matou o paTINHo
- Aquele fazendeiro maTOU o patinho.
- AQUEle fazendeiro matou o patinho.
- Aquele fazenDEIro matou o patinho.
- O paTINHo aquele fazendeiro matou.

As diversas expressões não são intercambiáveis, já que cada uma delas – e não as demais – é comunicativamente adequada em uma determinada situação; por exemplo, a segunda e a última das frases que acabam de ser oferecidas não caberiam como resposta à pergunta "Quem matou o patinho?", que poderia, entretanto, ser respondida com a quinta das frases. Essa diferença na aceitação é determinada pela atribuição das funções pragmáticas aos constituintes da estrutura subjacente das frases.

Funções pragmáticas são funções que especificam o estatuto informacional dos constituintes em relação à situação comunicativa em que eles são usados. Os mais importantes parâmetros que distinguem as funções pragmáticas são: (i) a "topicidade", que concerne aos atores do evento encenado na interação comunicativa (caracteriza aquilo de que se fala); (ii) a "focalidade", que concerne às peças de informação mais importantes ou salientes para a modificação que o falante deseja provocar na informação pragmática de seu ouvinte, bem como para o desenvolvimento subsequente do discurso (caracteriza aquilo que dizemos sobre os tópicos). Quando a língua dá um tratamento distintivo especial a algum elemento tópico ou focal, faz-se a atribuição das funções pragmáticas de Tópico e de Foco, respectivamente, categorias que, na verdade, podem abrigar certas áreas de sobreposição (certos elementos tópicos podem ao mesmo tempo ser focais na comunicação).

Além dos constituintes frasais, consideram-se, nesse modelo, constituintes extrafrasais, isto é, constituintes que não são parte da frase propriamente dita, mas se associam frouxamente a ela, podendo ser descritos mais adequadamente em termos de funcionalidade pragmática. São expressões como:

- Bem [Iniciador], que é que você acha disso?
- Senhoras e senhores [Endereçamento], vamos começar a sessão?
- Quanto aos estudantes [Tema], eles não foram convidados.
- O João era, por assim dizer [Parêntese modal], um estudante brilhante.
- Está fazendo calor, não está? [Apêndice, Modificador ilocucionário].
- Ela é uma boa menina, a sua irmã [Esclarecimento].

Na teoria, esses constituintes extrafrasais servem a variadas funções pragmáticas, funções que, em geral, dizem respeito: (i) ao monitoramento da interação; (ii) a comentários sobre o conteúdo da própria frase, (iii) à organização do conteúdo da expressão relativamente ao contexto em que ela ocorre.

Dik (1989a, 1997a: 10) não se dedica à explicitação das funções pragmáticas extrafrasais, concentrando-se no estudo da informação pragmática contida nos constituintes internos da frase. Divide a informação pragmática em "geral" (referente ao mundo, seus traços naturais e culturais, e outros mundos possíveis e imaginários), "situacional" (derivada da percepção e da experiência dos participantes da interação) e "contextual" (derivada das expressões linguísticas ocorrentes em qualquer ponto anterior ou posterior da interação verbal).

As dimensões de topicidade e de focalidade são parcialmente correspondentes à distinção dado/novo (Dik, 1989a: 266; 1997a: 318): a topicidade caracteriza as entidades acerca das quais a informação é oferecida ou é requerida no discurso, e a focalidade se prende àquelas partes da informação que são as mais importantes ou salientes para as modificações que o falante deseja obter na informação pragmática do destinatário, e para o desenvolvimento subsequente do discurso. Essas duas dimensões se sobrepõem, em determinada extensão, podendo certos elementos ser ao mesmo tempo tópicos e focais para a comunicação.

A noção de tópico discursivo tem de ser interpretada em relação à extensão do discurso que está sob consideração (livro, capítulo, seção, parágrafo, e, em última instância, frase/oração). Introduzido um tópico, ele pode ser mantido, por exemplo, por referência anafórica (recuperação por referência a uma porção anterior do texto), por paralelismo sintático (reaparecimento do tópico em posições sintáticas similares, em predicações subsequentes), etc.

A função pragmática de foco pertence à dimensão focal do discurso. A informação focal diz respeito às mudanças que o falante quer trazer à informação pragmática do destinatário, mudanças que podem ter diferentes direções, como, por exemplo, um acréscimo ou uma substituição. Tipicamente, então, a informação focal, numa expressão linguística, pertence à diferença entre a informação pragmática do falante e a que ele julga que seja a do ouvinte, sendo a informação focal a que é apresentada como "nova", ou como relevante, para o destinatário.

Verifica-se que, dentro dos princípios gerais de uma "gramática funcional", a teoria de Dik, como aponta Gebruers (1984), tem como propósito oferecer "um quadro para a descrição científica da organização linguística em termos das necessidades pragmáticas da interação verbal, na medida em que isso é possível" (1984: 349). Com vinculação em um modelo de interação verbal com muita acuidade preparado (como se mostra na seção 3.1 deste livro), Dik (1997a, 1997b) credita ao papel dos usuários toda a projeção de uma boa consecução do evento de fala: centra-se a atenção na natureza de cada um deles, em sua história, em suas habilidades e em seus propósitos naquele desempenho mutuamente concertado.

5.2.2.4 A EXPLICITAÇÃO DA TEORIA DA GRAMÁTICA DISCURSIVO-FUNCIONAL (GDF), NA DECORRÊNCIA DA GRAMÁTICA FUNCIONAL (GF)

Na explicitação da Gramática discursivo-funcional (GDF), sucedânea da Gramática funcional (GF) – e em pleno desenvolvimento –, cabe a observação primeira de que são inúmeros os pesquisadores brasileiros diretamente envolvidos nos trabalhos que os dois grandes próceres da teoria (Kees Hengeveld e John Lachlan Mackenzie) e colaboradores têm desenvolvido (centralmente nas obras: Hengeveld e Mackenzie, 2008; Groot e Hengeveld, 2005; Mackenzie e Gómez-González, 2004).

A partir daí, para acesso ao essencial de Hengeveld e Mackenzie (2008), existem disponíveis livros escritos ou organizados no Brasil que oferecem o arcabouço da teoria – bastante complexa, dada a formalização sem a qual ela perde a configuração mais reveladora de seus princípios – e nos quais se apresentam análises da língua portuguesa respaldadas na teoria. Para uma apresentação (em português) da teoria, citem-se, além do capítulo intitulado "Gramática discursivo-textual" dos próprios Hengeveld e Mackenzie na obra coletiva de Souza (2012), o capítulo de introdução de Pezatti (2016), em Pezatti (2016), e o texto de introdução escrito por Hattnher e Hengeveld (2007) para um número especial da Revista *Alfa* sobre a GDF (Hattnher e Hengeveld, 2007); para tratamento de algumas questões da língua portuguesa segundo a GDF, registrem-se os livros de Camacho (2011) e

Pezatti (2014) além de teses e artigos produzidos por pesquisadores brasileiros de diferentes centros de pesquisa no país.

De todo modo, traz-se aqui uma rápida exposição da emergência da teoria, com dados iniciais colhidos de Hengeveld (2004), seguidos de alguma explanação, segundo o que se encontra em Hengeveld (2005). Em primeiro lugar, como já indicado, no tratamento da GDF cabe sempre referenciá-la à GF de Dik, que já nas suas últimas formulações contou com aportes teóricos de responsabilidade de Kees Hengeveld.

Como a Gramática funcional, a Gramática discursivo-funcional é uma proposta que, à parte a formalização precisa e rigorosa – embora declaradamente tentativa e provisória – que faz do tal modelo *top-down*, mantém pressupostos básicos que sempre estiveram em Dik (especialmente 1989a e 1997). Como expõe Hengeveld (2004), ela se apresenta como expansão de uma gramática da frase para uma gramática do discurso, o que vem justificado por duas razões principais: primeiro, por existirem muitos fenômenos linguísticos que só podem ser explicados em termos de unidades maiores do que a frase individual, como partículas discursivas, cadeias anafóricas, formas de verbos da narrativa e muitos outros fatos de gramática que requerem análise que tome um contexto linguístico mais amplo em consideração; segundo, por existirem muitas expressões linguísticas que são menores do que a frase individual, embora funcionem como enunciados completos e independentes dentro do discurso.

Ambas compartilham uma orientação tipológico-funcional, diferindo, porém, em orientações bem determinantemente marcadas: (i) a organização da GDF é *top-down*, a da GF é *bottom-up*; (ii) a unidade básica de análise da GFD é o ato discursivo, a da GF é a oração; (iii) na GFD, o componente gramatical interage sistematicamente como o componente conceptual, o contextual e o "de saída"; (iv) e a GDF inclui representações morfossintáticas e fonológicas como parte da estrutura subjacente.

Trata-se, pois, de um modelo a tal ponto orientado para o discurso que tem como pré-condição essa organização descendente (*top-down*) em direção à frase/oração, a qual é, pois, uma unidade que entra na condição de apenas uma das opções de formulação que contribuem para o discurso. Por isso as regras envolvidas na formulação (que determinam as representações subjacentes semânticas e pragmáticas) têm precedência sobre as regras de expressão. Assume-se, pois, na GDF, que um modelo de gramática será mais efetivo quanto mais sua organização refletir real processamento linguístico individual (com relevo do suporte psicolinguístico da teoria).

Nesse modelo *top-down* de enunciados distinguem-se duas operações, a formulação (que se refere às regras que determinam, na linguagem, as representações subjacentes semânticas e pragmáticas) e a codificação (que se refere às regras que convertem essas representações semânticas e pragmáticas em representações morfossintáticas e fonológicas). Na ligação da GDF com a GF verifica-se que a primeira dessas operações corresponde ao componente de regra de expressão da GF, mas a segunda não tem correspondente na GF, onde a validade das representações subjacentes é geralmente pressuposta.

Assim, o relevo está na determinação discursiva da teoria, e não apenas quando se levam em conta cadeias mais extensas que orações, mas também quando se estabelece que porções menores do que a oração (que eram apenas tidas como porções "extraoracionais") sejam incluídas no modelo de análise, já que elas, do mesmo modo que as orações, contribuem para o discurso: por exemplo, uma exclamação pode valer por uma frase. Na verdade, a essência do modelo está na proposição de que a unidade básica do discurso é o ato discursivo, não a frase. E, mais além que isso, propõe-se que as combinações de atos discursivos constituam unidades de discurso superiores, mais amplas, os *moves* (movimentos, ou 'lances' de linguagem que figuram como unidade de troca no discurso). O ato discursivo, por sua vez, não apenas é uma frase, também é um fragmento de frase, ou um sintagma, ou uma palavra com inserção gramatical. Requer, pois, essa proposta, um modelo gramatical capaz de, do topo para a base (*top-down*), mapear o ato discursivo em unidades morfossintáticas diversas.

Na GDF, o componente gramatical se liga ao componente conceptual, ao componente contextual e ao componente de saída, sendo o primeiro deles externo à gramática mas portador da força condutora que está por trás do componente gramatical como um todo. O componente cognitivo representa o conhecimento (de longo termo) do falante, tal como sua competência comunicativa, seu conhecimento sobre o mundo e sua competência linguística. Os três níveis da gramática (o interpessoal, o representacional e o de expressão, hierarquicamente ordenados) interagem com esse componente cognitivo, assim como interagem com um componente comunicativo, que representa a informação linguística (de curto termo) derivável do discurso precedente bem como a informação não linguística, perceptual, derivável da situação de fala. Nesse componente contextual está uma descrição do domínio discursivo construído, na medida da sua relevância para a forma que o enunciado pode tomar, na sua sequência, considerando-se, ainda, a intervenção do componente contextual na elaboração dos enunciados. O componente de saída, que gera as expressões, é, por sua vez, também externo ao componente gramatical, entretanto se faz com a informação que o componente gramatical traz.

Quanto aos níveis de representação, enquanto as estruturas subjacentes da GF têm apenas dois componentes de representação (o interpessoal, que é pragmático, e o representacional, que é semântico), as da GDF têm ainda o nível estrutural (representação morfossintática) e o fonológico (representação fonológica), todos eles com natureza puramente linguística.

Na arquitetura geral da GFD formalizam-se as operações (em elipses), os primitivos (em caixas) e os níveis de representação (em retângulos). Há um nível pré-linguístico conceptual, em que têm relevância a intenção comunicativa e as representações mentais correspondentes; pela operação de formulação, essas representações conceptuais se traduzem em representações pragmáticas (no nível interpessoal) e semânticas (no nível representacional).

A GFD não pressupõe a existência de noções pragmáticas e semânticas universais, entendendo-se que representações conceptuais similares podem receber diferentes representações pragmáticas e semânticas em diferentes línguas: por exemplo, uma ordem pode ser codificada em um determinado ato de fala em uma língua, e esse mesmo ato de fala codificar outra finalidade discursiva no mesmo tipo de ato de fala.

Uma representação morfossintática do nível estrutural traduz, pela operação de codificação morfossintática, as representações dos níveis interpessoal e representacional; e uma representação fonológica do nível fonológico, por sua vez, traduz as representações do nível pragmático, semântico e estrutural. Nas regras de expressão morfossintática está um conjunto de primitivos que contêm moldes (*templates*), auxiliares e operadores secundários (morfológicos); e nas regras de expressão fonológica está um conjunto de primitivos que contêm padrões prosódicos, morfemas e operadores secundários (fonológicos).

De tal modo disposto o componente gramatical no tratamento funcional da GDF, a linguagem assim se organiza, na sua direção *top-down*: nível interpessoal, nível representacional, nível estrutural e nível fonológico. Trata-se de uma organização em que a pragmática governa a semântica, a pragmática e a semântica governam a morfossintaxe, e a semântica e a morfossintaxe governam a fonologia. Cada um dos níveis é estruturado de uma maneira, e o que há em comum é estarem organizados em camadas ordenadas hierarquicamente; quanto mais se desce no modelo, mais os níveis se tornam específicos de uma língua.

O primeiro conjunto de primitivos contém estruturas (*frames*), que definem as possíveis combinações de elementos nos níveis interpessoal e representacional para uma determinada língua. O segundo conjunto de primitivos contém lexemas, havendo aqueles que funcionam no nível interpessoal (interjeições, nomes próprios, advérbios ilocucionários, expressões performativas, etc.) e aqueles que funcionam no nível representacional. Os lexemas não são estocados em estruturas de predicados, como na GF, eles são unidades independentes que têm de ser associadas com as diversas estruturas por meio de suas definições de significado. O terceiro conjunto de primitivos contém operadores primários, que representam expressões gramaticais puramente em termos de seu conteúdo pragmático ou semântico, sendo classificados segundo a camada em que atuam (assim como na GF); por exemplo: (i) considerando-se o nível interpessoal, são exemplos a mitigação, no nível da ilocução; o reportativo, no nível do conteúdo comunicado; a aproximação, no nível do conteúdo comunicado; e a definitude, no nível do ato referencial; (ii) considerando-se o nível representacional, são exemplos a modalidade subjetiva, na camada de terceira ordem; a modalidade subjetiva e o tempo, na camada de segunda ordem; o número, na camada de primeira ordem; o aspecto fasal, na camada de ordem zero.

No nível estrutural organizam-se os moldes de palavras, de sintagmas e de frases, que se estocam como parte de um conjunto de primitivos relevantes para a operação de codificação morfossintática. No segundo nível de primitivos relevantes para esse nível estão os morfemas gramaticais livres (palavras que expressam um significado gramatical), por exemplo os auxiliares e as partículas gramaticais. No terceiro conjunto de primitivos relevantes para esse nível estão os operadores (morfossintáticos) secundários. Semelhantemente, no nível fonológico organizam-se os primitivos relevantes para o nível.

Como generalizações da teoria, verifica-se que há correspondência entre os três conjuntos de primitivos e que há (servindo ao propósito de prover uma estrutura para cada nível de organização geral) subconjuntos de unidades que têm a função de estruturar: os *frames* usados na formulação; os moldes usados na codificação morfossintática; os padrões prosódicos usados na codificação fonológica. Dentro de cada conjunto de primitivos há um subconjunto de unidades na forma fonêmica (para a codificação morfossintática e para a codificação fonológica) e um subconjunto de operadores (primários e secundários).

Quanto às funções, elas são parte das diversas estratégias de estruturação previstas na GDF: as funções pragmáticas são parte das estruturas interpessoais, as funções semânticas estão nas estruturas representacionais, e as funções sintáticas (nas línguas em que são relevantes) estão nos moldes de frase morfossintáticos. Quanto às funções sintáticas, elas se ligam centralmente aos fatores semânticos e pragmáticos que provocam sua ocorrência.

Em um balanço final, quanto à condução dos dois modelos da Gramática funcional 'da Holanda', a originária GF de Dik (e Hengeveld, no seu final) e a subsequente GDF, de Hengeveld e Mackenzie, a avaliação geral vai no sentido do que afirmam Velasco e Rijkhoff (2008: 2): a GDF pode ser considerada, de um lado, uma continuação da GF, e, de outro lado, uma reestruturação do modelo original concebido por Dik, de modo que ele fosse mais bem equipado para encontrar os padrões de adequação que se buscavam. Outra importante diferença entre a GF e a GDF apontada nessa obra (com recurso a Hengeveld e Mackenzie, 2006: 669) é que a GDF é explicitamente projetada para moldar as habilidades linguísticas dos falantes. E assim pensada, ela compartilha certos traços com a predecessora GF, mas com diferenças substanciais suficientes para poder-se dizer que ela oferece um novo programa de pesquisa na paisagem linguística. Nesse sentido, os autores apresentam, extensivamente, diferenças relativas aos seguintes campos: gramática da sentença *versus* gramática do discurso; modelo da base ao topo *versus* modelo do topo à base (*bottom-up vs. top-down*); modelo em camadas *versus* modelo em níveis (hierarquizados em camadas), com quatro níveis de representação no componente gramatical: o interpessoal, o representacional, o morfossintático e o fonológico.

Assim, propondo uma gramática que parte de um modelo de expressão dinâmica, como diz Bakker (1999, 2001), a GDF aponta o "ato discursivo" para ocupar a condição de unidade básica da análise gramatical, substituindo a *sentence* (oração/frase), da Gramática funcional (GF). Na raiz, como mostra Hengeveld (2005), o modelo destaca-se da Gramática funcional de Dik por começar com a codificação da intenção do falante, e, a partir daí, operar de cima para baixo, até a articulação, que é o componente de saída (*output*) da gramática. Ele se destaca, ainda – prossegue o autor –, por considerar as funções como parte das várias estratégias de estruturação: as funções pragmáticas são parte das estruturas (*frames*) interpessoais, as funções semânticas são incluídas nas estruturas (*frames*) representacionais, e as funções sintáticas, nas línguas em que têm relevância, são parte das estruturas morfossintáticas frasais. A natureza central das funções sintáticas pode, pois, ser atribuída aos fatores semânticos e pragmáticos que provocam sua ocorrência, e a oração nada mais é do que uma das opções que o falante tem para contribuir para o discurso.

E um modelo com esse movimento *top-down* – diz Hengeveld (2004) –, assumindo que as decisões dos níveis e camadas de análise mais elevados determinam e restringem as possibilidades dos níveis e camadas de análise mais baixos, leva a que as interfaces entre os diferentes níveis possam ser descritas em termos das decisões comunicativas que o falante toma quando constrói um enunciado. Assim, nessa proposta autodenominada "discursivo-funcional", os três níveis em interação se colocam exatamente na ordem que vai do nível interpessoal para o representacional, para daí chegar ao nível de expressão.

Cabe registrar que o modelo da Gramática discursivo-funcional (GDF) está hoje assentado em Hengeveld e Mackenzie (2008), mas ela segue em contínua elaboração, legitimada especialmente no direcionamento sustentado pelo exame tipológico de gramáticas, observadas em múltiplas línguas, tarefa a que os seguidores desse modelo teórico se têm dedicado com um plano profícuo de trabalho, no sentido de uma legitimação cada vez mais sustentada da proposta. Além de todo o volume 17 (n. 2) da revista *Liames* (2017), com oito artigos dedicados ao tema da transparência nas línguas nativas do Brasil, todos utilizando o arcabouço da GDF, indiquem-se os artigos: Hengeveld et al. (2007); Pezatti (2009), Camacho (2010), Hengeveld et al. (2012); Oliveira e Camacho (2013), Hengeveld e Hattnher (2015), Hattnher (2013 e 2017).

NOTAS

[1] "Functionalist approaches [...] are characterised first and foremost by the claim that language should be seen primarily as a means of human communication in sociocultural and psychological contexts, and that this fact must determine our view of how language should be modelled."

[2] García observava, na época, citando Juhasz (1973), Kuno (1972) e Williams (1977), que essa posição vinha sendo cada vez mais difundida.

[3] Neves (2010a: 82-83) especifica pontos desse histórico, valendo-se de informações colhidas em Kress (1976: VII-XXI), além de consulta às fontes diretas. Desse texto são algumas das indicações que aqui se trazem.

[4] Os termos, em inglês, são, respectivamente, *field*, *mode* e *tenor*. Halliday e Hasan (1976: 22) observam que esses termos foram escolhidos por adoção da "terminologia preferida" por Spencer e Gregory em *Linguistics and Style* (1968). Em português a tradução mais frequentemente escolhida para o termo *tenor*, nesse contexto, é "relação" ou "relações".

[5] **Oração** (unidade com completude sintática, contenha ou não um complexo oracional) é a tradução que se dá, neste livro, para *sentence*, no caso. É **frase** quando é referida como unidade de comunicação (tornando-se irrelevante a completude sintática que tenha).

[6] Na 3ª edição, de 2004, o capítulo 8, com esse conteúdo, desapareceu, e o conteúdo foi incorporado nos capítulos com os quais ele tem relação (1, 3, 4 e 7). O novo capítulo 8, denominado "Group and Phrase Complexes" traz como conteúdo a parte do antigo capítulo 7 que vinha nomeada como "Adicional". Desse modo, o novo capítulo 7 aparece reduzido, em relação ao da versão de 1985. Já foi observado, na parte relativa ao histórico da proposta hallidayiana (4.2.2), que na edição de 2004 houve grande reformulação, nos diversos capítulos.

[7] Na tradição e no senso comum, sujeito psicológico representa aquilo em que se fixa a mente numa manifestação (um "tema"), e é nesse sentido que o termo está sendo usado neste ponto. Mais especificamente, em uma das primeiras obras de Halliday (Halliday, 1970) podem ser encontrados quatro tipos de "sujeitos", o lógico, o gramatical, o psicológico1 e o psicológico2, cada um deles relacionado mais diretamente com uma das três funções da linguagem. O sujeito lógico e o gramatical se relacionam, respectivamente, com a função ideacional e a interpessoal; o sujeito psicológico1, que é conceituado como "tema", e o sujeito psicológico2, conceituado como "dado", relacionam-se, ambos, com a função textual, com a diferença de que, no caso do último, a função é interna à unidade de informação.

[8] Na prática da linguagem, é frequente que o sujeito (categoria sintática) e o tema (categoria informativa) coincidam, o que tem levado a que muitas análises desavisadas venham entendendo um pelo outro.

[9] O autor diz que essa é a primeira tentativa de apresentação da história da GF, mas aponta como indicações valiosas para compor essa história as apresentações que se encontram em Anstey (2004), em Butler (2003) – que compara a *FG* com a *SFG* e com a *Role & Reference Grammar* –, em García Velasco (2003) e em Siewierska (1991).

[10] As referências e transcrições dessa publicação feitas neste livro foram plenamente autorizadas pelo professor Lachlan Mackenzie em comunicação pessoal a esta autora.

[11] A expressão "Gramática funcional" no título da presente obra reflete esse fato.

[12] Nesse sentido, o título deste livro toma o rótulo "Gramática funcional" como intercambiável com "Funcionalismo" (ver "Apresentação" e "Introdução").

[13] São citados os gerativistas: Hoekstra (1978), Peterson (1979), Koster (1982), Miller (1986), Muysken (1988). O último recebeu resposta de Mackenzie (1988) e os dois anteriores receberam resposta de Nuyts (1983 e 1986, respectivamente).

6.
Gramática funcional e Cognitivismo[1]

> *O conhecimento linguístico envolve não apenas o conhecimento da língua, mas o conhecimento do mundo tal como mediado pela língua.*[2]
> (Dirk Geeraerts e Hubert Cuyckens, *Introducing Cognitive Linguistics*, 2007, p. 7)

6.1 A(S) TEORIA(S) COGNITIVISTA(S) DA LINGUAGEM HUMANA

Pode-se iniciar este capítulo sobre as relações entre Funcionalismo e Cognitivismo pelas indicações de Nuyts (2007: 544), que, tratando exatamente de diferenças e semelhanças entre o que denomina "Linguística cognitiva" e o que denomina "Linguística funcional", aponta a dificuldade para o estabelecimento de uma real fronteira entre as teorias, aliás uma questão a que o autor já se vinha dedicando (Nuyts, 1992). Nessa direção também se pode invocar Tomasello (1998, 2003a, 2007), que considera em conjunto as direções funcional e cognitiva da pesquisa em linguagem, quando estuda processos de cognição social pondo ênfase no uso da língua e na aquisição da linguagem. Vale, ainda, a indicação de Evans e Green (2006: 741) de que certas pesquisas (referidas, particularmente, a William Croft e Bernd Heine) poderiam, em princípio, ser classificadas como parcialmente cognitivas e parcialmente tipológico-funcionais (citam-se: Croft, 1991, 1995, 1996, 2000, 2001, 2003, 2009, 2012; Heine, 1993, 1997).

Uma concepção cognitivista da Linguística – em especial da semântica – está em várias análises linguísticas clássicas das décadas de 1970 e 1980 que, como apontam Geeraerts e Cuyckens (2010) citando as figuras de Lakoff, Langacker e Talmy, já tratam a linguagem como um instrumento para organizar, processar e transmitir informação, atividades que implicam, na outra ponta, a mente. Podem ser lembradas, de fato, algumas relevantes produções da época com essa feição: Lakoff (1977, 1987); Lakoff e Thompson (1975);[3] Lakoff e Johnson (1980);

Johnson (1987); Fillmore (1975, 1976, 1977, 1978, 1982, 1985); Fauconnier (1985, 1994); Langacker (1987, 1990); Talmy (1978, 1983, 1985, 1988, 2006).

Mais recentemente destacam-se propostas que entram de modo decidido nos variados campos da linguagem humana, desde algumas que mais fortemente se prendem à cognição até outras que mais fortemente se fixam na organização da linguagem. Assim, em termos de tendências, e apenas como exemplos citem-se: Gibbs e Colston (2012), Dancygier e Sweetser (2014), que ficam mais na linguagem figurativa; Talmy (2000a, 2000b), Ziem (2014), que vão à semântica (aliás, o campo de que nenhum deles se ausenta totalmente); Dancygier (2009), Paschoal (2014), Brandt (2013), que já vão ao discurso; Jackendoff (2002), Croft (2001, 2012), Langacker (2008a, 2009, 2013), que vão, propriamente, à gramática.

Taylor (2016: 471) mostra que o termo "Linguística cognitiva" pode ser entendido de diversas maneiras: em uma concepção ampla, qualquer tratamento da linguagem como fenômeno localizado nas mentes dos falantes poderia ser descrito como cognitivo, já que as propriedades envolvidas derivam, em última análise, do comportamento de cada falante, e esse comportamento é função de seus processos cognitivos e de suas representações mentais. Entretanto – considera o autor –, em uma concepção mais estrita e mais especializada (que é a que ele toma no capítulo), o termo refere-se a um movimento que teve origem nos Estados Unidos nas décadas finais do século XX (em reação a certas correntes teóricas, especialmente a Gramática gerativo-transformacional de Chomsky), com trabalhos como os de Lakoff (1987) e Langacker (1987). Nomes que ele indica como chaves do movimento são: Charles Fillmore (pelo seu trabalho sobre a semântica de *frames*: Fillmore, 2006); Leonard Talmy (notadamente por seus estudos em semântica conceptual, reunidos em Talmy, 2000); Gilles Fauconnier (pela exploração dos processos de construção de sentido por via de espaços mentais, e, subsequentemente, de integração conceptual: Fauconnier, 1994; Fauconnier e Turner, 2002). Institucionalmente, pode-se dizer que a Linguística cognitiva é datada de 1989: foi quando ocorreu a primeira Conferência Internacional de Linguística Cognitiva (sediada na Universidade de Duisburg, com René Dirven), na qual se fundou a International Cognitive Linguistics Association (ICLA); e foi quando se lançou o periódico *Cognitive Linguistics*, o mais importante órgão de publicação no campo. Desde então, mostra Taylor (2016), o movimento ganhou cada vez mais adeptos, congregando estudiosos de outras tradições (Funcionalismo, Linguística de córpus, Psicolinguística, Linguística histórica, Aquisição de linguagem), com convergência de interesses e de agendas de pesquisa, e até com diálogo entre pesquisadores de tão variado círculo.

Geeraerts e Cuyckens (2010: 5) – repetindo Geeraerts (2006) – fazem uma distinção terminológica entre "linguística cognitiva" (termo "não capitalizado", que se refere a todas as visões pelas quais uma língua natural é estudada como fenômeno mental) e "Linguística cognitiva" (termo "capitalizado" para aplicação a essa ciência, que emergiu nos anos 1970). A Linguística cognitiva é definida por esses autores como o estudo da língua em sua função cognitiva, entendendo-se 'cognitiva' em referência ao desempenho do papel crucial de intermediar estruturas informacionais nos encontros do homem com o mundo. A obra defende que a Linguística cognitiva é 'cognitiva' do mesmo modo que a Psicologia cognitiva, ou seja, uma e outra assumem que nossa interação com o mundo é mediada pelas estruturas informacionais da mente. Entretanto, ela é mais específica que a Psicologia cognitiva, porque tem seu foco na linguagem natural como um meio de organizar, processar e exprimir essas informações. Assim, a língua é vista como um repositório de conhecimento do mundo, um conjunto estruturado de categorias significativas que nos ajudam a lidar com experiências novas e a estocar informações acerca das informações 'velhas'.

Talmy (2000a: 2) abriga a *Cognitive Linguistics* (termo ao qual ele se refere como "o nome pelo qual tal ciência ficou genericamente conhecida") dentro de um amplo sistema de modos de considerar a análise da língua, distinguindo três direções: a formal (de padrões estruturais nas formas linguísticas), a psicológica (de sistemas cognitivos relativamente gerais) e a conceptual (de padrões nos quais – ou de processos pelos quais – o conteúdo conceptual é organizado na linguagem). Diz o autor que a tradição não distante se vinha centrando nessa terceira visão e, dentro da linguagem, vinha tratando a estruturação de categorias conceptuais tais que espaço e tempo, cenas e eventos, entidades e processos, força e causação. No seu modo de ver, o que a Linguística cognitiva busca, acima de tudo, é determinar o sistema integrado da estruturação conceptual na linguagem, sendo tema central, exatamente, a representação linguística da estrutura conceptual. Entretanto, ressalva o autor, a Linguística cognitiva também mantém o interesse nas duas outras direções: (i) na atenção à estrutura gramatical em termos das funções a que ela serve na representação da estrutura conceptual; (ii) na ligação das suas descobertas com o conhecimento das estruturas cognitivas obtido na visão da Psicologia (o que seria uma de suas mais notáveis características).

Ou seja, como afirma Talmy (2000a), na sua tradição a Linguística cognitiva trabalha para determinar o mapeamento e o empacotamento de estrutura conceptual em estrutura linguística, abarcando tanto as estruturas cognitivas conhecidas a partir da Psicologia quanto as conhecidas a partir da Linguística. E é justamente tal 'trajetória' em direção a uma unificação que leva ao uso de "cognitiva" ao lado de "Linguística". Também o termo *toward* encabeçando o título do livro (*Toward a Cognitive Semantics*), diz o autor, reflete essa 'trajetória' de integração das perspectivas linguística e psicológica na organização cognitiva, para uma compreensão unificada da estruturação conceptual humana. E o apelo que a Linguística cognitiva faz à estrutura psicológica também a distingue da semântica em geral: a semântica tradicional tem como objeto os padrões nos quais o conteúdo conceptual é estruturado na linguagem, mas, diferentemente da Linguística cognitiva, ela não busca sistematicamente relacionar suas descobertas a categorias e processos cognitivos mais gerais.

Geeraerts e Cuyckens (2010) referem-se à Linguística cognitiva como um aparato flexível, não uma teoria una de linguagem, observando, entretanto, que isso não impede que nela se possam buscar e partilhar traços fundamentais comuns. Em relação direta com essa sua natureza complexa, a Linguística cognitiva exibe características diversas, e esses autores – que, como já se apontou aqui, veem a língua a serviço da organização, do processamento e da transmissão da informação, com contraponto na mente – atribuem-lhe três características fundamentais, derivadas justamente desse seu modo de ver a linguagem em uma condição instrumental: a primazia da semântica na análise linguística; a natureza enciclopédica do significado linguístico; a natureza perspectivizada do significado linguístico. Dessas três características fundamentais decorrem três hipóteses teóricas gerais que, formuladas do modo como se apresenta a seguir, governam toda a agenda investigativa da Linguística cognitiva: (i) as estruturas gramaticais e os processos mentais decorrem de habilidades cognitivas mais gerais (ii) a gramática, amplamente concebida, é simbólica, portanto, a significação é uma parte essencial dela; (iii) a significação envolve conceptualização (Croft e Cruse, 2004; Croft, 2009).

Quanto aos diferentes fenômenos linguísticos que os modelos teóricos desse tipo abrigam, mais uma vez se pode iniciar com a sugestão desses autores. A partir do fato de que a Linguística cognitiva vê a linguagem como incluída no conjunto das capacidades cognitivas do homem, os tópicos que a interessam incluem: as características estruturais da categorização de uma língua natural (prototipicamente, os princípios funcionais da organização linguística, tais como a iconicidade e o caráter natural); a interface conceptual entre sintaxe e semântica (tal como explorada pela Gramática cognitiva e pela Gramática de construções); o pano de fundo experiencial e pragmático da língua em uso; a relação entre linguagem e pensamento, incluídas questões sobre o relativismo e os universais linguísticos.

No geral, pode-se dizer, então, que, em um modelo cognitivista da Linguística, supõe-se que a estruturação das categorias da linguagem se faz dentro dos mesmos princípios que orientam a estruturação de todas as categorias humanas, por exemplo, as perceptuais. Entretanto, enquanto alguns limitam a motivação cognitiva às representações conceptuais – especialmente ao domínio do léxico –, outros estendem essa motivação a toda a gramática, o que, em última análise, implica considerar que entre a gramática e a base conceptual existe uma relação icônica (o que será discutido adiante, neste livro). Entre esses está, por exemplo, Lakoff (1987), que considera a Gramática como uma categoria radial de construções gramaticais, pela qual se estabelece uma relação de correspondência entre o modelo cognitivo (que caracteriza a significação) e os aspectos correspondentes da forma linguística. Em uma categoria radial existe um centro categorial e membros não centrais, que se explicam como extensão motivada daquele centro. Um exemplo é o do lexema *mãe*, cujas extensões (os diversos tipos de mãe), de um lado, têm correspondência com o lexema "central", e, de outro, têm correspondência com os diversos modelos cognitivos que podem estar ligados a esse centro, como o da gestação ("mãe natural"), o da criação ("mãe de criação"), etc. Ao lado dessa rede semântica, postula-se, também, uma rede sintática, na qual determinados elementos (como *there*, no estudo de Lakoff) deslizam de um tipo de construção (dêitica, por exemplo) para outro tipo (existencial, por exemplo), que, por sua vez, estende-se motivadamente para outras construções. Postula-se, assim, que as estruturas frasais não centrais se relacionam com estruturas centrais, nas quais a relação entre forma e significado é regular e direta, e delas deriva a correspondência entre forma e significado que apresentam. Ora, esse postulado está no próprio nascedouro da Gramática de construções, como concebida por Fillmore e seguidores (Fillmore, 1988). Para eles, uma teoria linguística deveria ser capaz justamente de descrever tanto as estruturas sintáticas centrais quanto as estruturas sintáticas não centrais (ou periféricas) de uma língua (Fillmore e Kay, 1999, por exemplo).

E em um parêntese nesse histórico, insista-se na significação especial da noção fillmoriana de *frame* para todo o desenvolvimento de uma visão cognitivista da gramática das línguas naturais que se há de seguir teoricamente. Fillmore (1982) propõe *frame* como todo e qualquer sistema de conceitos que estejam relacionados de tal modo que, para que qualquer um deles seja entendido, deva haver a compreensão de toda a estrutura na qual ele é pertinente: assim, quando uma das peças de tal estrutura é introduzida em um texto, todas as outras são tornadas automaticamente disponíveis. Por aí se configura a semântica de *frames* (*Frame Semantics*), definida por Fillmore (1982) como um programa de semântica empírica e um aparato descritivo pelo qual os resultados de tal pesquisa se apresentam.

6.2 A LINGUAGEM COMO REPRESENTAÇÃO DE UM SISTEMA CONCEPTUAL

Como sistema cognitivo que é, diz Talmy (2006: 69), a língua tem dois subsistemas, um gramatical e um lexical. A representação cognitiva que está em alguma porção do discurso (por exemplo, em uma oração) tem sua estrutura determinada, na maior parte, pelos elementos gramaticais, enquanto o conjunto dos elementos lexicais contribui para a maior parte do conteúdo. Os dois subsistemas exercem funções semânticas diferentes e complementares, ambas indispensáveis: prover conteúdo conceptual e determinar estrutura conceptual. Assim, a gramática, concebida de modo amplo, é o que provê a estruturação conceptual dentro do sistema cognitivo. Há categorias esquemáticas (noções gramaticalmente especificadas em categorias conceptuais), e há sistemas esquemáticos (o agrupamento de categorias dentro de sistemas de estruturação de conceitos integrados).

Uma pergunta central, no Cognitivismo – pergunta "intrigante", como avaliam os autores que a fazem, Pederson e Nuyts (1997: 1) – é exatamente esta: Qual a relação entre representação linguística e representação conceptual? E é com a seguinte explicação que os autores continuam seu raciocínio. Ora, se as pessoas são capazes de falar e entender uma língua, ou línguas, elas devem ter uma "representação do conhecimento linguístico" que lhes permita tal desempenho. Do mesmo modo, mediante uma língua ou outras formas de comportamento, as pessoas adquirem, armazenam e transmitem informação acerca do mundo, informação que elas podem também usar para planejar, para discutir, para resolver problemas e realizar diferentes tipos de ações (intencionais) em diferentes ambientes. Em conformidade com isso, elas precisam ter uma "representação do conhecimento acerca do mundo", isto é, um "conhecimento conceptual", o que inclui conhecimento não apenas do mundo físico – da realidade externa – mas também do "mundo social e psicológico". Dizem os autores que as "representações" são objetos virtuais de algum tipo, manipulados por uma "maquinaria" de procedimentos ou regras que, de algum modo, são implementados na mente humana. Entretanto, em contraste, os autores também lembram a existência de "teorias conexionistas",[4] para as quais as representações" são simplesmente as características resultantes de estados particulares do "sistema conceptual" distribuído por meio de redes neurais da mente.

O fato é que, nos trabalhos cognitivistas sobre linguagem, encontra-se mais de uma direção de estudo gramatical, seja com a proposição de princípios e mecanismos de análise cognitivistas (como em Lakoff e em Talmy), seja com a operacionalização de um trabalho cognitivamente embasado das construções linguísticas (como em Goldberg e em Croft). Nesse movimento de incorporação de um suporte semântico-cognitivista à análise funcional dos enunciados, que reúne um sem-número de pesquisadores, sejam lembrados, na base, Jackendoff, Lakoff e Langacker, todos com uma apreciação dos fatos que põe no centro a questão da categorização das entidades de linguagem. Jackendoff (2002) considera aspecto essencial da cognição a capacidade de categorizar, e, defendendo que à estrutura semântica do enunciado corresponde a estrutura conceptual, considera que, justamente por ser ligada aos conceitos que a língua expressa, a categorização linguística se apresenta com limites categoriais não estanques.⁵ Langacker (1987) ensina, com base nessa correspondência entre estrutura semântica e estrutura conceptual, que muito na língua é matéria de grau, ficando implicada a noção de *continuum*, o que não representa, absolutamente, abandonar-se a meta de uma descrição rigorosa.⁶ Cuida, ainda, Langacker (1987) de mostrar que nas construções fica identificado o processo dinâmico pelo qual o falante conceptualiza uma situação para propósitos comunicativos. Para Lakoff (1987), afinal, o pensamento humano é organizado em termos de *frames*, de modo que qualquer categoria considerada inclui elementos até certo ponto díspares. Todas essas são noções que, em geral, remetem a conceitos caros ao tratamento funcionalista da linguagem, como o de 'iconicidade', o de 'prototipia' e o de 'gramaticalização' (temas contemplados em partes subsequentes desta obra).

Aliás, constitui importante parte da investigação das relações entre gramática e cognição a questão relativa às causas do processo de gramaticalização (ver 9). Esse tipo de investigação é o que fazem, por exemplo, Heine et al. (1991a, 1991b), que afirmam, mesmo, sua presunção de que a gramaticalização "é iniciada por forças que estão fora da estrutura linguística" (1991a: 23-4). Evans e Green (2006: 474) registram que a gramaticalização tem recebido grande atenção na Linguística cognitiva, já que esse processo se caracteriza por uma interligação das mudanças de forma e de significado, e, portanto, constitui um processo de base semântica, na sua essência. Liga-se à gramaticalização o processo da abstratização, ou metaforização, que, desde o início dos anos 1980, vem sendo discutido como fenômeno altamente produtivo na linguagem, especialmente no campo das significações lexicais (Lakoff e Johnson, 1980), constituindo um processo cognitivo básico. Lembre-se a sistematicidade da metáfora na linguagem já acentuada por Lakoff (1987), que aponta a natureza fundamentalmente metafórica do sistema conceptual humano.

Como registram França et al. (2016: 178), todo o novo cenário de investigação cognitivista para as línguas e a linguagem provocou uma reconceituação importante das áreas de conhecimento, fazendo emergir um amplo programa de pesquisa científica que une, sob a rubrica de "Ciências cognitivas" a Linguística, a Psicologia, a Antropologia, a Ciência da informação, a Neurociência e a Filosofia.

Na esteira de Geeraerts e Cuyckens (2010: 7), tal como está na epígrafe deste capítulo, pode-se dizer que o que mantém juntas as diversas formas da pesquisa linguística ligada à cognição é a crença de que o conhecimento linguístico envolve não exatamente o conhecimento da linguagem, mas o conhecimento do mundo, mediado pela linguagem. Afinal, como sugerem esses autores, a Linguística cognitiva é caracterizada por uma hipótese acerca da linguagem natural segundo a qual muito mais coisas a respeito dela podem ser explanadas sobre bases semânticas e funcionais do que até então se tinha assumido, e essa é uma hipótese de trabalho que a teoria compartilha com muitas teorias linguísticas funcionalmente orientadas.

Nesse particular, aponte-se a convergência dessa afirmação com a que fazem Halliday e Mathiessen (Halliday, 2004) ao encerrarem seu "Prefácio" (2004: x): eles dizem que, dentro do espaço disponível da obra, a proposta foi mostrar como a gramática produz sentido nos textos (orais ou escritos), tendo isso como um passo importante na direção de desvendar a relação entre a gramática e a semântica discursiva. Aponte-se, ainda, e muito destacadamente, a apresentação que se encontra em Givón (2005: 65) sobre "gramática", em um capítulo em que trata de "redes semânticas e linguagem metafórica", capítulo que ele abre com a indicação de que aí vai tratar do modelo cognitivo das categorias léxico-gramaticais compartilhadas, ou seja, do mapa mental do universo externo, interno e/ou social que, nos atos de linguagem, assumimos ter em comum com os membros de nosso grupo social relevante. O que Givón (2005: 69) propõe é que se usa a "gramática" para "codificar o *intento comunicativo*" (grifo do autor), o que ele mesmo "traduz" como "codificar o *intento comunicativo*" (grifo do autor), e o que ele novamente "traduz" em "modelos mentais de *estados presentes de crença e de intenção do interlocutor*" (grifo do autor), e tudo com a ressalva de que não se trata de "quaisquer intenções ou estados, mas daqueles que são relevantes para a comunicação".

São indicações amostrais para ver-se que não é difícil verificar o modo pelo qual a visão cognitivista do funcionamento das línguas (que a seguir se resume) casa-se confortavelmente com as mais gerais propostas da visão funcionalista da linguagem (seja o Funcionalismo da Austrália, seja o da Holanda, seja o da Costa Oeste americana, seja outro): na visão cognitivista, os itens da expressão linguística não significam por si mesmos, mas têm seu significado construído em um determinado ato linguístico, em um contexto de uso; também é nos contextos de uso, e na base tanto dos conceitos em comum concertados quanto das convenções, que os processos cognitivos ativam a interpretação dos significados. Isso significa que a própria intenção do falante é satisfatoriamente recuperada pelo ouvinte não apenas na medida da qualidade da representação linguística em que o significado se codifica, mas ainda na medida da qualidade dos compartilhamentos cognitivamente acionados mediante a interação verbal.

Quanto à multiplicidade de fenômenos linguísticos que modelos teóricos desse tipo abrigam, mais uma vez se pode tomar a sugestão de Geeraerts e Cuyckens (2010: 1), que listam, entre os conceitos-chave da Linguística cognitiva, a prototipia, a metáfora, a metonímia, a perspectivização, que são, todos eles, fenômenos de interesse nos estudos funcionalistas, como se poderá acompanhar no todo desta obra (especialmente nos capítulos 8 e 9).

Obviamente, vale sempre a indicação de Martinet (1994: 17), que chama a atenção para a necessidade de não confundir a Linguística (em si) e o Cognitivismo, isto é, para a necessidade de tomar consciência do que aproxima e do que separa os dois domínios.

6.3 COGNIÇÃO E COMUNICAÇÃO HUMANA

Jackendoff (2002) cita Clark (1996) para ressaltar que a comunicação linguística não é uma via de mão única, com um falante produzindo enunciados e um ouvinte passivamente recebendo-os. O que ele indica é que a língua não subsiste de uma maneira avulsa nas mentes dos indivíduos, é apenas em um contexto social que ela toma existência, ressaltando, por outro lado, que o uso da língua em uma determinada comunidade supõe que os indivíduos tenham a capacidade cognitiva de produzir e compreender os sinais que enviam uns aos outros, o que se pode recuperar na expressão *communicative minds* que se encontra em Brandt (2013).

Croft e Cruse (2004: 1) apresentam essa não autonomia da língua (também fortemente proposta por Givón) como hipótese basilar de toda a teoria cognitivista da linguagem. O que há é que toda comunicação (especialmente aquela face a face) envolve uma delicada negociação entre falante e ouvinte em esforço conjunto para que ambos tenham assegurado o sucesso da mensagem, bastando lembrar desempenhos como hesitações, reparos, expressões interjetivas, além de gestos, expressões faciais e a direção do olhar, frequentemente usados para amplificar a mensagem por trás daquilo que os sinais falados trazem.

Pascual (2014: 1), invocando a afirmação de Clark (1996) de que a conversação é a forma canônica de comunicação verbal, inicia sua obra estabelecendo como premissa a existência de uma base conversacional para o pensamento, para a linguagem e para o discurso: é na sequência de troca de turnos conversacionais que o significado dos enunciados emerge e se torna inteligível e coerente, seja na aquisição da linguagem pela criança seja no exercício da linguagem pelos adultos. E completa sua proposição mostrando que formamos uma visão do mundo e a adaptamos, em grande parte, segundo o que ouvimos de nossos parceiros de comunicação, recebendo as palavras do outro como uma janela para nossos pensamentos, emoções, intenções. Assim – continua a autora citando Grice (1989) e Sweetser (1987) – o que os falantes dizem é interpretado como a expressão daquilo em que eles acreditam e que também seria objetivamente verdadeiro, e, por isso, muito frequentemente nos pomos a falar daquilo que outros falantes disseram e discutiram, indo à veracidade de tudo, às implicações e às inferências possíveis.

Outra indicação dessa obra a referir (Pascual, 2014: 2) – aparentemente banal, mas extremamente relevante – é a de que o *frame*[7] da conversação é universal: mesmo entendendo-se que as especificidades desse mecanismo são diferentes nos diversos gêneros e culturas, provavelmente existe em todas as línguas e em todas as culturas uma estrutura básica de troca de turnos, além de ser possível entender que todos os humanos compartilham a capacidade de engajar-se na comunicação intersubjetiva, na deriva de mecanismos biológicos inatos de imitação e de espelhamento de modelos.

Assim, a postulação central da autora é que a interação face a face estabelece um enquadre (nos termos de *framing*) para a cognição, para o uso linguístico e para a gramática, de maneira similar à que ocorre com a experiência que temos, ao longo da vida, com nosso corpo e com o mundo físico que nos rodeia.[8] Em outras palavras, diz ela, as estruturas organizacionais básicas de nossa mente e de nossa linguagem são parcialmente derivadas de nossa experiência, desde a infância, como seres sociais constantemente expostos a (e engajados em) interações verbais plenas de sentido.

As relações entre linguagem e cognição naturalmente se alargam para a dimensão social, o *habitat* da espécie humana, mais particularmente o *habitat* da comunidade que usa a linguagem falando uma língua. Há, pois, uma perspectiva sociocognitivista da linguagem, que a vê como votada a atender as demandas sociocognitivas das comunidades, e, afinal, as naturais demandas sociais do homem em seu grupo. Trata-se, pois, de ir à busca do entendimento de como se dá socialmente a comunicação linguística, mas também de ir à busca do entendimento de como se processam naturalmente as representações simbólicas, nessa comunicação.

Nesse campo, merece atenção especial Michael Tomasello, que, quando trata a comunicação humana (Tomasello, 2008), afirma que pretende explanar "*não a emergência da Linguagem (com L maiúsculo)*" (2008: 243-245), mas a emergência de milhares de línguas humanas, com milhares de diferentes conjuntos de convenções comunicativas, incluídas as convenções gramaticais, para estruturar enunciados com múltiplas unidades, em mensagens coerentes. Na exposição que o autor faz sobre a comunicação cooperativa humana (sejam gestos, sequências de gestos ou quaisquer convenções culturalmente criadas e aprendidas para comunicar), ele afirma que essa cooperação envolve três principais propósitos: pedir, informar e compartilhar. Entende ele que o propósito pelo qual alguém comunica é o que determina quanto e como a informação precisa estar "no" sinal comunicativo, e, portanto, qual tipo de estruturação gramatical é necessária. Assim, o 'pedir', prototipicamente, envolve apenas o 'eu' e o 'tu', no 'aqui' e no 'agora', e tudo isso em relação à ação que o 'eu' quer realizar (embora se possa formular pedidos de forma muito complexa); então, na gramática do 'pedir', as combinações de gestos naturais e/ou convenções linguísticas requerem apenas uma sintaxe simples. Quando, porém, são produzidos enunciados destinados a 'informar' – diz Tomasello (2008: 244-245) –, isso envolve eventos e participantes distribuídos no espaço e no tempo; então, na gramática do 'informar', cria-se uma pressão funcional para marcar os papéis dos participantes e das funções do ato linguístico com uma sintaxe mais pesada. Finalmente, quando em uma narrativa se quer 'compartilhar' com outros uma série complexa de eventos, são necessários expedientes ainda mais complexos para relacionar os eventos entre si e rastrear os participantes; assim, a gramática do 'compartilhar' em narrativa necessita de uma sintaxe especialmente elaborada. A maneira como esses processos gramaticais operam depende crucialmente dos processos de intencionalidade compartilhada e de comunicação cooperativa, em combinação com processos e restrições cognitivos. Desse modo, conclui o autor, assim como ocorre na origem das convenções comunicativas em geral, também a origem das convenções gramaticais realça a dialética contínua entre a evolução biológica e a cultural.

Como mostram Allán e Souza (2009), estudos sobre aquisição e desenvolvimento de competências linguísticas têm sido conduzidos em duas perspectivas: uma que, considerando as competências linguísticas como produto de estruturas biológico-cognitivas, tem-se concentrado na análise das propriedades estruturais da linguagem simbólica e na derivação de regras linguísticas gerais (estruturalista); e uma que, definindo as competências linguísticas em termos de relações funcionais estabelecidas entre os indivíduos e o mundo, vai à análise de aspectos pragmáticos da linguagem simbólica (funcionalista). Evidentemente, sob qualquer direção, trata-se de uma tarefa bastante difícil, como tem sido observado em muitos estudos.

Do lado dos autores funcionalistas é notável o fato de que tem estado extremamente presente a inter-relação dos esquemas cognitivos com os esquemas interacionais (desde sua motivação e origem). Ou seja, está incorporado, nos modelos funcionalistas em geral, que ao componente pragmático (justamente o que incorpora os interagentes na comunicação) naturalmente se acopla uma contraparte cognitivo-perceptiva. Observe-se o modelo de interação verbal proposto por Dik (1989a, 1997), um verdadeiro ícone das propostas funcionalistas (tratado, nesta obra, especialmente nas seções 3.1 e 5.2.2): nele, o destaque dado à natureza e ao estatuto dos interagentes na comunicação pela linguagem deixa implicada uma orientação cognitivo-perceptiva para a criação de sentidos e de efeitos, na organização discursiva. E acrescente-se a proposta da corrente que se seguiu ao Funcionalimo dikiano, a denominada "Gramática discursivo-funcional", mais fortemente ainda voltada para o discurso, da qual se pode extrair a indicação de Hengeveld, um de seus próceres, de que o "componente conceptual" é "a força condutora que está por trás do componente gramatical como um todo" (Hengeveld, 2005: 5).

Mais especificamente, pode-se indicar que autores funcionalistas que assumem uma orientação cognitivista para o estudo da linguagem, a exemplo de Croft (2000; 2009), buscam revisitar as hipóteses da Linguística cognitiva (apresentadas na seção 6.1, neste capítulo) de modo a muni-las de uma orientação sociocognitiva que incorpore a visão da realidade interacional da linguagem. Assim, aquela primeira hipótese geral, a de que estruturas gramaticais e processos mentais não são derivados apenas de habilidades cognitivas gerais, passa a entender-se segundo a proposição de que estruturas e processos "decorrem" de habilidades cognitivas sociais. Ora, essa angulação pelo social capta como forma de interação os mais importantes aspectos da linguagem: ela é uma forma de ação conjunta (conforme proposto por Clark, 1996), é uma de forma de coordenação entre falantes (conforme proposto por Tomasello, 2008) e é, acima de tudo, uma forma de convenção estabelecida em uma comunidade de falantes (conforme proposto por Lewis, 1969). Por outro lado, a segunda hipótese, a de que a gramática é simbólica, e, portanto, o significado é sua parte constitutiva, passa a incorporar as convenções estabelecidas numa comunidade. Assim, a gramática é simbólica justamente na medida em que consiste de forma, significado e convenções compartilhados em uma dada comunidade de falantes. Da mesma forma, a terceira hipótese, a de que as significações envolvem conceptualizações, resolve-se na ideia de que os propósitos das conceptualizações dirigem-se sempre para propósitos de "verbalização da experiência" (Chafe, 1994; Croft, 2007). Nessa medida, as significações são tanto enciclopédicas – construídas a partir conhecimento de mundo dos falantes – quanto compartilhadas – configuradas a partir de crenças e conhecimentos compartilhados sobre o mundo natural e cultural.

6.4 A GRAMÁTICA FUNCIONAL / AS GRAMÁTICAS FUNCIONAIS DE TIPO COGNITIVO

Harder (1999) constitui um exemplo de discussões que se têm feito a propósito das percepções de uma relação significativa entre as propostas cognitivistas e as propostas funcionalistas da linguagem, da língua, e, afinal, da gramática. O autor aponta como congeniais a perspectiva de descrição linguística "funcional e a "cognitiva" (1999: 37), sugerindo uma fórmula geral pela qual as duas perspectivas combinadas podem iluminar a visão da organização do significado no enunciado. Sua discussão se centra na organização do significado na oração, e os dois modelos escolhidos para confronto são o Funcionalismo da tradição de Simon Dik (que provê uma estruturação em camadas para a estrutura do significado) e o Cognitivismo da tradição de Ronald Langacker. Obviamente não interessa, aqui, passar a limpo os passos do confronto, mas parece interessante resgatar a motivação do empreendimento, a qual, de certo modo, diz alguma coisa sobre a motivação dessa busca de aproximação que costumeiramente se faz. A primeira indicação feita, no caso, vai no sentido de que o termo *funcional* é orientado para processos que vão para fora da mente, para o domínio da interação comunicativa, enquanto o termo *cognitivo* envolve uma orientação para estruturas e processos mentais.[9] E o autor considera que tais noções devem ser discutidas a partir do contexto biológico, já que tanto função como cognição podem ser vistas como fenômenos que têm essa base: a cognição é uma experiência atribuível a processos neurais cerebrais, e a explanação funcional, por seu lado, vem sendo considerada no campo da biologia, desde Aristóteles. As complexas discussões chegam, afinal, à indicação de que, na evolução da linguagem humana, esse pode ser um processo de duas mãos, porque a comunicação se expande para o interior, afetando os recursos disponíveis. A fórmula geral para a estrutura linguística que tomou o lugar do estágio holofrástico (imaginado para uma situação limitada de pré-linguagem humana) foi "cognição embutida na interação", refletida no formato básico do modelo funcionalista de estruturação do enunciado em camadas.

Em termos de convergência das tendências dentro da Linguística cognitiva, e pensando-se na relação que esta seção busca estabelecer, lembre-se Langacker (2011: 9), que, em meados dos anos 1980, dizia que, a partir de um foco inicial na semântica e na gramática, já tinha sido estabelecido o contato dessa ciência com outras disciplinas, outras metodologias e outras fontes de evidência, e que uma totalidade coerente estava emergindo. O autor faz uma incursão histórica no sentido de avaliar tais convergências e divergências, concluindo que, pelo menos na sua perspectiva, o exame mostrava tendências impressionantemente convergentes. Entretanto, nas primeiras iniciativas (que se tinham desenvolvido já antes da fundação da *International Cognitive Linguistics Association*, em 1989; ver 6.1), os pesquisadores ainda estavam bastante separados entre si, sem nenhuma percepção de que pudessem representar um mesmo movimento, embora estivessem, no geral, atentos ao complexo dos desenvolvimentos.

Essas primeiras iniciativas de contato que Langacker (2011: 9-10) cita – somando iniciativas (mais) cognitivistas a iniciativas (mais) funcionalistas – são: as propostas de Chafe para uma gramática de base semântica (1970; 1974); o trabalho pioneiro de Talmy (2000a; 2000b) e de Wierzbicka (1996) na semântica conceptual; os esforços de Fillmore na semântica de *frames* e na gramática construcional (1982, 1988); a própria formulação de Langacker da Gramática cognitiva (Langacker, 1987, 1991); as novas direções de pesquisa em metáfora (Lakoff e Johnson, 1980), categorização (Lakoff, 1987), e espaços mentais (Fauconnier, 1985); e também a investigação funcionalista relativa ao discurso, à gramaticalização, à tipologia e aos universais (e.g. Givón, 1979a; Hopper e Thompson, 1980; Traugott, 1982; Bybee, 1985; Chafe, 1994).

Langacker (2011), afinal, mostra que, inicialmente centrada na semântica e na gramática, a Linguística cognitiva expandiu-se para outras áreas, o que resultou em engajamento e progressiva integração com mais largos espaços de interesse. Exemplificando cada caso com uma ampla bibliografia, o autor registra diversos domínios de estudo linguístico que se incluíram no âmbito da Linguística cognitiva (fonologia, morfologia, diacronia, sociolinguística, linguística cultural, tipologia e universais), ressaltando, entretanto, que, quanto a ele, o maior interesse foi a aplicação das noções a problemas do discurso, à análise de textos, à poética e à tradução. Bastante significativo é o exemplo, que Langacker (2011: 10) traz à discussão, de um caso (então recente) de estudo da relação entre oração nuclear e oração subordinada que, iluminado por essa convergência, ao invés de permanecer fixado na estruturação sintática desenvolveu-se como questão flexível determinada pela semântica e pela função discursiva. E o caso é trazido como evidência de uma convergência da análise da conversação oral (Thompson, 2002), da aquisição de dados (Diessel e Tomasello, 2001), do estudo do discurso (Verhagen, 2005) e da descrição gramatical (Langacker, 2008b).

De parte da visão dos teóricos funcionalistas, na linha dessa convergência, aponte-se Robert de Beaugrande (Beaugrande, 1993, cap. III: 5), para quem o 'tipo cognitivo' é um tipo interessante de gramática 'funcional': é uma gramática que busca enriquecer-se registrando programaticamente o "conhecimento de mundo" como uma fonte decisiva de controle tanto para participação no discurso quanto para descrição ou explicação do discurso. Em Beaugrande está, pois, uma gramática funcional-cognitiva que reflete um "modelo de mundo" do senso comum, não uma análise explícita e completa da realidade. Dentro de uma gramática desse tipo a escolha dos "centros de controle" se faz entre um modelo centrado no "Participante" e um modelo centrado no "Processo", preferindo-se este último por várias razões, entre as quais o fato de que uma orientação baseada no "processo" ajuda a incorporar o texto e o discurso como "processos semióticos" dentro da gramática. Uma "gramática cognitiva" pode, assim, tratar a organização de orações e de sintagmas por uma distinção inicial entre "processos" e, a partir daí, entre os "participantes".

Segundo Givón (1991: 84), na consideração da relação entre gramática e cognição é possível a adoção de duas posições extremas, que podem ser pensadas como as duas visões alternativas na tradução de uma língua em outra. Considere-se o modelo de três linhas da transcrição linguística de uma oração:

- Linha 1: a oração na língua fonte;
- Linha 2: a tradução linguística linear, morfema por morfema;
- Linha 3: a tradução livre do significado.

Numa posição A, a que Givón chama "universalista extrema", a linha 3 constitui a verdadeira tradução da linha 1, e é, portanto, a adequada representação do evento, de um ponto de vista cognitivo. Numa posição B, a que Givón chama "relativista extrema", a tradução verdadeira da linha 1 é a linha 2, sendo esta, portanto, a adequada representação do evento, a partir do ponto de vista cognitivo. Os universalistas extremos raciocinam, assim, da tradução para a cognição, enquanto os relativistas extremos – na esteira de Whorf – raciocinam da gramática para a cognição.

Entretanto, estudando os verbos seriais em quatro línguas da Nova Guiné, Givón (1991: 119) não se coloca em nenhuma dessas duas posições extremas: ele considera que a correlação icônica entre o "empacotamento" temporal e o "empacotamento" cognitivo se apoia tanto na Linguística como na Psicologia experimental. Desse modo, o fato de haver, numa das línguas que Givón estuda, eventos que são codificados em orações de multiverbos (verbos seriais), enquanto, no inglês, esses mesmos eventos são codificados em orações de um único verbo, não reflete, por si, diferenças profundas na cognição do evento, já que existe interferência dos diferentes recursos que estão à disposição do falante, nas diferentes línguas, para codificação dos eventos (o que repercute a visão explicitada em Langacker (1987), segundo a qual as construções ocorrem em um processo dinâmico pelo qual o falante conceptualiza para os seus propósitos comunicativos aquela determinada situação). A conclusão givoniana, apontando para o fato de que as construções com verbos seriais não representam um diferente modo cognitivo de segmentar a realidade, mas constituem um fenômeno "tipológico", remete para uma posição intermédia. Nessa posição, paradoxalmente, responde-se à pergunta "A gramática reflete a cognição?" com um *sim* e com um *não*, conforme qual seja o traço da gramática levado em consideração. Em muitas áreas da gramática encontra-se uma variedade tipológica, com diferentes línguas codificando, por meios estruturais diferentes – embora muitas vezes relacionados –, semelhantes tarefas do processamento da fala.

Pode-se dizer, pois, que, para uma consideração geral e básica do que se tem tido como Linguística cognitivo-funcional – uma proposta que concilia as duas pesquisas, a Linguística funcional e a Linguística cognitiva –, é necessário recolher tendências conciliáveis, considerados ambos os lados. Tentando essa mesma recolha, Martelotta e Alonso (2012), por exemplo, indicam, para a primeira linha, o próprio Talmy Givón, Paul Hopper, Sandra Thompson, Elizabeth Traugott, "entre outros", e, para a segunda linha, Georges Lakoff, Ronald Langacker, Gilles Fauconnier, Adele Goldberg, "etc." (Martelotta e Alonso, 2012: 97). Essa pode ser, de fato, uma indicação amostral significativa de tal conciliação.

Há algumas propostas que mais especificamente podem ilustrar a tendência de análises gramaticais de base tipicamente cognitivista, as quais, de um ponto de vista propriamente linguístico, têm em comum considerar a estrutura gramatical com base nos usos (e com acento na semântica). Aqui se oferecem quatro indicações desse tipo de propostas.

6.4.1 A Teoria da metáfora conceptual

Pode-se começar com a Teoria da metáfora conceptual, historicamente ligada à publicação da obra *Metaphors We Live by* (Lakoff e Johnson, 1980), a partir da qual se tornou comum considerar a metáfora não seletivamente e distinguidamente como recurso estilístico – entidade da linguagem –, mas naturalmente e coloquialmente como propriedade dos próprios conceitos – como entidade do pensamento. Vê-se a metáfora, pois, como um mecanismo natural pelo qual podemos conceptualizar a nossa experiência, compreendendo e legitimando sociocognitivamente domínios (alvo) menos acessíveis intersubjetivamente (por exemplo, o conceito de "discussão"), a partir de domínios (fonte) provenientes de experiências mais intersubjetivamente acessíveis, reificadas tanto na sociedade quanto na língua (por exemplo, correspondentemente ao conceito de "guerra"). É básica a noção de esquema imagético (Johnson, 1987; Lakoff, 1987; Talmy, 1987) para a proposição de um sistema metafórico estruturado que projeta experiências do domínio físico no domínio mental, responsabilizando-se pela operação, natural na espécie humana, de expressar linguisticamente (em particular por via do vocabulário) transferências figurativas resultantes de uma projeção metafórica, no domínio interior, da dimensão exterior (Sweetser, 1990, por exemplo). O cerne da Teoria da metáfora conceptual é a proposição de que metáforas (linguísticas e não linguísticas, tal como as reveladas em gestos, imagens, etc.) decorrem de metáforas conceptuais. Tome-se como exemplo a metáfora conceptual TEMPO É COMODIDADE, que se instancia linguisticamente por expressões como *perder tempo* e *desperdiçar tempo*, nas quais o verbo evoca o domínio alvo, e o complemento evoca o domínio fonte.

Desde a proposta seminal de Lakoff e Johnson (1980), estudos nessa área se têm voltado à identificação de metáforas conceptuais e linguísticas, ao discernimento dos domínios alvo e fonte, ao estabelecimento dos inúmeros mapeamentos entre esses domínios. Recentemente os estudos na área da metáfora conceptual têm-se dedicado mais à investigação do papel desempenhado por estruturas metafóricas na estrutura gramatical das línguas (David, 2016; Sullivan, 2007; 2013) e na configuração dos discursos (Wehling, 2012).

Esse objeto de pesquisa que é a metáfora conceptual foi consistentemente analisado em inúmeros estudos da Linguística cognitiva, tocando também a Literatura e a Linguística geral, especialmente a de orientação funcionalista. Dentre os autores funcionalistas que se dedicaram à discussão de questões epistemológicas e teóricas envolvendo a metáfora, talvez seja Givón (1989, 2005) aquele em que se encontram a avaliação e a reinterpretação de assunções e de proposições que, antes feitas em um 'vácuo cognitivo', passam a obter uma ancoragem pragmática, no tratamento da realidade linguística. Turner e Fauconnier (1998) mostram, na sua explicitação da Linguística cognitiva, que, em um termo composto, por exemplo, não captamos o significado apenas pela combinação dos sentidos centrais dos termos componentes: para a compreensão dessas estruturas, fazemos uma integração conceptual, a partir da informação linguística restrita, a partir da ativação dos cenários de que os elementos componentes participam, e a partir dos papéis que esses componentes desempenham nos cenários. Então, a compreensão desses termos compostos envolve acessarmos estruturas conceptuais dos esquemas de nossa experiência, segundo padrões de interação com os elementos em questão.

6.4.2 A Teoria dos espaços mentais

A Teoria dos espaços mentais (Fauconnier, 1985, 1994, 1997) entende que as expressões linguísticas são, na comunicação, a face acessível das operações cognitivas, por via dos processos mentais a que o uso linguístico se liga: a partir de uma experiência ativam-se, no evento linguístico, esquemas e padrões imagéticos que estão na mente dos falantes; é assim que a integração conceptual se processa a partir de *frames* e domínios, que são organizadores dos diferentes espaços mentais. Miranda (2009: 81) mostra que a contribuição do Modelo dos Espaços Mentais erige-se a partir da postulação de um modelo cognitivo de análise para os fenômenos de linguagem natural: articulando-se a partir das capacidades da mente humana, esse modelo se alinha com uma perspectiva integradora da cognição, que, confrontando-se com as teorias modularistas da mente, considera a organização cognitiva como um conjunto integrado de sistemas, dentre os quais estão a linguagem e a estrutura sociocultural; ou seja, considera a organização cognitiva como um instrumento cognitivo.

Espaços mentais são, nessa medida, constructos cognitivos estabelecidos especialmente para os diretamente envolvidos em uma interação, implicando, por isso, a dinamicidade e a densidade dos processos sociais e cognitivos de construção da significação; ao contrário dos "mundos possíveis", como fica previsto em modelos formalistas da semântica, eles são apenas parcialmente especificados, construindo-se dinamicamente no fluxo comunicativo; não são, pois, representações da realidade ou de mundos ideais. Segundo Miranda (2005), cria-se, desse modo, uma noção reificada dos espaços de referência (com a não discriminação entre os diversos processos de geração de espaços referenciais), o que pode constituir uma fragilidade da teoria formal de espaços mentais. Tudo isso significa que, em lugar de postular uma teoria das capacidades dos sistemas matemáticos, tão ao gosto da Linguística formalista das últimas décadas, o Modelo dos espaços mentais articula-se a partir das capacidades da mente humana.

A Teoria dos espaços mentais capta, afinal, os reflexos linguísticos de conexões cognitivas, como sugerem Fauconnier e Sweetser (1996). Estruturas cognitivas humanas – tais como *frames*, metáforas, mundos representados e projetados – são modeladas e descritas dentro de um aparato que sistematize e generalize sua ocorrência na linguagem natural. Nessa medida, as descrições são feitas a partir das funções e das conexões experienciais e cognitivas tais como refletidas no sistema linguístico; assim, temas como referenciação e criação de cadeias referenciais são tratados em termos de Princípio de Acesso, e de papéis e valores.

6.4.3 A Teoria das construções gramaticais

A Teoria das construções gramaticais (citem-se: Fillmore, 1988; Fillmore, Kay e O'Connor, 1988; Fillmore e Kay, 1993; Goldberg, 1995, 2006; Sweetser, 1999; Dancygier e Sweetser, 2005; Dancygier, 2004, 2012; Croft, 2001, 2004, 2007b), prevê que a linguagem verbal acionada na comunicação, já instanciada como uma adaptação biológica que constitui propriedade da espécie humana, organiza-se em sequências que fazem emergir padrões de uso, segundo os quais as construções se conformam. Essas construções, que se definem basicamente pelo pareamento entre forma e função, constituem inventários de que os falantes dispõem e que configuram a sua competência em linguagem, construída em uma língua particular.

Kay (2002: 1) define **construção** como uma associação convencional de todas e quaisquer espécies de informação gramatical: sintática, semântica, pragmática, lexical, fonológica. Conforme a proposta inicial, o modelo de gramática deveria dar conta de todos os fenômenos linguísticos verificáveis nas línguas naturais. Nessa medida, o modelo: a) deveria ser o de uma gramática gerativa, portanto, formalizável; b) deveria integrar os diferentes componentes da gramática (fonologia, morfologia, sintaxe, semântica e pragmática);[10] c) deveria ter um impacto universal, capaz de descrever todas as línguas naturais; d) deveria ser coerente com o que se conhece a respeito da cognição e da interação humana (Fillmore, 1988; Kay, 1995; Fried e Östman, 2004).

Ferrari (2005: 143), citando obras relevantes, assim resume o postulado teórico pelo qual as construções se definem segundo correspondências especiais de forma e significado: constroem-se "padrões sintáticos recorrentes de representações esquemáticas simbolicamente complexas", o que significa que as construções, em si e por si, acionam significados, independentemente dos itens que as compõem. Não se espera, pois, que a semântica de uma construção tenha previsão sustentada pela semântica das partes ou por outros significados construcionais previamente configurados.

Na formulação de Salomão (2003: 64), essa teoria postula a língua como um conjunto de construções (uma rede de estruturas simbólicas), concebendo a linguagem "como uma grande rede construcional, de tal modo que as unidades construcionais (léxico e sintaxe) divergem apenas no caráter de sua especificação formal interna".

Miranda e Machado (2015: 288) relatam que a ideia da Gramática de construções emerge, de modo efetivo, na década de 1980, e mostram que a gênese do modelo tem sido atribuída a Fillmore (1968, 1977, 1982, 1985) em sua proposta da gramática de casos e da semântica de *frames* (o próprio termo *Construction grammar* teria sido cunhado por Fillmore e Kay na década de 1980). As autoras trazem, ainda, a significativa organização que Goldberg (2006: 213-215) oferece daqueles que seriam os quatro modelos de uma Gramática de construções (com referência às figuras representativas de cada um deles): "gramática de construções unificada (em Fillmore, Kay e O'Connor, 1988); gramática cognitiva (em Langacker); gramática de construções radical (em Croft); gramática de construções cognitiva (em Lakoff e Goldberg)" (Miranda e Machado, 2015: 289). Vem observado, logo a seguir, que Goldberg (2006) considera que as três últimas têm uma relativa unidade teórica, podendo agrupar-se como modelos baseados no uso, em dissonância ("noção de herança, relevo do uso, dispositivos de formalização") com a primeira (a gramática de construções unificada).

6.4.4 A Linguística centrada no uso

De presença bastante relevante no cenário dos estudos de Linguística 'cognitivo-funcional' é a denominada *Usage-based linguistics* (Langacker, 1987; Tomasello, 1998, 2003a, 2003b; Barlow, 2000; Barlow e Kemmer, 2000; Bybee, 2007, 2010), termo usualmente traduzido como "Linguística centrada no uso", dentro da qual ressalta uma ligação íntima entre a estrutura linguística e seu uso linguístico, entendendo-se que as estruturas linguísticas estão atreladas aos eventos de uso, tanto em termos de memória e de aprendizagem quanto em termos de processamento (a produção e a compreensão). A análise da estrutura linguística desenvolve-se, pois, a partir dos processos cognitivos, alguns diretamente ligados com o uso da língua (por exemplo, a categorização), outros aparentemente não tão ligados (por exemplo, a memória). Essa centração no uso significa entender-se que os padrões da língua são generalizações obtidas pela repetição dos usos em interações (produções e compreensões), formando-se redes similares compartilhadas que constroem o sistema linguístico dos falantes: repetidas no uso, as estruturas linguísticas moldam representações cognitivas (rotinas cognitivas aprendidas), que, por sua vez, resultam em padrões de uso. De tudo se conclui que a legítima fonte de dados de análise está em córpus.

Não se pode dizer, entretanto, que a Linguística centrada no uso, tal como concebida, constitua uma linha teórica definida; na verdade nela se encontra uma conjunção de diferentes direções teóricas da Linguística. Para Kemmer e Barlow (2000), até mesmo a linha funcionalista originada em Firth e a linha dos estudos enunciativos, com Benveniste, Ducrot e Culioli, são caracterizáveis como propostas "centradas no uso" simplesmente pelo fato de compartilharem o traço genericamente definidor desse tipo de proposta, que é a colocação do foco nos atos de uso linguístico.

Além desse, há outros traços que caracterizam e especificam a Linguística centrada no uso. Kemmer e Barlow (2000: VII-XXVIII) apresentam nove proposições configuradoras dessa proposta, que assim se esquematizam:

a. a teoria se constrói a partir de dados provenientes do uso linguístico, do mesmo modo que são esses dados o ponto de partida para a descrição dos fatos;
b. há uma íntima relação entre estrutura linguística e uso linguístico, uma vez que o conhecimento linguístico dos falantes está ancorado em eventos de uso;
c. há uma íntima relação entre uso, variação sincrônica e mudança diacrônica, uma vez que padrões linguísticos emergentes do uso são, na verdade, padrões de variação de diferentes ordens, desde a formal até a social;
d. a frequência desempenha um papel fundamental na configuração do sistema linguístico, uma vez que esse sistema é amplamente dirigido pela experiência;
e. as representações linguísticas são emergentes e não rigidamente classificáveis como entidades fixas, uma vez que as unidades linguísticas são rotinas cognitivas, e cognitivamente existem como padrões de ativação neural;
f. a aquisição da linguagem depende crucialmente da experiência e de processos cognitivos mais abstratos, como a aprendizagem;
g. a compreensão e a produção linguística são aspectos centrais do sistema linguístico, uma vez que eventos de uso engendram tanto a formação quanto a operacionalização interna desse sistema;
h. há uma inter-relação entre o sistema linguístico e os sistemas não linguísticos, e, nessa medida, o sistema linguístico é visto como uma subcategoria do sistema conceptual;
i. o contexto sobredetermina a operação do sistema linguístico, uma vez que sempre se estabelece uma complexa relação entre representações cognitivas e fatores contextuais imediatos ao uso linguístico.

Na verdade, pode-se considerar que essas constituem assunções das quais partem estudos desenvolvidos nesse campo. Assim, a proposta "centrada no uso" não é um campo de análise restrito à Linguística cognitiva, mas é, sim, uma agenda de pesquisa que congrega pesquisadores tanto dessa linha quanto de outras, como o Funcionalismo (veja-se, por exemplo, Givón, 2010) e a Psicolinguística (veja-se, por exemplo, Bates, 1976).

Em Tomasello (2003) colhe-se uma avaliação – contrastada com a da gramática gerativa – que vê toda a dimensão gramatical da língua marcadamente ligada ao uso linguístico, mostrando-a como produto de um conjunto de processos históricos e ontogenéticos: quando os homens se comunicam uns com os outros, arranjando as peças da linguagem em sequência, padrões de uso emergem, configurando as construções gramaticais, as quais representam a união de processos cognitivos ativados na frequência do uso da língua.

Destaque-se, ao fim, a insistência de Bybee (2010) no fato de que a análise linguística não pode pôr foco exclusivo nas estruturas, negligenciando o fato de que os fenômenos estruturais que observamos nas línguas naturais derivam de processos cognitivos de domínio geral que operam em múltiplas instâncias do uso linguístico. Esses processos são chamados a atuar em cada instância de linguagem, e é o seu uso repetitivo que tem impacto na representação cognitiva da língua manifestada. Citando Hopper (1987), Larsen-Freeman (1997) e Ellis; Larsen-Freeman (2006), diz Bybee (2010: 2) que, quando a estrutura linguística é vista como algo que emerge da aplicação repetida de processos subjacentes, e não como ligada a processos dados *a priori*, então a língua pode ser vista como um sistema adaptativo: comparável a dunas de areia, e não a um edifício planejado; ou seja, vista com grande dose de variação e gradação. A referência vai à gradiência entre derivação e flexão, entre palavras funcionais e afixos, entre construções produtivas e não produtivas, assim como vai à variação de uso, ao longo de atalhos contínuos. Para Bybee (2010: 7), que cita Lindblom et al. (1984) e Hopper (1987), uma consequência de ver a língua como um sistema complexo e adaptativo é que nossa atenção fica focada nos processos que a criam (Verhagen, 2002), e essa busca de processos de domínio geral permite não apenas apanhar os processos específicos da língua como também situar a língua no amplo contexto do comportamento humano. Afinal, diz a autora (Bybee, 2010: 8, citando Langacker, 1987 e 2000), a ideia crucial por trás da construção linguística (como definida por Fillmore, Kay e O'Connor, 1988; por Goldberg, 1995 e 2006; por Croft, 2001) é que ela constitui um pareamento direto de forma e significado com estrutura sequencial. Considera-se, pois, uma gramática em que a "construção" de níveis de abstração se faz mediante a categorização de instâncias similares de uso em representações mais abstratas.

A Linguística centrada no uso tem, neste livro, a particular importância de envolver (e ter envolvido na sua história) tanto a linha cognitivista quanto a funcionalista de análise, nesse sentido cabendo lembrar, como sugere Diessel (2014), as figuras centrais de Joan Bybee e de Ronald Langacker, a primeira, com a análise do efeito da frequência no uso (como se acaba de comentar), e o último, com a atenção voltada para os fundamentos conceptuais da estrutura linguística (Langacker, 1987). Com importância dentro da proposta da teoria, Diessel (2014) destaca, ainda, esta série de obras: Hopper (1987), um estudo programático que caracteriza a gramática como "sistema emergente" de estruturas fluidas, que são constantemente reestruturadas e reorganizadas; Givón (1979), um estudo sobre a influência do discurso e da comunicação no desenvolvimento da gramática (história e aquisição); Croft (2000), um estudo que desenha nova estrutura para uma análise da mudança linguística feita com base em conceitos provindos da Linguística centrada no uso; Goldberg (2006), um estudo da emergência das generalizações gramaticais e da natureza do conhecimento gramatical; e Bates e MacWhinney (1989), que constitui a proposição de um modelo psicolinguístico do processamento e da aquisição da oração, o "Modelo de competição", proximamente relacionado à pesquisa centrada no uso, desenvolvida tanto na Linguística funcional quanto na Linguística cognitiva.

NOTAS

[1] Agradeço a André Vinicius Coneglian a leitura atenta deste capítulo, bem como as valiosas colaborações que vieram dessa leitura. Obviamente qualquer problema que o texto ofereça é de minha inteira responsabilidade.

[2] "Linguistic knowledge involves not just knowledge of the language, but knowledge of the world as mediated by the language."

[3] Essa publicação tem caráter inaugural e configurador do que hoje se conhece como Linguística cognitiva.

[4] Lembre-se que essas teorias – que embasam, por exemplo, estudos de fonoaudiologia – denominam-se "conexionistas" porque, partindo do modelo de redes neurais, consideram que a cognição humana é uma propriedade devida à interação de um grande número de unidades de processamento interconectadas (neurônios) que operam simultaneamente em uma rede, e que o conhecimento é armazenado nas conexões entre os elementos.

[5] Na contraparte gramatical, isso é o que vem fortemente defendido em Neves (2010a: 129-150; 2015a: 83-101 e 103-133).

[6] Remeta-se novamente a Neves (2015a: 85).

[7] A autora observa que entende *frame*, no mesmo sentido de Fillmore (1976; 1982), como uma estrutura coerente ou *gestalt* relacionada com conceitos dados e baseada em experiências recorrentes, e dá como exemplos de *frames*: o *frame* do restaurante, o *frame* da família, o *frame* do debate (Pascual, 2014: 2).

[8] Essa é a hipótese central da teoria da corporificação da linguagem, tal qual proposta e defendida (originariamente) em Johnson (1987) e Lakoff e Johnson (1999).

[9] Nesse ponto é importante apontar para as considerações apresentadas no final da seção 6.3 deste capítulo. Os estudos mais recentes na área de Linguística cognitiva buscam precisamente articular as pontas da cognição e as do social de modo a chegar a uma Linguística sociocognitiva.

[10] Goldberg (1995: 7) afirma que a gramática de construções rejeita qualquer divisão estrita entre semântica e pragmática, já que informações ligadas a focalização, topicidade ou registro, por exemplo, depreendem-se, nas construções, no correr da informação semântica.

7.
Funcionalismo, texto e discurso

> *Faço três assunções teóricas acerca de discurso e gramática. Em primeiro lugar, os falantes exploram a estrutura gramatical disponível para cumprir seus propósitos na comunicação. Em segundo lugar, a soma total do que os falantes fazem no discurso revela uma padronização recorrente que vai além daquilo que é predito pelas regras da gramática. Em terceiro lugar, a estrutura gramatical tende a evoluir além do padrão discursivo: as Gramáticas codificam melhor aquilo que os falantes fazem mais.*[1]
>
> (John W. Du Bois, *Discourse and Grammar*, 2003, p. 49)

7.1 FUNCIONALISMO(S) E FUNCIONAMENTO DISCURSIVO-TEXTUAL

Retomam-se nesta seção propostas de alguns teóricos funcionalistas que particularmente podem ilustrar a centração natural no discurso (e/ou no texto), característica de propostas dessa natureza.

É evidente que a teoria funcionalista, vista na sua generalidade, trata as línguas naturais no seu uso efetivo, e, decorrentemente, no seu funcionamento discursivo. Pode-se avaliar essa direção dentro da noção, explicitada em Du Bois (2003: 83), de que assim como "não há discurso sem gramática", do mesmo modo "nenhum falante encontra a gramática a não ser na sua manifestação no discurso", o que se resume na afirmação de que discurso e gramática estão inextricavelmente ligados.

A diretriz central que pode ser apontada é, pois, a seguinte: qualquer teoria funcionalista há de ver as línguas naturais no seu uso efetivo, exatamente no funcionamento discursivo. Entretanto, dentro dos princípios gerais funcionalistas que nessa busca de marcar o funcional mediante a interação e o discurso se estabelecem, configuram-se modelos com propostas particulares.

Desde os mais tímidos movimentos de instituição de uma gramática funcional (Martinet, 1978), entende-se que as descrições que se façam, não importa o nível estrutural que esteja em questão, hão de ater-se ao que se tem convencionado chamar de **competência comunicativa** (tema já referido em 2.1), o que envolve atividade discursiva e produção textual.

No geral, como já bem indicado em 2.6 (assumida a integração de componentes na gramática em função), uma teoria funcionalista vê na gramática uma rede de relações que se realiza nas estruturas (sintaxe)/que se assenta fortemente nos significados (semântica)/mas que se define em torno da organização discursiva (pragmática). Há propostas mais centradas na organização textual, assim como há propostas mais centradas na organização discursiva, entretanto, no centro, está sempre a produção textual discursivamente construída.

No seminal modelo de Coseriu (1973, 1977, 1978, 1979, 1986, 1991, 1992) está presente um arcabouço estruturalista de direção muito clara que vai paradigmaticamente à estruturação dos conteúdos por oposições funcionais. Para Coseriu, como aponta Bechara (1991), "as línguas são essencialmente estruturações semânticas do mundo extralinguístico" e é assim que "as identidades e diferenças na expressão não são mais do que o meio de manifestação das distinções semânticas, das identidades e diferenças no plano do conteúdo" (1991: 12-13). De seu lado, as gramáticas do tipo não funcional "dão primazia às identidades e diferenças na designação, isto é, ao conteúdo do pensamento, relegando as identidades e diferenças no significado" (1991: 13), que são as que se produzem interacionalmente na produção discursivo-textual.

É no sentido de "competência comunicativa" que Coseriu institui a "competência linguística" (Coseriu, 1992), explanada como o saber linguístico que permite ao homem falar, bem como entender o falar dos outros. Não se trata simplesmente de um saber *sobre* as "coisas" das quais se fala, mas trata-se do saber da linguagem em geral, seja o de uma língua particular, seja o da atuação em linguagem (o discurso ou o texto), o que implica considerar as estruturas das expressões linguísticas como configurações de funções, sendo cada uma das funções vista como um diferente modo de significação no enunciado (ver "Introdução"). E por aí Coseriu vai ao perigo de entender as línguas abstraindo-as do "falar", portanto, vendo-as na sua realização circunstancial, não "como produção (criação) e ampliação da linguagem", e estabelecendo, pois, "uma relação entre língua e fala que se reduz simplesmente a uma relação do tipo código-mensagem" (1992: 18), deixando sem entender a dinamicidade da linguagem.

Parece evidente que, em uma visão panorâmica da teoria funcionalista da linguagem, é legítima essa presença do "falar" como elemento capitalizador de atenção investigativa. Por outro lado, é fácil verificar que, entre os diversos modelos funcionalistas que foram sendo desenvolvidos, todos aplicados à "língua em função", como diz Neves (2011b: 17; entre outros), configuram-se propostas particulares mais especificamente assentadas na direção de marcar o funcional mediante a interação e a atividade discursivo-textual, ou seja, mediante o uso das línguas naturais, o que merece especial atenção.

O que neste ponto se propõe é captar (ao menos em amostras) propostas explícitas de uma centralização da gramática no discurso e na (inter)comunicação. Trata-se de marcar o 'funcional' na interação e no discurso – e, obviamente, como instância de produção textual –, o que faz a noção de 'contexto' percorrer determinantemente as propostas.

Entende-se, aqui, que, escolhendo-se representantes destacados das diversas escolas funcionalistas para discutir essa postulação, é possível fazer um resumo da essência do que é proposto nos diversos modelos e, portanto, do que poderia ser subsumido como a essência de uma visão funcionalista das línguas em função e da linguagem.

7.2 O FUNCIONAL MARCADAMENTE VOLTADO PARA A INTERAÇÃO E O DISCURSO

7.2.1 Uma amostra do modelo da Costa Oeste americana

Lembrem-se, como representantes do Funcionalismo da Costa Oeste, Talmy Givón, Sandra Thompson, Paul Hopper, Wallace Chafe e John Du Bois, que, entre outros, são relevantemente citados neste livro. Sem instituir propriamente uma proposta unificada de modelo teórico funcionalista, esses autores guardam direções comuns em seus trabalhos, especialmente no sentido de incorporar as relações discursivas na gramática, ou seja, no sentido daquela proposta central dos funcionalismos que é uma necessária integração dos componentes semântico e pragmático na gramática, com a exclusão, pois, da visão de uma gramática/sintaxe autônoma.

Nesse sentido, a amostra de indicações que aqui se oferece vai exatamente a Du Bois, com seu cuidado dos padrões discursivos, e a Givón, com sua defesa da não autonomia da gramática. Em muitas outras seções deste livro tais autores têm suas propostas desenvolvidas.

7.2.2 A correlação de padrões gramaticais e padrões discursivos: John du Bois

Para início das reflexões, invoque-se Du Bois (2003), que explanadamente assume três pontos teóricos de ligação entre gramática e discurso:

(i) os falantes exploram a estrutura gramatical disponível para realizar seus propósitos de fala;
(ii) a soma daquilo que os falantes fazem no discurso exibe um padrão recorrente que ultrapassa o que é predito pelas regras da gramática;
(iii) a estrutura gramatical tende a desenvolver-se ao longo de linhas formuladas pelo padrão discursivo.

Como se vê, está no centro a consideração de uma relação indissociável entre gramática e discurso, com o discurso na origem (a gramática é a sua "imagem"), mas com a gramática na essência (o discurso não existe se não "moldado" pela gramática) (Du Bois, 1993a: 11; ver 3.2). Fica instituída como diretriz de busca a visão pragmática da instanciação linguística (ver Du Bois em 3.4).

Está no centro, evidentemente, como expressão dessa relação intrincada, a seguinte proposição do autor (Du Bois, 2003): "As gramáticas codificam melhor aquilo que os falantes fazem mais". Afirma-se, pois, a existência de padrões gramaticais que têm correlatos nos padrões discursivos, ficando postulada uma teoria que relaciona documentadamente gramática e discurso. No dizer de Du Bois (2003: 47-48), gramática e discurso são entidades que têm, evidentemente, diferenças entre si; no entanto, se quisermos conhecer como é que a língua funciona, temos de tentar encontrar os pontos de diferenciação dentro de um mesmo modo de ver, ou seja, temos de explorar uma visão estereotípica que integre as duas entidades em um domínio unificado de busca fenomenológica. A partir daí, o autor propõe-se estudar a gramática e o discurso juntos, no propósito de entender como é que a língua é o que é.[2]

Nessa linha, é necessário que as gramáticas sejam tratadas como sistemas adaptáveis, isto é, como sistemas parcialmente autônomos (por isso, sistemas) e parcialmente sensíveis a pressões externas (por isso, adaptáveis) (Du Bois, 1985). Pressões externas são exatamente as forças de embate para satisfação das motivações que competem entre si nas situações de discurso.

E Du Bois (2003: 49) vai adiante na sua proposta, afirmando que, se tivermos o modo teoricamente adequado de observar tal relação, poderemos reconhecer o caráter sistêmico do discurso, apreciando tanto sua natureza distintiva quanto seu impacto sobre a gramática. Discurso e gramática reclamam cada um seu tipo distintivo de padronização, não se reduzem um ao outro, entretanto interagem e interinfluenciam-se profundamente em todos os níveis, de tal modo que, na vida real, nenhum deles pode ser nem mesmo acessado, sem o outro.

Dubois prevê um tratamento gramatical pancrônico (uma metagramática, que é uma parte do que ele denomina ecologia da gramática) que descreva e analise a interação das forças em conflito (Du Bois, 1985).

7.2.3 A proclamação da não autonomia da gramática: Talmy Givón

Centralmente Givón (1995) se fixa no postulado da não autonomia do sistema linguístico. Como já está indicado a respeito desse teórico (ver, particularmente, a "Introdução"), a língua não pode ser descrita como um sistema autônomo, já que a gramática só pode ser entendida por referência a parâmetros como cognição e comunicação/processamento mental, interação social e cultura/mudança e variação, aquisição e evolução. Essa proposição de uma não autonomia da gramática representa vê-la como um organismo que unifica sintaxe, semântica e pragmática e que chega ao exame da iconicidade na gramática (ver Givón em 8.3.1).

Para Givón (1995: 9) são princípios basilares do Funcionalismo:

(i) a linguagem é uma atividade sociocultural;
(ii) a estrutura serve a uma função cognitiva ou comunicativa;
(iii) a estrutura é não arbitrária, motivada, icônica;
(iv) mudança e variação estão sempre presentes;
(v) o significado é dependente do contexto e não atômico;
(vi) as categorias não são discretas;
(vii) a estrutura é maleável, não rígida;
(viii) as gramáticas são emergentes;
(ix) as regras da gramática permitem desvios.

Em Givón (1984) é importante o descarte da gramática como mera lista não ordenada e não inter-relacionada de domínios funcionais. Para o autor, a gramática é internamente estruturada como um organismo no qual existe uma organização hierárquica e dentro do qual há subsistemas relacionados entre si – em diferentes graus –, tanto em função quanto em estrutura. A sintaxe codifica dois domínios funcionais distintos mas proximamente relacionados: a semântica (proposicional) e a pragmática (discursiva). Assim, não existe na comunicação uma oração que apenas contenha informação semântica, sem nenhuma função pragmática; somente estará desprovido dessa função um segmento que tenha sido isolado artificialmente de seu contexto para fins de análise (tendo deixado, então, de ser 'linguagem'). A própria transitividade é vista como um metafenômeno responsável pela codificação sintático-estrutural das funções de caso semântico e pragmático.

Outra questão ainda presa à transitividade, mas tributária do discurso, posta em relevo pelo autor, é a que se liga ao sistema de manutenção ou de continuidade de tópico: como já apontado em 2.6, na codificação linguística está refletido um sistema de topicidade que decorre dos processos de transitividade.

Afinal, estabelecido que a função primeira da linguagem é a de estabelecer a comunicação entre os homens, entende o autor que todas as manifestações linguísticas terão uma estrutura temática coerente, válida não apenas no âmbito da oração, mas também no domínio do discurso multiproposicional. É nesse domínio que o falante se expressa, decorrendo daí que (também como já referido em 2.6) não existe simplesmente uma concatenação das proposições, existem regras textuais a que as proposições se submetem, e pelas quais se mantém a estrutura temática, garantindo-se coesão e coerência na composição linguística.

7.2.4 O modelo da Holanda: a gramática como instrumento de interação social/gramática e discurso

7.2.4.1 SIMON DIK: A GRAMÁTICA FUNCIONAL

Repita-se a indicação inicial (em 3.1) da proposta de Dik (1978: 1; 1989a: 3; 1997a: 3) de um paradigma funcional em que a língua é concebida, em primeiro lugar, como instrumento de interação social entre seres humanos, usado com o objetivo principal de estabelecer relações comunicativas entre os usuários. Lembre-se também a indicação, já oferecida em 5.2.2, de que, na proposta de Dik, a teoria da gramática constitui um subcomponente integrado da teoria do "usuário da língua natural" (NLU: *the natural language user*).

No seu modelo de interação verbal fica implicado que a própria função referencial da linguagem se define em uma ação cooperativa, já que, na interação, o falante quer levar a que o destinatário, a partir da expressão linguística, reconstrua a intenção com que a mensagem foi construída, o que se processa não apenas pela interpretação do significado dos signos e das estruturas, mas ainda pelo conhecimento da situação e pelo conhecimento de mundo, ou seja, pela informação pragmática.

Ora, sendo a língua um instrumento de interação social, e sendo sua função a comunicação, a base das propostas se constitui no modelo que rege a interação verbal. A competência comunicativa ganha um correlato psicológico, que é a habilidade de interação linguística social, e a resolução do sistema prende-se ao quadro do uso linguístico, inserido na situação (Dik, 1997a). Está no modelo, ainda, a necessidade de uma adequação pragmática, integrada exatamente numa teoria pragmática mais ampla da interação verbal. As duas primeiras, aliadas, refletem a contraparte entre os modelos de produção (o modo como os falantes montam e expressam suas construções linguísticas) e os modelos de compreensão (o modo como os destinatários processam a interpretação das expressões linguísticas que recebem).

Na proposta de Dik (1989a; 1997a: 3-4), a adequação pragmática do paradigma funcional se regula por um quadro geral que descreva e explique as expressões linguísticas: elas se constituem mediante regras semânticas, sintáticas, morfológicas e fonológicas que instrumentalizam regras pragmáticas, aquelas que, governando os padrões de interação verbal, representam as metas e os propósitos do uso das expressões.

Isso significa que o fim último da busca dessa descrição e explicação das expressões linguísticas se situa nos seus modos de uso: as frases são, em última análise, correspondentes linguísticos de 'atos de fala', e, portanto, são a ponta de saída do esquema de interação linguística. Não se trata, pois, daquela consideração de uma simples "interpretação pragmática pela qual introduziram-se 'atos de fala' como unidades ideais cuja relação com as unidades práticas da comunicação ficou inexplicada", da qual fala Beaugrande (1997: 4), citando Schlegloff (1992).

7.2.4.2 KEES HENGEVELD E LACHLAN MACKENZIE: A GRAMÁTICA DISCURSIVO-FUNCIONAL

Como já tratado no capítulo 5, Hengeveld (2004) projetou uma nova arquitetura para a GF da Holanda, denominada Gramática discursivo-funcional (GDF), que, como diz Camacho (2006: 4), "acomoda o discurso como uma parte integral e muito significativa do modelo".

Velasco e Rijkhoff (2008: 2) invocam as indicações de Butler (2003) e Anstey (2004), sobre a evolução da Gramática funcional (GF) para dizer que a Gramática discursivo-funcional (GDF) pode ser considerada descendente natural daquela, no sentido de que compartilha as mais centrais assunções e metas estabelecidas por Simon Dik.[3] E também compartilha a visão de Dik (1997a: 13) sobre os objetivos da GF (prover meios e princípios pelos quais gramáticas funcionais de línguas particulares podem ser desenvolvidas), assim como o destaque de Dik sobre o mais importante dos objetivos desse tipo de gramática (dar o cálculo completo e adequado da organização gramatical do discurso construído em uma determinada língua).

Basta observar o título da nova corrente teórica – *Discourse Functional Grammar* – para avaliar o peso que o direcionamento da teoria tem para a consideração do discurso, o que implica o seguinte complexo:

1. a GDF se alinha com as propostas "funcionais" em geral, em que a visão de não autonomia da sintaxe se alia à visão de sistema; e também se alinha com a proposta dikiana de formalização do modelo;
2. entretanto, a GDF faz uma organização em módulos que confere autonomia ao componente interpessoal, ou pragmático, acima do nível representacional ou semântico e do nível estrutural (vistos todos em relação de interdependência).

Acima da oração, os atos de fala se organizam, por sua vez, em *moves*,[4] uma camada configurada, no modelo, como "retórica", ou seja, interacionalmente definida e discursivamente tipificada. Isso não significa descartar ou minimizar a atenção conferida à gramática (formalizada), embora se possa dizer que, no geral – e na essência –, declaradamente se passa de uma gramática da oração a uma gramática do discurso. Hengeveld (2004) alude a fenômenos linguísticos que só encontram explicação em termos de unidades maiores que a oração, verificando-se contextos discursivos maiores e determinando-se categorias propriamente discursivas. Ao mesmo tempo, unidades discursivas podem não atingir o estatuto de orações, ou seja, frases podem representar-se por simples holofrases, consideração que bem ilustra a natureza centralmente discursiva da proposta. Nesse nível interpessoal prevê-se a verificação do papel das unidades linguísticas na interação discursiva, bem como a verificação das estratégias que o falante usa, conscientemente ou não, para que sua intenção seja plenamente recuperada na troca discursiva.

7.2.5 A Gramática sistêmico-funcional de Halliday: o funcional voltado para as funções da linguagem e o texto[5]

Em primeiro lugar cabe repisar que o modelo de Halliday se fixa particularmente na noção de "função" como o papel da linguagem na vida dos indivíduos, a serviço das demandas diversas, e que esse modelo assenta a sua gramática ("Gramática sistêmico-funcional") em uma base sistêmica (e paradigmática), que faz o enunciado não partir de uma estrutura profunda abstrata, mas nascer das escolhas que o falante faz quando o compõe para um propósito específico, com elas produzindo significado.

Ao lembrar que, funcionalmente, o texto tem de ser considerado tanto na forma oral quanto na forma escrita, Halliday (2014: 593) alerta para o fato de que, em geral, quando nos pomos a examinar um texto, temos em vista "o produto desse processo", e, assim, o termo *texto* tem sido geralmente usado para referência à concretude da produção, e especialmente ao produto na sua forma escrita, que é mais perceptível como objeto (embora os expedientes de gravação de som de hoje tenham tornado "mais fácil que se conceba a língua falada também como texto").

Halliday (2014) acrescenta que a organização do texto é "mais semântica que lexicogramatical" (2014: 593), pelo menos quanto à coesão: no geral, tem-se olhado mais o texto pela sua forma estrutural; no entanto, funcionalmente, o texto tem de ser pensado dinamicamente, como um processamento contínuo de significado.

Muito particularmente Halliday (2014) discute a questão da organização da informação que se processa no nível do texto (assim como se processa no nível da oração). Para o nível do texto, sua proposta assim pode ser explicitada:

1. O texto se compõe de unidades informativas que, em termos de delimitação e extensão, são independentes das unidades sintáticas. A entonação compõe blocos de informação, unidades significativas do discurso realizadas fonologicamente pela tonicidade, organizadas em torno de pontos proeminentes – os focos de informação. Os diferentes efeitos que se obtêm na organização do texto relacionam-se com a sucessão linear dos blocos de informação e com os diferentes modos pelos quais, conforme o sistema da língua em questão, localizam-se os focos – principal e secundário(s) – dentro de cada bloco.
2. O texto organiza também intraoracionalmente a informação que veicula. Toda oração implica a escolha de um tema em torno do qual se assentará o exercício remático. Selecionado por opção do falante para organização da informação na sequência dos elementos da oração, o tema é o ponto de partida da oração tida como mensagem.

No exame da organização da interação, o que se leva em conta, em especial, é que por meio da linguagem se estabelecem e se mantêm as relações humanas: os indivíduos interagem linguisticamente, trocando entre si os papéis de falante e ouvinte. Como falante, o indivíduo dirige a inserção dos participantes no circuito de comunicação, selecionando: a) o modo de seu enunciado, e b) o próprio sujeito da estruturação. O modo, que é obrigatório nas orações independentes, representa a organização dos participantes na situação de fala. Por ele, o falante escolhe entre declarar, perguntar, ordenar, pedir, oferecer, confirmar, pedir confirmação, persuadir, etc., isto é, por ele, o falante define seu papel em relação ao interlocutor e à interlocução, todas essas opções relacionadas com a pretensão de um tipo de retorno, por exemplo uma resposta linguística, ou uma resposta não linguística. Por outro lado, o falante se insere na situação de fala compondo orações para as quais escolhe um sujeito que pode ser ele próprio (primeira pessoa), o ouvinte (segunda pessoa) ou nenhum dos interlocutores (não pessoa, terceira pessoa).

Na questão da organização semântica, verifica-se que o texto representa linguisticamente a experiência extralinguística, seja do mundo exterior seja do mundo interior (pensamentos, percepções, sentimentos). Na organização do conteúdo cognitivo também são necessárias escolhas, que, no nível da oração, são refletidas pela transitividade, e, no nível do texto, marcam-se pela coesão, obtida por meio de recuperações e de projeções semânticas extraoracionais.

7.3 A VISÃO FUNCIONAL DA PRODUÇÃO LINGUÍSTICA E A LINGUÍSTICA DO TEXTO

Com o aparato de visão sistêmico-funcional do texto, Halliday dedica toda uma obra (em parceria com Ruqaiya Hasan) à teorização da organização semântica do texto feita independentemente da estrutura da oração (Halliday e Hasan, 1976). Mediante a metafunção textual, que operacionaliza as metafunções ideacional e interpessoal no processo discursivo, institui-se a produção textual, com ativação das relações coesivas, que são o que faz de um texto um texto, como defende a obra (1976: 1). Entende-se a coesão como uma relação semântica que se refere à interpretação de um item em dependência de outro que integra o mesmo texto: assim, o texto é um todo que se faz como uma teia que se tece, em avanços e retomadas. Isso constitui a base de que se levem em consideração:

- na esfera das relações e processos, as sequenciações e as junções;
- na esfera dos participantes/argumentos, as repetições e as referenciações.

Uma visão dos subsistemas de organização do texto, pela visão hallidayana pode ser assim demonstrada:

Quadro 8

FUNÇÃO	ORGANIZAÇÃO	SISTEMA
ideacional	dos significados	coesão
interpessoal	da interação	relações humanas
textual	da informação	estruturação da informação (dado/novo; foco)

Neves (2011b: 26-31) faz uma discussão de pontos de ligação entre "Funcionalismo e Linguística do texto", relação também discutida em Neves (2010a: 97-98), neste caso dirigindo-se a atenção especialmente para a questão dos gêneros discursivos, nesse contexto.

A seguir se oferece um resumo amostral dos dois textos, voltando-se a pontos relevantes da questão, e começando por uma referência histórica recolhida de Beaugrande (1997: 5): "a abertura da linguística em respeito à semântica e à pragmática aconteceu [...] como o primeiro movimento em direção à 'Linguística textual". De fato, nesse terreno relativo à integração dos componentes é de observar a confuência de atenção entre a Gramática funcional e a Linguística do texto no que respeita à visão de que essas duas categorias não respondem a uma discretização, pelo contrário, elas se distribuem em um *continuum* no sistema da língua, o que fica manifestado na observação da proposta funcionalista da construção de sentido operando-se no fazer do texto, proposta que subordina o exame das manifestações linguísticas ao cumprimento das funções da linguagem, por via da consideração dos propósitos que dirigem os usos linguísticos.

Como mostra Neves (2011b: 27-30), uma das vias que permitem aproximar propósitos e operacionalizações da Gramática funcional e da Linguística do texto é a verificação de uma aproximação existente entre os temas de interesse dentro desses dois nichos de investigação: ambos se aliam na tarefa de tratamento dos processos de constituição do enunciado, por exemplo a referenciação, que se resolve sobre marcante base funcionalista (tenha-se como referência básica, mais uma vez, o *Cohesion in English*, de Halliday e Hasan, 1976), processo extensivamente tratado nos trabalhos mais recentes da Linguística do texto. A obra mostra a vantagem, para as operacionalizações da Linguística do texto, por exemplo, do aproveitamento que a teorização funcionalista desenvolveu a respeito do componente pragmático, com a integração na gramática de Tópico e Foco, o que permite conferir estatuto teórico a componentes comunicativos. Nesse sentido, Neves (2011b: 27-28) conduz reflexões sobre a progressão referencial (sintática) ligada à progressão tópica (pragmática) para organização do significado (semântica) no texto. As aproximações que (tratando do tecer da teia do texto) se propõem em relação às duas propostas de estudo abrangem cinco noções relevantes na organização do enunciado: a natureza teórica dos objetos de discurso; o modo de categorização nominal das entidades referenciais; a coesão referencial por via da interpretação semântica; a identificabilidade e a acessibilidade ligadas à interpretabilidade; a associabilidade na composição da anáfora não correferencial. O contraponto a essas questões, que são de tratamento corrente da Linguística do texto, sustenta-se, nessa exposição, especialmente em Dik (1989a e 1997), em Halliday (1985) e Halliday e Hasan (1976) e em Chafe (1994), além de Beaugrande (1997), de quem é esta citação, absolutamente pertinente: "o trabalho com textos mudaria a paisagem teórica e prática da linguística" (1997: 4).

Em Neves (2010a: 96-97) pode ser observado um cotejo entre a Gramática funcional e a Linguística do texto no que respeita a uma das noções mais importantes para a lida com a produção de linguagem, que é a questão dos gêneros do discurso: no ponto inicial de uma aproximação, aponta-se, com recurso a Ciapuscio (2005) – uma investigadora de orientação sistêmico-funcional que, nessa questão, recorre a fundamentação em Halliday (1985) e em Beaugrande e Dressler (1981) –, que essas duas correntes de investigação linguística teriam como fonte natural e primeira a retórica, além de uma procedência epistemológica compartilhada, porque ambas incluem aspectos sociais e culturais como fatores determinantes da teorização e porque, teoricamente, ambas consideram as línguas como repertórios que se oferecem a uma constante escolha por parte dos interactantes. São características que permitem ver a importância da noção de gênero nas duas correntes. Quanto ao que oporia as correntes, há a indicar diferenças de inserção sociocultural, com sua influência nos próprios propósitos: no caso dos gêneros, por exemplo, há grande presença da tradição cultural do contextualismo britânico e da etnografia no ambiente da Gramática sistêmico-funcional (tanto quanto da visão dikiana do evento discursivo como social, interpessoal e definido por convenções e instituições reguladoras de parâmetros), mas não na ambiência da Linguística do texto, marcada pela teoria dos atos de fala, pela pragmática linguística e pela sociologia.

Nesta aproximação da Gramática funcional com a Linguística do texto, afinal, pode-se obter, com balizamento especial em Halliday, mas tomando-se a proposta geral e ampla de qualquer teoria funcionalista, uma lição que faz o estudo do discurso e o do texto convergirem, assim como faz ver a importância da gramática para a análise discursivo-textual. O que se entende, em suma, é que "o texto é pleno de significado porque ele é uma atualização do potencial que constitui o sistema linguístico; e é por isso que o estudo do discurso (incluída a Linguística do texto) não pode ser propriamente separado do estudo da gramática que está por trás dele" (Halliday, 2014: 731).

7.4 AFINAL, O TEXTO NA TEORIA FUNCIONALISTA DA LINGUAGEM: NO CENTRO A INTERAÇÃO E O DISCURSO

Pode-se retomar, neste ponto, a questão inicial da apresentação deste capítulo, que é a relação entre texto e discurso, especialmente quanto à dificuldade de separar a conceituação desses dois termos, mas também, por outro lado, quanto à facilidade de uni-los na sua relação com a teoria funcionalista da linguagem.

Uma recolha do que foi desenvolvido até aqui, nesta obra, quanto à ligação entre a proposta da Gramática funcional de visão dos procedimentos textual-discursivos na língua, pela interação, leva à retomada dos seguintes pontos (entre tantos outros relevantes), especialmente tratados na parte inicial (e propositiva) deste livro:

1. Na "Introdução": A necessária conexão do socioculturalismo com o aparato cognitivista (que mostra um componente conceptual como força condutora por trás do componente gramatical) faz reconhecer o fato de que a gramática é constantemente determinada pelo uso efetivo que o falante faz da língua (Du Bois, 1993a), ou seja, está constantemente a serviço do discurso (Givón, 1979b).

2. Em 2.1: Gramática e discurso são entidades distintas entre si, no entanto se integram em um domínio unificado de busca fenomenológica; ou seja, necessariamente têm de ser integradas quando o que se se põe em exame é a língua em função (Du Bois, 2003: 47-48).
3. Em 2.2: A gramática sofre as determinações do discurso (Givón, 1979b), visto o discurso como a rede total de eventos comunicativos relevantes (Beaugrande, 1993).
4. Em 3.2: As relações entre discurso (ou uso linguístico) e gramática assim se equacionam: a) a gramática molda o discurso; b) o discurso molda a gramática (Du Bois, 1993a: 8). Ou: "a gramática é feita à imagem do discurso"; mas: "o discurso nunca é observado sem a roupagem da gramática" (Du Bois, 1993a: 11).
5. Em 5.2.2: Uma teoria da linguagem não deve contentar-se com a simples apresentação de regras e princípios que subjazem à construção das expressões linguísticas, mas deve tentar, dentro do possível, explicar essas regras e princípios em termos de sua funcionalidade em relação aos modos de uso das expressões (Dik, 1997a: 4)
6. Voltando-se à "Introdução": A principal tarefa de uma "gramática funcional" é "fazer correlações ricas entre forma e significado dentro do contexto global do discurso" (Beaugrande, 1993, cap. III: 3).

E necessariamente unindo texto e discurso (em 1.2), retome-se o que diz Halliday da "(meta)função textual" de seu modelo funcionalista: "Trata-se de uma função "capacitadora", "facilitadora", já que as outras duas [a ideacional e a interpessoal] dependem de que seja habilitada a construção das sequências discursivas, com organização de fluxo informativo, bem como com coesão e continuidade textual (Halliday, 2004: 29).

E coroando a conclusão desta seção defina-se (retomando 3.2): gramática é uma estratégia automatizada de processamento do discurso (Givón, 1979c).

NOTAS

[1] "I make three theoretical assumptions about discourse and grammar. First, speakers exploit available grammatical structure to realize their goals in speaking. Second, the aggregate sum of what speakers do in discourse exhibits recurrent patterning beyond what is predicted by rules of grammar. Third, grammatical structure tends to evolve along lines laid down by discourse pattern: Grammars code best what speakers do most."
[2] E, a seguir, essa direção de exame em que discurso e gramática se interseccionam é ilustrada (com citação de Du Bois, 1985, 1987; Du Bois, Kumpf e Ashby, 2003), por referência ao que o autor denomina como "estrutura argumental preferida" (aqui tratada em 3.3).
[3] Registre-se que os autores convidam os leitores a consultar Dik (1997a; 1997b), Anstey e Mackenzie (2005), Hengeveld (2004), Hengeveld e Mackenzie (2006 e 2008), para uma mais detalhada exposição da GDF.
[4] A tradução portuguesa literal é "movimentos". A (feliz) tradução portuguesa oferecida por Camacho (2006: 12) é "lances".
[5] Esta seção recolhe indicações feitas especialmente em Neves (2016).

8.
Gramática e eficiência discursiva: as necessidades comunicativas, as determinações cognitivas e o sistema[1]

> *A estrutura linguística é o produto de nossa interação com o mundo que nos cerca. O modo pelo qual construímos discursos e desenvolvemos categorias linguísticas pode ser diretamente derivado do modo como experienciamos nosso entorno e usamos essa experiência na comunicação específica de nossa espécie.*[2]
> (Bernd Heine, *Cognitive Foundations of Grammar*, 1997, p. 3)

8.1 A ATIVAÇÃO DA GRAMÁTICA

Partindo-se da linguagem como negociação entre os interlocutores – com fundamento nas mais básicas lições funcionalistas – fica ela entendida como resultante das motivações de uso somadas às necessidades comunicativas. Esse tema é tratado em Neves (2015a: 54-58), esquematizando-se um processo de ativação da gramática que busca acompanhar o constante movimento de reorganização do quadro das estruturas linguísticas que a linguagem codifica, sempre dentro da regularidade do sistema, mas sempre sob pressão da atividade discursiva.

Funcionalmente visto, esse quadro que aqui se vai discutir desemboca no acionamento das duas categorias que respondem, exatamente, a essas motivações e a essas necessidades: de um lado, a 'informatividade', de outro, a 'economia'. Funcionalmente, são duas pressões que atuam sobre os participantes do intercurso linguístico quando eles ativam a gramática da língua para produzir os enunciados em interlocução:

1. De um lado, a pressão da informatividade leva a:
   a. aumento na forma fônica;
   b. aumento da complexidade do enunciado;
   c. maior dispêndio de tempo na enunciação;
   d. afinal, uma relação (mais) direta entre forma linguística e estrutura da experiência.

2. De outro lado (e em proporção inversa), a pressão da economia leva a:
   a. redução da forma fônica;
   b. perda de complexidade;
   c. redução de tempo na enunciação;
   d. afinal, uma relação mais frouxa entre forma linguística e estrutura da experiência.

Ora, relacionados a essas quatro características (na mesma ordem) atuam os seguintes fatores:

- para a), frequência de uso;
- para b), existência de marcas;
- para c), velocidade de processamento;
- afinal, para d), grau de iconicidade (ver 8.3.3).

Reguladas por esses quatro fatores, as quatro características chegam aos seguintes resultados, respectivamente:

   a. a frequência de uso leva a clareza, quanto a informatividade, e leva a rotinização, quanto a economia;
   b. a existência de marcas leva a expressividade, quanto a informatividade, e leva a regularização, quanto a economia;
   c. a velocidade de processamento leva a ampliação do contexto, quanto a informatividade, e leva a regularização, quanto a economia;
   d. afinal, o grau de iconicidade leva a maior transparência, quanto a informatividade, e leva a maior opacidade, quanto a economia.

Assim, da busca de informatividade resulta mais elaboração e expressividade, enquanto da busca de economia resulta simplificação e maior grau de normalidade, tudo isso resultando em um mapa equilibrado do uso da linguagem, de modo a responder a motivações e a necessidades comunicativas: enquanto a economia elevada representa baixa informatividade, a informatividade elevada representa baixa economia; o primeiro caso leva naturalmente à busca de reforço (no conteúdo informativo), enquanto o segundo caso leva naturalmente à busca de desbaste (no conteúdo informativo). Ou seja, o que poderia constituir um resultado negativo da alta informatividade (que é a baixa economia) fica compensado com a busca de desbaste (com a própria economia); e, por outro lado, o que poderia constituir resultado negativo da elevada economia (que é a baixa informatividade) corrige-se com a busca de reforço da própria informatividade, o que acaba por representar correção e compensação, ou seja, compatibilização e equilíbrio.

O que se vê, nesse exercício, é que confortavelmente se fala de gramática ao mesmo tempo que se fala de discursividade (de um lado) e de determinações cognitivo-perceptuais (de outro lado), justamente aquela correlação que o aparato funcionalista, naturalmente correlacionado a um aparato cognitivista, permite propor para a análise do uso linguístico (ver 6).

Inúmeras motivações e necessidades, nas diferentes situações de uso linguístico, podem ser confrontadas no exame dos enunciados: o desejo de clareza contra a necessidade de contenção; o desejo de expressividade contra a necessidade de rotinização; o desejo de singularidade contra a necessidade de regularização; o desejo de expansividade contra a necessidade de abreviação; o desejo de transparência contra a necessidade de opacidade; e tudo o mais que nesta lista caiba.

A gramática da língua será sempre o aparato disponível para as necessidades dos usuários em busca de atingir seus propósitos, ou seja, em busca de trilhar a linha da eficiência. Por exemplo, muito do que se pode falar a respeito do uso de conjunções e locuções conjuntivas adverbiais (causais, condicionais, concessivas, comparativas, etc.) pode ser gramaticalmente avaliado por via das seleções dirigidas pelo efeito discursivo que se pode obter com uma ou com outra escolha. Afinal, tal variedade de locuções conjuntivas adverbiais não terão sido criadas apenas para não se repetirem as mesmas formas, ou seja, para variar por variar, pois a linguagem nunca funciona assim: mais claras e mais expressivas, menos rotinizadas e menos regularizadas, mais transparentes do que os já gastos itens gramaticais que são as conjunções simples, essas novas formas foram-se instalando nos enunciados como instrumentos de ativação de sentidos e de efeitos que vão além de uma indicação de natureza apenas *gramatical*: ponha-se em questão, por exemplo, o sentido de "concessividade" na sua relação com todo o elenco de formas conjuntivas convencionadamente chamadas de "concessivas", e veja-se, ainda, a extrema especificidade de um *mesmo que* em relação a um *se bem que* (o primeiro recorrendo à força identificadora do pronome *mesmo*, e o segundo recorrendo à força avaliativa do advérbio *bem*, dentro da hipotetização que o conector *se* abre). Por outro lado, algumas das formas conjuntivas, dentro de cada elenco de subespécie adverbial, já podem estar-se gastando e ficando mais reduzidas e amalgamadas, mais opacas, mais regulares, mais rotineiras, mais próximas daquilo que se sente representado naquelas formas que se veem historicamente nomeadas como *conjunções* (simples): é o caso, por exemplo, da causal *porque*, a qual (embora historicamente resultante de formação composta) é tão 'não marcada' quanto 'não marcada' (canônica) é a condicional *se* dentro de seu grupo.

Resta observar que, nos dois esquemas apresentados nas seções seguintes, envolve-se a iconicidade (de que este livro trata adiante, em 8.3.1), que é, afinal, a evidência de uma determinação cognitiva dos processos que levam a variação e a mudança na língua.

8.2 O DINAMISMO DA GRAMÁTICA

Falar da ativação da gramática em termos funcionais resulta em falar do dinamismo da gramática, cuja explicitação já envolve um olhar para o processo de gramaticalização (ver 9), processo que se beneficia de uma visão em pancronia.

É assim que esta apresentação sobre o dinamismo da gramática busca acompanhar o constante movimento de reorganização do quadro das estruturas linguísticas (ligado à "ativação" da gramática, que pressiona o sistema, tratada em 8.1), mas sempre dentro do sistema (de regularidades previsíveis).

Novamente com apoio em Neves (2015a: 58-61, retomando 2010a), e com fundamento nas mais básicas lições funcionalistas, pode-se colocar o ponto de partida na categoria *gramática*, definida como de equilíbrio instável/dinâmico/ provisório, devido a pressões externas e internas, o que configura a existência de categorias não discretas. Assentada, pois, a gramática (em pancronia) como instável, dinâmica e provisória em seu equilíbrio, propõem-se duas perspectivas pelas quais ela pode ser vista no uso efetivo da linguagem: de um lado, a 'perspectiva sincrônica', que permite verificar, no uso, a 'fluidez de padrões'; de outro lado, a 'perspectiva diacrônica', que permite verificar, no uso, a 'alteração de padrões'. Ambas as perspectivas anunciam a existência de uma concorrência de formas, e, sendo conjugadas, elas permitem verificar que "padrões emergentes' continuamente 'se somam' a 'padrões estáveis'. Isso leva a gradualidade, nas alterações semânticas e categoriais, e essas alterações se resolvem, na perspectiva sincrônica, em 'variação', e, na perspectiva diacrônica, em 'mudança'. Pode-se chegar, então, a uma 'reanálise', que desemboca, mais uma vez, em categorias não discretas.

Nesse círculo vicioso (mas virtuoso), chega-se a um equilíbrio provisório, dinâmico, instável. E, na explicitação dos meandros desse contínuo equilíbrio – apesar do dinamismo, que configura contínua 'provisoriedade' e contínua 'instabilidade' –, o que releva é a indesmentível manutenção de dinamismo. E, quanto ao processo, como está em Neves (2015a: 66-67), facilmente se postula que:

a. a chegada à "gramática" de uma expressão (a gramaticalização) inicia-se por forças que se encontram fora da estrutura linguística, aí incluídas a cognição e a própria sociointeração;
b. existe uma correlação (diagramaticamente) icônica (Peirce, 1987) entre o "empacotamento" cognitivo e o "empacotamento" gramatical, reconhecendo-se a possibilidade de que as diversas línguas apresentem diferenças na codificação estrutural de um mesmo evento ou na codificação de semelhantes tarefas do processamento da fala (pelo fato de haver diferentes recursos à disposição do falante nas diferentes línguas);
c. o componente conceptual é, realmente, a força condutora que está por trás do componente gramatical, pondo os níveis estipulados para a gramática em interação com esse componente cognitivo (mesmo que ele seja considerado fora do componente propriamente gramatical);
d. exatamente por essa relação entre um processamento global de origem (na cognição) e um processamento linear e segmentável de chegada (na

expressão linguística), fica evidenciado que os limites entre as categorias gramaticais são vagos, difusos, e até móveis: cada membro da categoria pode ser conceituado segundo o grau de semelhança que tenha com o membro que configura a representação mais característica dessa categoria (a prototipia), dentro de um conjunto de categorias naturais, formadas por ação da analogia e por interpretação metafórica, com contínua redefinição de sentidos (incluída aí a estereotipia) (ver adiante, 8.3.2).

O que vem a seguir é um dos esquemas que representam tal tipo de explicitação do dinamismo da gramática em Neves (2015a: 58):

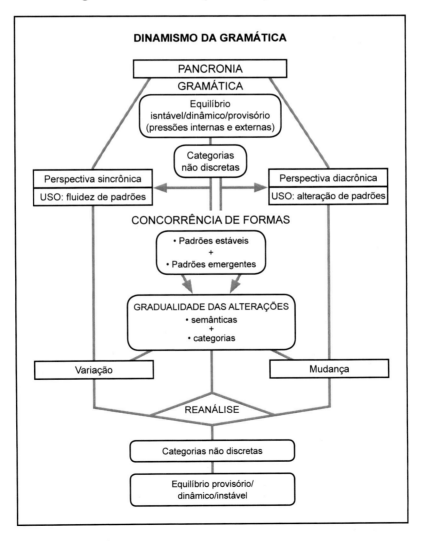

Com esta última questão – a fluidez dos limites categoriais na gramática (Neves, 2015a: 83-180; 2011b: 129-149; 2010a) – chega-se aos dois (nem tão separados) campos de categorização de uma gramática: uma zona mais evidentemente 'lexical' e uma zona mais evidentemente 'gramatical', as quais implicam, pois, uma zona de transição entre o considerado 'lexical' e o considerado 'gramatical'. Fica, aí, implicado um campo de investigação muito promissor: a verificação da medida e do modo como as apresentações lexicográficas disponíveis abrigam deslizamentos funcionais, que são típicos casos de 'gramaticalização' (questão tratada em Neves, 2015a: 83-102 e 103-157, entre outros, e que será discutida no capítulo 9, nesta obra.)

8.3 A REPRESENTAÇÃO CONCEPTUAL E A CODIFICAÇÃO LINGUÍSTICA

8.3.1 A relação entre o empacotamento cognitivo e o empacotamento gramatical: a iconicidade (diagramática)

A iconicidade é um princípio pelo qual se considera que existe uma relação não arbitrária, natural, entre forma e função, ou entre código e mensagem, na linguagem humana.

A noção de iconicidade implica, pois, alguma relação entre o mundo (com sua representação conceptual) e o modo de verbalização, e isso na direção do mundo para a linguagem; ou seja, o que se supõe, pela iconicidade, é que exista uma força de motivação para a linguagem. Pensada no nível do discurso, por exemplo, a iconicidade supõe que a estruturação dos enunciados tenha correspondência com a organização dos fatos. Isso é o que, sob certos aspectos, canonicamente ocorre nos discursos em geral, e é o que facilmente se encontra, por exemplo, se for considerada a ordem sequencial dos fatos, aí incluída exemplarmente a sequenciação temporal: muito frequentemente (não marcadamente, pode-se dizer) as narrativas se verbalizam segundo a ordem temporal dos fatos, o que, na ordem das coisas, liga-se a que, também frequentemente (mas talvez nem tanto), a relação de causalidade se verbaliza na direção da causa para a consequência.

Dizendo de outro modo, "a estrutura da língua reflete de algum modo, a estrutura da experiência, ou seja, reflete a estrutura do mundo, incluindo-se – na maior parte das visões funcionalistas – a perspectiva imposta sobre o mundo pelo falante" (Croft, 1990: 164). Entretanto, a iconicidade que sustentavelmente pode ser considerada como operante na organização da linguagem (em seus diversos níveis, e com diferença de visão em cada um deles) não vai direto das peças do mundo (e sua representação conceptual) às peças da linguagem. Haiman (1985a) fala da "motivação" icônica como o paralelismo que existe entre, de um lado, a relação das partes numa estrutura linguística, e, de outro lado, a relação das partes na estrutura daquilo que é significado. Indo aos fatos, Givón (1995) invoca como "tácita" e como "questão de fé" para os funcionalistas a hipótese de um princípio de metaiconocidade, tal como: "As categorias que são estruturalmente mais marcadas são também substantivamente mais marcadas" (1995: 58). Assim, a consideração de uma motivação icônica para a forma linguística implica admitir (em maior ou menor grau, dependendo do nível de radicalização), por exemplo, que a extensão ou a complexidade dos elementos de uma representação linguística reflete a extensão ou a complexidade de natureza conceptual.

Estabelecendo uma analogia com a ciência biológica, Givón (1984) define os princípios de iconicidade como os "princípios que governam as correlações naturais entre forma e função" (1984: 30). Não é sem razão que, no início deste capítulo, já se anunciou a iconicidade como evidência de uma determinação cognitiva dos processos que levam a variação e a mudança na língua.

Newmeyer (1992) – que pretende, em seu trabalho, demonstrar que o princípio da iconicidade é compatível com a teoria chomskiana – aponta domínios nos quais não haveria nenhum problema na aceitação da atribuição de propriedades icônicas a aspectos do uso linguístico (por exemplo, o registro de fala que o falante escolhe em uma determinada situação); desse modo, facilmente parece natural que a assimetria social entre interlocutores possa ser refletida numa assimetria linguística, mas a ideia de que a estrutura possa refletir fatores externos é muito menos evidente.

Na verdade, uma iconicidade baseada no conceito de Bolinger (1977) de que a linguagem "mantém uma forma para um significado e um significado para uma forma" (1977: x) não pode ser tomado como geral, como aponta Haiman (1985b), invocado por Givón (1995), e isso por várias razões, entre as quais a própria sujeição a que se submetem, de um lado, o código (erodido no atrito fonológico) e, de outro, a mensagem (modificada na elaboração criativa). Os vários aspectos ligados ao caráter marcado, ou não marcado, dos enunciados envolvem grande complexidade e têm de ser examinados independentemente um do outro, de tal modo que a busca de correlação entre eles não invoque matéria de fé – que caracterizaria um "iconismo ingênuo" (Givón, 1995: 59) – mas repouse sobre verificação empírica.

Haiman (1980; 1985b) separa dois modos pelos quais a estrutura conceptual pode aparecer refletida na estrutura linguística: o isomorfismo e a motivação, que Croft (1990: 164) define, respectivamente, como correspondência de partes e correspondência de relações entre partes. O isomorfismo, que consiste numa relação biunívoca entre forma (morfema, palavra ou construção gramatical) e significado, parece bastante difícil de ser defendido. Basta dizer que tanto homonímia como sinonímia são evidências contra um pretendido isomorfismo. A relação comumente levada em conta nos estudos sobre iconicidade na linguagem diz respeito mais particularmente à 'motivação' icônica, que corresponde ao reflexo, nos elementos estruturais, de relações análogas existentes na estrutura semântica.

Toda a obra *Syntax*, de Givón (1984, 1990), é uma tentativa de identificar os princípios gerais que explicam o caráter icônico da linguagem humana, isto é, o caráter não arbitrário da relação entre estrutura e função na linguagem. Embora o autor se coloque primariamente no campo da "sintaxe sincrônica" (Givón, 1984: 41), nele se acentua que, muito frequentemente, o caráter natural e não arbitrário da relação particular entre uma estrutura e uma função é derivado da história particular dessa relação, mais do que de explanações funcionais sincrônicas. Dentre os três grandes domínios funcionais codificados pela linguagem humana (semântica lexical, semântica proposicional e pragmática discursiva), Givón (1984: 30-31) distingue o domínio da semântica lexical como aquele no qual a relação entre o significado lexical e a forma sonora possui o maior grau de arbitrariedade, embora se mantenha algum grau de iconicidade. Nesse sentido, merece atenção o extenso trabalho empreendido por Givón (1990) para mostrar um isomorfismo sistêmico entre o significado dos verbos e a codificação morfossintática da sua estrutura argumental. Nesse caso, observadas construções complexas (de complementação oracional), verifica-se que quanto mais forte for a conexão semântica entre o evento nuclear e o evento complemento (o que se resolve em um *continuum*), mais forte é, também, a conexão das duas casas sintagmáticas (as duas orações), o que reflete iconicidade e encaminha para gramaticalização. Verbos cognitivos, por exemplo, constroem conexões diferentes das de verbos manipulativos, uma vez que um manipulador, agindo, por exemplo, por motivação própria e com controle completo das ações, pode até agir em um tempo absolutamente seu. Também diferentes verbos de uma mesma modalidade, instaurando diferentes graus de conexão semântica na dependência de seu significado, instauram diferentes graus de conexão sintática: por exemplo, observados os factitivos *mandar* e *deixar*, vê-se que o primeiro é menos integrado a seu complemento, fato verificável, por exemplo, na relação de tempo verbal que se estabelece entre a oração nuclear e a oração completiva, nos diferentes casos: "deixei a menina sair" pode configurar um mesmo tempo para os dois eventos (o tempo de "eu deixar" e o tempo de "ela sair"), o que não se aplica a "mandei a menina sair". Mais longe ainda se vai, nessa questão, quanto ao verbo *deixar*, se se invocar uma ocorrência como "deixei a fumaça sair" (que nem correspondência tem no verbo *mandar*).

Os estudiosos da iconicidade em geral invocam a distinção do filósofo Peirce (1987), que separou uma iconicidade imagética de uma iconicidade diagramática: a primeira abriga a noção de uma semelhança sistemática entre um item e seu referente, com respeito a uma determinada característica, enquanto a segunda se refere a um arranjo icônico de signos, nenhum deles se assemelhando necessariamente a seu referente, sob qualquer aspecto. O exemplo mais conhecido desta última característica é a tendência para a ordem da narrativa seguir a ordem dos eventos que ela relata. E é a iconicidade desta última natureza que tem importância em Linguística e que tem entrado na investigação da organização das línguas, em particular na investigação do fenômeno da gramaticalização (ver o capítulo 9). O que se entende é que os diagramas são complexos, assim como são complexos os conceitos, de modo que a correspondência entre ambos se faz pela correspondência – não pela semelhança – entre as partes, e o que se prevê, pois, não é que haja ícones dos referentes, mas que as relações das partes no diagrama constituam uma representação simbólica da relação das partes dos/entre os referentes.

Vários tipos de iconicidade "diagramática" têm sido estudados (Haiman, 1983, 1985a; Newmeyer, 1992), a maior parte deles licenciada pelo caráter linear do enunciado linguístico. O mais evidente é o que se liga ao princípio da quantidade: um texto maior deve conter mais informação do que um texto menor, já que – admitida a relação icônica entre forma e organização do conteúdo – maior quantidade de matéria fônica deve corresponder a maior quantidade de informação. Um segundo tipo é a iconicidade de distância (ou de proximidade), que se liga ao princípio segundo o qual a distância linguística entre expressões corresponde a uma distância conceptualmente reconhecida entre elas; nesse sentido um verbo causativo, como *matar*, evidencia uma relação causativa mais direta do que uma perífrase verbal de causatividade, como *fazer morrer*. Como lembra Givón (1990), a proximidade dos itens na codificação conduz mais facilmente às associações mentais.

É assim que Croft (1990) constrói um universal implicacional para descrever os fatos tipológicos que sustentariam a motivação icônica da distância linguística: "Se uma língua tem duas construções quase-sinônimas que diferem estruturalmente em distância linguística, elas, de um modo paralelo, diferirão semanticamente em (entre outras coisas) distância conceptual" (1990: 175). No campo da morfologia, Bybee (1985: 24-25) mostra que a distância linguística das peças no interior de uma palavra corresponde iconicamente ao grau em que a semântica do afixo afeta o significado da palavra. Assim, nos verbos, a ordem da distanciação conceptual reflete-se na ordenação dos afixos, que, em termos da expressão lexical, derivacional ou flexional, é a seguinte: valência < voz < aspecto < tempo < modo < concordância de pessoa/número.

Outro tipo é a iconicidade de independência, ligada ao princípio segundo o qual a separação linguística de uma expressão corresponde à independência conceptual do objeto ou evento que a expressão representa; assim, nomes que se incorporam morfologicamente a outras palavras perdem independência conceptual, comparativamente a nomes que não sofrem essa incorporação (Haiman, 1983). Outro tipo importante, ainda, é a iconicidade de ordenação, regida pelo princípio segundo o qual o grau de importância atribuído aos conteúdos de um texto pelo falante, numa determinada situação de interação, determina a ordenação das formas, seja no nível oracional, seja no nível de organização do texto; é assim, por exemplo, que uma oração condicional precede geralmente a asserção conclusiva da oração nuclear. Outros tipos são a iconicidade de complexidade (a forma plural é maior que a singular, a superlativa é maior que a normal, etc.) e a iconicidade de categorização (sujeitos tendem a correlacionar com agentes, objetos com pacientes, etc.) (Newmeyer, 1992).

Dentro do estruturalismo clássico, a iconicidade, como qualquer tipo de motivação, não é admitida, em princípio, já que ela contradiz a visão da língua como um sistema autônomo, visão que se apoia exatamente na arbitrariedade do signo linguístico e na concepção de que o valor dos signos não depende absolutamente do mundo exterior, mas, pelo contrário, é estabelecida exclusivamente no interior do sistema, em relações de oposição no paradigma. A proposta estruturalista implica, pois – desde que não é possível negar-se uma relação entre a língua e seu uso, abrigada na própria dicotomia *langue/parole* –, uma separação bem nítida entre o estudo do sistema da língua – que seria a Linguística propriamente dita – e o estudo ligado a fatos concretos do uso da língua, como, por exemplo, a sociolinguística, a fonética, a etnografia linguística, etc.

Para os funcionalistas, diferentemente, a língua não pode ser vista como absolutamente independente de todas as forças externas, embora se reconheça a utilidade de uma distinção entre Linguística interna e Linguística externa. Para Du Bois (1985), em oposição à estrutura conceptual dos estruturalistas, na qual as únicas forças que organizam a língua são as internas, fica colocada a estrutura conceptual ligada a um Funcionalismo a que se dá o nome de **transparente** (ou **sincrônico**), no qual se presume que todos os fatos sintáticos aparentemente autônomos são realmente resultados transparentes dos objetivos funcionais dos falantes, e que, portanto, existe uma interação entre as forças externas e as internas. A posição de Du Bois (1985), entretanto, é de rejeição a uma radicalização, já que, para admitir-se a língua como sistema, é necessário admitir-se que ela tem uma continuidade de existência; na verdade, as categorias gramaticalizadas ficam no sistema e são reutilizadas "em uma forma mais, ou menos, cristalizada ou materializada" (1985: 362). É por isso que, segundo Du Bois (1985), o Funcionalismo "transparente" não consegue construir propriamente o mais fundamental aspecto interno da gramática, que é o processo de gramaticalização.

Na verdade, não é tranquilo sustentar argumentos a favor da iconicidade, já que a estrutura do que é significado é alguma coisa ainda não estabelecida, e talvez impossível de estabelecer. As dificuldades vão desde a questão da própria relação entre a estrutura da realidade física e a estrutura da conceptualização dessa realidade pelo homem, até à questão da dificuldade de apreensão de uma organização conceptual que se faça independentemente da linguagem. É absolutamente consensual que não estão disponíveis modelos de mundo de base psicológica ou filosófica que não se tenham moldado dentro da estrutura linguística, de tal modo que fica difícil estabelecerem-se evidências de direcionalidade do processo de organização conceptual. Sirva de exemplo Platão (ressalvando-se que sua visão não contemplava a iconicidade, mas ia à relação da linguagem com a verdade), o qual, desprezando a linguagem (exatamente pela sua falta de compromisso com a verdade), entretanto concedia valer-se dela para falar exatamente dela (até 'teorizando' sobre ela) (Neves, 2005: 58 ss).[3]

Examinando questões dessa natureza, Croft (1990) reverte, porém, o argumento, considerando que "a iconicidade da linguagem humana é uma hipótese utilizável na proposição de hipóteses de estrutura cognitiva que podem ser testadas e confirmadas ou rejeitadas pela pesquisa psicológica cognitiva" (1990: 172). Para ele, esse é realmente um modo razoável de proceder, porque a língua oferece a faceta mais explícita e mais facilmente observável do comportamento cognitivo e, portanto, pode ser vista mais facilmente como produtora do que como verificadora de hipóteses, com respeito à estrutura cognitiva.

Uma posição intermediária postula a interação de forças internas e externas que entram em competição e que se resolvem no sistema. Afinal, é exatamente por constituir uma estrutura cognitiva que a gramática é sensível às pressões do uso; ou seja: flexível, porque ajustável (a partir de centros categoriais, ou núcleos nocionais), a gramática é passível de acomodação sob pressões de ordem comunicativa (Neves, 2002: 173; 2011b: 24).

A observação dos princípios icônicos que regem a colocação dos termos no enunciado apresentados por Haiman (1985a), e lembrados aqui, revela, por exemplo um certo conflito: é a informação nova que geralmente tem maior importância na mente do falante; então, por essa motivação, ela pode, e deve, vir depois, no encadeamento do enunciado, mas, por alguma outra motivação, ela deve vir antes. Isso significa que as duas motivações podem entrar em competição na ordenação dos termos, como observa o próprio Haiman (1985a), já que constituintes que tendem a ser colocados juntos por um dos princípios podem tender a ser separados por outro princípio.

A competição de motivações internas (fonológicas, sintáticas, semânticas) é facilmente examinável na Linguística histórica: na evolução de uma determinada forma linguística, por exemplo, uma analogia semântica baseada na categoria de número pode motivar certa mudança no alinhamento do paradigma, enquanto uma analogia baseada na categoria de pessoa pode motivar outro tipo de mudança no paradigma, e, nesse caso, as duas forças vão competir no governo da forma morfológica. A competição entre forças puramente externas, por outro lado, é privilegiadamente observada no campo da terminologia, no qual a denominação icônica de um objeto, por exemplo, pode sofrer pressão tanto da sua funcionalidade como da sua forma, ou ainda de outras de suas características. E, afinal, na gramática, em primeiro lugar e acima de tudo, entram em competição uma motivação interna e uma externa, ou, ainda, mais de uma, ao mesmo tempo, e em mais de um domínio (ver 8.1). Facilmente se observa na língua a competição entre economia e iconicidade, fenômeno analisado extensamente em Croft (1990). Um exemplo é a competição entre a motivação econômico-paradigmática para restringir o vocabulário, e a motivação icônica para dispor-se de uma palavra distinta para cada conceito distinto, conflito cuja resolução pode dar origem à polissemia (no caso de predominância da economia). Nesse sentido também poderia ser explicada a impossibilidade da sinonímia, que representaria uma resolução não econômica e não icônica, ao mesmo tempo. Pode-se dizer, afinal, recorrendo à distinção entre léxico e gramática de Talmy (2006), que cabe à gramática configurar o conteúdo cognitivo (que está, basicamente, no léxico), e organizá-lo comunicativamente.

Ressalta, afinal, a estreita vinculação entre a competição de motivações e o fenômeno da gramaticalização, que, segundo Du Bois (1985), equilibra as forças em competição (ver 9). Para o autor, em grande parte, "é a necessidade de resolver consistentemente a competição entre diversas motivações externas que leva, em primeiro lugar, à existência – como uma estrutura fixa – da própria gramática" (1985: 360).

8.3.2 A relação entre o esquema cognitivo (global) e o processamento linear e segmentável da linguagem verbal: a prototipia (categorial)

É na admissão da relação entre cognição e gramática que se assenta a noção de protótipo, que, decorrente da admissão da existência de vaguidade nos limites entre categorias, constitui uma questão muito importante no aparato teórico funcionalista, surgindo de uma série de propostas que podem ser percorridas, por exemplo, em Labov, em Fillmore, em Lakoff, em Geeraerts, em Kleiber, entre outros (ver 6). Taylor (1989) é bastante categórico quando diz que, tipicamente, as categorias têm limites difusos: alguns atributos podem ser compartilhados por apenas alguns membros de uma categoria, e pode até mesmo haver categorias sem atributos que todos os membros compartilhem.

Historicamente, o conceito de protótipo liga-se à teoria da categorização, construída por Rosch (Rosch, 1973a, 1973b, 1977, 1978, 1983) dentro da Psicologia cognitiva. Esse conceito resulta de testes experimentais pelos quais informantes, postos diante de uma categoria de objetos e de diversos outros possíveis membros dessa categoria, escolheram o que consideraram como o representante exemplar da categoria, o 'protótipo', e, a seguir, classificaram os demais pelo grau de distância desse objeto. Assim se procedeu, em experimento, com a categoria 'fruto', tendo-se o fruto 'maçã' escolhido, dentro do elenco oferecido, como o melhor exemplar da categoria, e 'azeitona', como o membro mais distante do protótipo. Na sua base, a teoria da categorização postula que as categorias não são completamente homogêneas, já que as propriedades que integram cada uma delas não são comuns a todos os membros. Os membros de uma categoria têm entre si similitudes parciais, as "semelhanças de família" (Rosch e Mervis, 1975), e os falantes têm a capacidade de compará-los com o esquema cognitivo que constitui o 'protótipo', aferindo o grau de semelhança que eles têm com essa representação mental. São dois, pois, os tipos de categorias humanas, o daquela que é o membro mais representativo da categoria, o membro que primeiro vem à mente quando a categoria está em questão – o 'protótipo' –, e o daquelas que são membros menos centrais no conjunto.

Desse modo, a proposição de protótipos, dentro da Linguística, entende (em ligação com essa teoria da categorização humana) que o que determina uma categoria natural não é necessariamente um traço particular, mas um bloco de traços característicos: próximos dos protótipos estão os membros da categoria que apresentam grande número dos traços característicos, e mais distantes estão os membros que apresentam menor número desses traços. Existe uma parte significativa de elementos que se enquadram facilmente nas diversas categorias naturais, e uma porção residual que tem de ser acomodada segundo uma diferenciação flexível e dependente do contexto. É nesse sentido que se interpreta a afirmação de Langacker (1987) de que a possibilidade de correlacionar uma entidade com um membro prototípico de determinada categoria leva a que essa entidade se abrigue nessa categoria.

Isso significa que é o protótipo que determina uma classificação dos membros de uma categoria que se faça conforme o "grau de semelhança" (Moeschler, 1993: 11) que tenham com ele, configurando-se aquilo que acaba de ser referido como "semelhança(s) de família" (Rosch e Mervis, 1975) ou "ar de família" (Kleiber, 1988). Referem-se esses dois termos – representativos de uma visão wittgensteiniana (Wittgenstein, 1953) –, a um conjunto de similaridades entre as ocorrências de uma mesma classe, não sendo necessário, porém, que as propriedades comuns sejam partilhadas por todas as ocorrências, bastando que elas se manifestem em, pelo menos, mais de uma ocorrência. Assim, a partir do conceito que está no termo *jogo*, o filósofo mostrou que o critério lógico de condições necessárias e suficientes não é apropriado para definir o significado de muitas palavras a essa ligadas, já que é de diferentes modos que elas podem ser semanticamente aproximadas. A analogia é feita com as relações de semelhança entre diferentes membros de uma mesma família: um filho pode parecer-se com a mãe, e a mãe com seu pai sem que o neto se pareça com o avô. O que a teoria do protótipo propõe é que um membro central e membros menos centrais não precisam ter uma relação direta: um membro menos central pode incluir-se na mesma categoria do central por via de sua semelhança com outro membro menos central que tenha relação mais direta com o protótipo. O que os reúne é que todos compartilham propriedades que, não necessariamente sendo, em cada caso, necessárias e suficientes, entretanto levam a que cada um dos elementos se abrigue como membro da categoria.

Essa proposta se explicita por via da multirreferencialidade, no sentido de que os membros de uma categoria não precisam, todos, apresentar traço(s) em comum: eles podem até pertencer a subcategorias diferentes, entretanto unem-se graças a princípios de encadeamento e associação; por exemplo, observadas as relações internas de cada um de três conjuntos tais que AB, BC e CD, não necessariamente A e D estarão impedidos de entrar em uma mesma categoria, por não se apresentarem dentro de um mesmo conjunto, em nenhum dos três casos (Kleiber, 1988: 47). Como, nessa visão, já não se pensa em propriedades comuns a todos os membros da categoria, o recurso vai ao grau de semelhança com o protótipo, uma entidade abstrata. O protótipo é, pois, onde está o maior número das propriedades mais caracteristicamente importantes, e todos os demais membros são classificados de acordo com a distância do 'pico' prototípico.

Kleiber (1988) especifica o modo como, historicamente, a noção de 'protótipo' apresentou suas duas fases iniciais: na primeira, o protótipo é a entidade central em torno da qual se organiza uma categoria, situando-se no centro aqueles exemplares que têm maior semelhança com esse elemento, e na periferia os que têm menor semelhança (fase em que, para a determinação do protótipo, a análise semântica representa associar-se um vocábulo a um referente que seja o melhor exemplar da categoria para o falante); na segunda fase, o protótipo é visto como uma entidade cognitivamente construída com base nas propriedades típicas da categoria, e, desse modo, pode-se falar de um melhor representante – ou de um melhor exemplar – da categoria apenas com base no conjunto das propriedades que representam da melhor forma essa categoria.

Propõe, afinal, Kleiber (1988) uma 'versão ampliada' da semântica do protótipo – que sucedeu a essas duas fases –, segundo a qual é a existência de um conjunto de referentes ligados entre si por propriedades associativas que justifica a existência de uma classe comum.

Taylor (1989) explicita, na mesma direção, duas maneiras pelas quais historicamente se entendeu o termo *protótipo*: ou aplicado a um membro central – também a um bloco de membros centrais – de uma categoria, de tal modo que um determinado objeto particular pode ser considerado, por exemplo, o protótipo de 'xícara'; ou aplicado a uma representação esquemática do núcleo conceptual de uma categoria, e, nesse caso, em vez de considerar-se que uma entidade particular *é* o protótipo de uma categoria, considera-se que ela *exemplifica* o protótipo. Para o autor, a concepção mais abstrata é a que deve ser adotada, e, mesmo que se vá à primeira concepção, é necessária uma representação mental do protótipo para que o falante seja capaz de identificá-lo em ocasiões diferentes. A representação mental que está na base do estabelecimento dos protótipos pode ser não especificada, quanto a certas propriedades de membros da categoria: assim, por exemplo, o protótipo de 'pássaro' não é especificado quanto a sexo, mas cada exemplar da categoria é necessariamente macho ou fêmea. De todo modo, a representação interna do protótipo é necessariamente esquemática.

Salomão (2005: 131) remete a questão do estabelecimento da prototipia à tensão entre universalidade e diversidade linguísticas, entendendo que o problema se resolve em três pontos, assim explicitados: (i) a definição prototípica das relações gramaticais exige que se circunscreva o repertório das regularidades esperáveis nas línguas do mundo; (ii) é necessário que se defina o padrão admissível da variação entre as categorias, de tal modo que se possa reconhecer, ainda que pelo "ar de família", por exemplo, o Sujeito em línguas diferentes; (iii) as discrepâncias atestadas entre as diversas línguas (embora disponhamos de uma descrição extensiva apenas no caso de 900 entre as 6.000 línguas presumidamente existentes) não favorecem a expectativa de que seja identificado um repertório de categorias universais atômicas.

Givón (1984) mostra que é a vaguidade dos limites das categorias prototípicas que permite que membros menos típicos possam associar-se, por determinação do contexto, do propósito ou da perspectiva. Dois dos exemplos de Givón podem ser evocados. O primeiro diz respeito a um enunciado do tipo de "Jorge construiu uma parede em torno de si": se a interpretação do enunciado for metafórica, algo no comportamento de Jorge *lembra* o significado prototípico literal de "construir parede em volta". Nesse caso, é provável que a analogia se centralize em duas inferências pragmáticas relativas às metas e às consequências de construir-se uma parede em torno de um objeto: a) meta: paredes são construídas como proteção de ameaças externas; b) consequência: construção de paredes sempre resulta em isolamento ou falta de contato com o exterior. O segundo exemplo refere-se à extensão metafórica do protótipo devido à repetida introdução por metáfora de novos membros dentro da categoria. Tais mudanças envolvem a redefinição das propriedades características e da sua organização relativa, e constituem a maior fonte de mudança diacrônica no léxico, na morfologia e na sintaxe. Assim, explicita Givón, as palavras inglesas *know* e *can* vêm inicialmente da mesma raiz, com o significado de "conhecer, por ser mais velho". A extensão de "conhecer" para "ser capaz" surge de uma inferência pragmática não central, algo como:

knowledge how to do x / *better ability to do* x
"conhecimento de como fazer x" / *maior capacidade para fazer x*

"Capacidade", entretanto, envolve, além de "conhecer como", outros ingredientes mais centrais, em particular, "poder para agir". E quando *poder* se separou completamente de *saber*, incluindo a diferenciação fonológica, o significado "poder para agir" tornou-se uma propriedade característica mais central para sua definição, e "saber como" foi rebaixado. Além disso, *poder* também desenvolveu um significado deôntico de permissão, presumivelmente pelas inferências pragmáticas:

a. *having power to act* / *not being restrained by outside interdiction*
"ter poder para agir" / não ser reprimido por uma interdição externa
b. *not being restrained* / *being permitted*
"não ser interditado" / ser permitido

Finalmente, *poder* foi também desenvolvendo um sentido epistêmico/probabilístico, presumivelmente por meio da inferência pragmática:

being able to act / *increased probability of acting*
"ser capaz de agir" / *maior probabilidade de ação.*

O que ocorre, aí, afinal, é que, por um lento processo de extensão de membros em relação ao velho protótipo (menos similares, mas ainda similares), cada novo sentido é redefinido como protótipo.

É, pois, segundo a noção de similaridade com o protótipo, que, por ação da analogia, por interpretação metafórica, e com redefinição de sentidos, formam-se as categorias naturais. E, para Givón (1984), essa mudança metafórica dos protótipos é a essência da gramaticalização: é o processo pelo qual a morfologia gramatical se desenvolve a partir de itens lexicais.

Cabe ressaltar, em relação a cada uma dessas duas noções (prototipia e gramaticalização), a importância que tem a noção de "fluidez" das categorias da linguagem, tema de que trata extensivamente Neves (2015a, em toda a obra; 2010a: 129-149; 2010b; entre outros); Como diz Kleiber (1990: 101-113), a Semântica dos protótipos admite limites difusos entre as categorias, as quais necessariamente se estabelecem dentro de uma visão de gradualidade. E, como aponta Nuñez (1999: 51), já desde as primeiras proposições da Psicologia cognitiva sobre prototipia, as categorias perceptuais, tanto quanto as semânticas (as dos significados da linguagem natural), apresentam limites pouco firmes entre si, embora exista em ambos os casos uma estrutura interna claramente definida.

NOTAS

[1] Este capítulo organiza material exposto (a partir de esquemas mais complexos) em Neves (2015a, retomando 2011c), resultante de reelaboração de um trecho da conferência "Linguística funcional: princípios, temas, objetos e conexões", pronunciada no encerramento do I Simpósio Internacional de Linguística Funcional, realizado na UFMS, em Três Lagoas – MS, no dia 27 de maio de 2011.

[2] "Language structure is the product of our interaction with the world around us. The way we build discourses and develop linguistic categories can immediately be derived from the way we experience our environment and use that experience in species-specific communication."

[3] Cite-se, da *Carta VII*, o seguinte trecho (que, aliás, nos remete a visões do cognitivismo linguístico, como se vê no capítulo 5): "A linguagem é um fraco auxiliar; tanto o nome como a sua definição não têm nenhuma fixidez. Nada impede que o que chamamos *circular* seja reto, e vice-versa." (Neves, 2005: 58, nota 11). Na sua explicitação dessa questão, Neves ainda recorre a *O sofista*, ao *Eutidemo*, ao *Teeteto* e ao *Crátilo*.

9.
As acomodações do sistema no uso: a gramaticalização

> *A gramática não é um sistema estático, fechado ou contido em si, mas ela é altamente suscetível a mudar e altamente afetada pelo uso linguístico [....]. Na verdade, a criação de novos morfemas e estruturas gramaticais é tão comum quanto a perda dos velhos.*[1]
> (Joan Bybee, "Cognitive Processes in Grammaticalization", em http://www.unm.edu/~jbybee/cognitive_processes.htm)

9.1 A COMPLEXA NATUREZA DO PROCESSO

Nas raízes da questão, um ponto necessário de referência é Antoine Meillet, com seu citadíssimo trabalho de há mais de cem anos[2] dedicado à "evolução histórica das formas gramaticais" (Meillet, 1921 [1912]).[3] E essa ida obrigatória a ele não se deve apenas a uma fidelidade à história, ela mais tem razão no fato de que as maiores tensões que ainda afloram no tratamento do tema representam a conservação de assunções de raiz que se encontram nessa proposição inicial. Meillet colocou a gramaticalização ao lado da analogia para defini-la como "um processo que consiste na mudança de uma palavra autônoma em um elemento com papel gramatical" (Meillet, 1921 [1912]: 131). Assim, diz ele, a gramaticalização de certas palavras cria novas formas, introduz categorias que não tinham expressão linguística, e, assim, transforma o sistema como um todo (Meillet, 1921 [1912]: 133). O processo de gramaticalização propõe-se, pois, como, essencialmente, uma passagem do 'lexical' ao 'gramatical', envolvendo, nesta ponta, uma sequência interna de sintático para morfológico. Isso representa um *continuum* que, afinal, pode ser representado como 'lexical > sintático > morfológico', fórmula que permanece dominante nos trabalhos subsequentes sobre esse processo denominado (no geral das apresentações) como **gramaticalização**.

Pode-se entrar na análise com recurso a uma obra coletiva (Fischer, Norde e Perridon, 2004), que busca tratar exatamente a natureza da "gramaticalização" passando em revista inúmeros trabalhos (com estudos de caso) que, nas duas décadas anteriores à da organização do livro, se desenvolveram sobre o tema, com crescente expansão e com refinamento da busca,[4] dentro dos diversos ramos da Linguística histórica. De modo muito significativo, o que mais notoriamente se destaca na obra é o fato de que, nessa época relativamente recente, a verdadeira natureza da gramaticalização ainda se mostra como objeto carente de um exame crítico, longe de assentar-se como uma 'teoria' de princípios inalteráveis (incluída a discussão do princípio da unidirecionalidade, que desde Meillet já estava presente). Afloram nessa obra, entre outras, questões como estas:

1. a gramaticalização estar, ou não, consistentemente proposta como um processo unitário, contínuo e com valor explanatório;
2. no processo de gramaticalização, serem os fatores semânticos, ou os pragmáticos, os considerados em primeiro lugar;
3. serem determinados como independentes entre si, ou como interdependentes (em relação mútua), os mecanismos considerados intervenientes na gramaticalização (o descoramento semântico, a redução fonética, a analogia, a reanálise);
4. e (como questão das mais prementes, nesse campo): o tradicional *cline* de gramaticalização (Hopper e Traugott, 1993) merecer, ou não, questionamento; ou seja: pôr-se, ou não, em avaliação a 'unidirecionalidade' da gramaticalização.[5]

A complexidade da questão pode ser trazida à cena invocando-se a proposta de Lehmann (2002) de que, em paralelo com o processo de gramaticalização, possa ser tratado exatamente o processo de lexicalização, que se pode entender como configurado quando o acessso a uma construção passa a ser predominantemente holístico, ou seja, quando se passa a tê-la como uma entrada no inventário. Por aí diz o autor que os dois processos – aparentemente opostos – são complementares: a gramaticalização envolve acesso analítico a uma unidade (a análise das partes da unidade seguida da análise de seu todo), enquanto a lexicalização envolve acesso holístico a uma unidade (a análise da unidade como um todo, sem consideração de análise interna). Assim, a gramaticalização ocorre quando um signo adquire funções na formação analítica de signos mais abrangentes, enquanto a lexicalização ocorre quando um signo, retirado do acesso analítico, passa a fazer parte do inventário lexical da língua. Os dois processos não dizem respeito de forma isolada a sinais, mas referem-se a uma sinalização nas relações paradigmáticas e sintagmáticas;

e, na verdade, ambos os processos ocorrem na direção comunicativa de prover o falante dos meios necessários de expressão.

Obviamente não cabe neste livro a discussão de tais questões, que ficam apenas oferecidas aos leitores interessados no aprofundamento da problematização teórica.

O importante a observar é que, como em todas as questões que tocam o funcionamento linguístico, também neste caso se tem de ir a determinações do uso na conformação da linguagem, inclusive na constituição e reconstituição das relações formais da língua. Traga-se à discussão Bybee (2010), que trata a gramaticalização defendendo fortemente a estrutura linguística como emergente do uso linguístico (ver 6.4), dessa premissa decorrendo que a frequência de uso, ou a repetição, leva à perda da analisabilidade e da composicionalidade, assim como leva à redução da forma, à generalização do sentido e à convencionalização de inferências, o que mostra o impacto que tem o contexto social e cultural de uso linguístico sobre as estruturas que se criam na língua.

9.2 O HISTÓRICO DA QUESTÃO

Está em Heine et al. (1991b: 5-11) um *histórico* da pesquisa na área da 'gramaticalização'. A pesquisa começa na China, no século X; vai, então, no século XVIII, para a França (Condillac, Rousseau) e a Inglaterra (Tooke); no século XIX, para a Alemanha (Bopp, Schlegel, Humboldt, Gabelenz) e os Estados Unidos (Whitney); chega, no século XX, a Meillet, que primeiro introduziu o termo *gramaticalização*. Explicitamente ele o definiu, em termos de processo histórico, como "a atribuição de um caráter gramatical a uma palavra anteriormente autônoma" (Meillet, 1921 [1912]: 131), observando que, em todos os casos em que se podia conhecer a fonte primeira de uma forma gramatical, essa fonte era uma palavra lexical, e que a transição é sempre uma espécie de *continuum*.

Lehmann (1982) faz remontar ao filósofo francês Etienne Bonnot de Condillac a ideia de que unidades gramaticais vêm de lexemas, enquanto afixos vêm de formas livres. Na sua obra *Essai sur l'origine des connaissances humaines*, de 1746, Condillac explicou as desinências pessoais do verbo pela aglutinação de pronomes pessoais, e afirmou que o tempo verbal vem da coalescência de um advérbio temporal com o tema verbal. Lehmann (1982) refere-se, ainda, a John Horne Tooke, que, numa obra de etimologia (*Épea Pteroénta*,[6] *or The Diversion of Purley*), afirma que as preposições derivam de nomes e verbos. Entretanto, lembra Lehman, ninguém antes de Meillet chegou tão longe nas conclusões sobre gramaticalização do que Wilhelm von Humboldt.

Hopper e Traugott (1993: 18) também destacam, entre os "predecessores" de Meillet, especialmente Wilhelm von Humboldt, que publicou em 1822 uma obra intitulada *Sobre a gênese das formas gramaticais e a influência dessas formas na evolução das ideias*, onde sugere que a estrutura gramatical das línguas humanas foi precedida por um estágio evolucionário da língua no qual só ideias concretas poderiam ser expressas. Os autores também apontam (1993: 56) que, na época de Meillet, era muito restrita a interpretação da analogia, considerada um processo de regularização da gramática no nível morfológico, o qual se entendia simplesmente como uma proposição, ou uma equação: dada a alternância entre singular e plural de *cat/cats*, é possível conceber, por analogia, a alternância *child/children* como *child/childs*, o que, realmente, é o que ocorre na linguagem infantil (1993: 56). E, na verdade, a analogia não dá conta da formação das peças que montam gramaticalmente a morfologia da língua, que é o terreno mais particularmente envolvido na gramaticalização. Lembre-se a definição de Kurilowicz, contemporâneo de Meillet (citado em Heine et al., 1991a), de gramaticalização como processo de morfologização, conceito adotado por estudiosos modernos (por exemplo, Lehmann, 1982).

Quanto ao trabalho posterior a Meillet, Hopper e Traugott (1993: 24-25) apontam apenas o interesse de alguns indo-europeístas, como Jerzy Kurylowicz e Calvert Watkins (na década de 1960), já que o foco das pesquisas passou a ser – e é até os tempos atuais – quase exclusivamente sincrônico, com a mudança linguística sendo vista como o ajustamento entre estágios sincrônicos isolados. Lembram os autores que Benveniste, em artigo de 1968 sobre mudanças de categorias linguísticas, repetiu muito do que Meillet dissera em 1912 sobre a gramaticalização de verbos auxiliares a partir de verbos lexicais, usando, mesmo, exemplos de Meillet, mas, significativamente, em nenhum momento fazendo referência à sua obra nem usando o termo *gramaticalização*, ou qualquer equivalente.

Quanto à revivescência do estudo do fenômeno, o que se indica, em particular, é a influência do interesse pela pragmática e pela tipologia na década de 1970, processo cujo início é atribuído a Givón (1971), que lançou o *slogan*: "A morfologia de hoje é a sintaxe de ontem", e que mostrou, com a evidência de línguas africanas, que formas verbais que hoje se constituem de radicais com afixos remontam a arranjos de pronomes com verbos independentes. É dele a proposição do ciclo "discurso > sintaxe > morfologia > morfofonêmica > zero", adotada por muitos estudiosos, como se mostra em Traugott e Heine (1991). E, realmente, trata-se de um fato linguístico que se manifesta na interface de discurso com gramática (nessa direção), o que valida o termo *sintaticização* usado por Givón. Lembre-se, por exemplo, a proposição de Bybee et al. (1994) de um desenvolvimento das categorias tempo e aspecto a partir de funções discursivas, assim como a proposição de Mathiessen e Thompson (1988) da chegada à combinação sintática de orações a partir da organização retórica do discurso.

9.3 A CONCEITUAÇÃO E OS LIMITES

Está em Heine et al. (1991b: 3 e 148) a hoje 'clássica' conceituação de gramaticalização, que foi dada por Kurylowicz (1975 [1965]: 52) e que é a que adotam: a gramaticalização consiste no avanço de um morfema do estatuto lexical para o estatuto gramatical, ou de um estatuto menos gramatical para um estatuto mais gramatical, por exemplo do estatuto de um formante derivativo para o de um formante flexional. A definição de Hopper e Traugott (1993: xv) é bastante semelhante: a gramaticalização é definida como o processo pelo qual, em determinados contextos linguísticos, itens e construções passam a servir a funções gramaticais, e, uma vez gramaticalizados, continuam a desenvolver novas funções gramaticais. Como se vê, entra aí o gênero 'processo' para encabeçar a definição, o que tem sido questionado por alguns autores, embora dificilmente se possa fugir dele com vantagem.

De todo modo, o que ocorre é que se exploram formas existentes ('velhas') para novas funções (Heine et al.: 1991a), e sempre na direção do mais concreto e menos 'gramatical' (cujo extremo é o 'discurso') para o menos concreto e mais 'gramatical' (cujo extremo é o 'morfema gramatical'). E estudos do processo não necessariamente se limitam ao nível de itens ou elementos das construções, eles atingem níveis mais amplos e de constituição mais complexa. Está em Bybee (2003) a gramaticalização concebida como a criação de novas construções, e ainda com desenvolvimentos posteriores, embora esse alargamento da noção de gramaticalização não seja a proposição geral dos estudiosos.

Diz De Lancey (1981) que uma pré-condição para a gramaticalização é que haja algum lexema, ou lexemas, que ocorram frequentemente nessa construção por alguma razão semântica; servem de exemplos, entre outros, *dorso* ou *frente*, regularmente usados para indicar especificações de lugar em um sintagma nominal de valor locativo. O passo seguinte é que o lexema sofra algum "descoramento semântico" (*semantic bleaching*, termo que o autor remete a Givón, sem data), ou seja, que a locução seja usada em um conjunto extenso de contextos, incluídos contextos em que não se aplique o significado literal do lexema. Nesse ponto, há uma pressão funcional na forma de construção, já que a interpretação semântica normal associada com a construção original deixa de ser ocorrente. Tais formas funcionalmente especializadas podem começar a acumular comportamentos morfossintáticos excepcionais, o que leva ao estágio seguinte de gramaticalização, que é aquele em que o lexema começa a "descategorizar-se" (termo que o autor remete a Heine et al., 1991b), isto é, ele começa a perder comportamentos morfossintáticos característicos de sua categoria original.

Bybee (2003: 602) mostra que a literatura recente sobre a questão parece concordar em que não é suficiente definir a gramaticalização como um processo pelo qual um item lexical se torna um morfema gramatical, mas antes é importante dizer que esse processo acontece em contextos com construções particulares. Assim, pode ser mais exato dizer que a construção com itens lexicais particulares se torna gramaticalizada, em vez de dizer que um item lexical se torna gramaticalizado. Para a autora, uma das mais notáveis características dos morfemas gramaticais e das construções em que eles ocorrem é sua frequência textual extremamente alta, se comparada com a de morfemas tipicamente lexicais. Tendo em vista que eles geralmente se desenvolvem de morfemas lexicais durante o processo de gramaticalização, um traço marcante desse processo é a sua crescente frequência, que decorre do aumento do número e dos tipos de contexto em que o elemento ocorre. Entretanto, a frequência não é somente um resultado da gramaticalização, ela, por sua vez, contribui primariamente para o processo, constituindo uma força ativa no desencadeamento das mudanças, tanto fonológicas quanto morfológicas e semânticas, que ocorrem no processo.

A conclusão é que, com certeza, *gramaticalização* é um termo que não se define em sentido exatamente igual nos diversos estudos. Entretanto, segundo Traugott e Heine (1991), pode-se dizer que o termo se refere à parte da teoria da linguagem que tem por objeto a interdependência entre *langue* e *parole*, entre o categorial e o menos categorial, entre o fixo e o menos fixo na língua. O estudo da gramaticalização, portanto, põe em evidência a tensão entre a expressão lexical, relativamente livre de restrições, e a codificação morfossintática, mais sujeita a restrições, salientando a indeterminação relativa da língua e o caráter não discreto de suas categorias.

Na própria cunhagem do termo que designa esse tipo de fenômeno há divergências. Observe-se que, nessa coletânea de Traugott e Heine, que traz o termo *grammaticalization* no seu título e no título de 9 dos 23 trabalhos, ocorrem ainda duas outras variantes: *grammaticization* (usada no título de cinco dos trabalhos) e *grammatization* (usada no título de um dos trabalhos). O termo que tem a preferência nessa coletânea, *grammaticalization*, é, também, o termo usado em vários dos mais representativos estudos sobre o tema (Heine et al., 1991a; Hopper, 1991; Hopper e Traugott, 1993). Para Traugott e Heine (1991), pelo menos no que se refere aos trabalhos que a obra abriga, os diversos termos parecem não ter, entretanto, a mesma acepção, já que os estudiosos que usam o termo *grammaticization* tendem a tratar o fenômeno marcadamente do ponto de vista sincrônico. Hopper e Traugott (1993) indicam que uma distinção que se tem notado no uso desses dois termos é, de fato, a ligação maior de **gramaticalização** com a perspectiva histórica e de **gramaticização** com a visão sincrônica da mudança contínua de categorias e significados.

Além desses, Heine et al. (1991a: 149 e 1991b: 3) citam outros termos alternativos que vêm sendo usados e que, na verdade, designam aspectos particulares do processo (e, em muitos casos, questionáveis, como será comentado): *sintaticização*; *dessemantização*; *descoramento/descoloramento/enfraquecimento/desbotamento/ desvanecimento semântico*; *reanálise*; *condensação*; *redução*; etc.

9.4 O CAMPO E A PERSPECTIVA DE ESTUDO

A primeira divergência na consideração da gramaticalização diz respeito, exatamente, à avaliação do campo primário no qual o fenômeno tem de ser colocado: diacronia ou sincronia?

Uma questão de grande pertinência nos estudos de gramática funcional é essa oposição entre sincronia e diacronia, sendo óbvio que ver a língua em seu funcionamento implica vê-la a serviço das necessidades dos usuários, e, a partir daí, em constante adaptação (ver 8.1 e 8.2). Como diz Martinet (1994) – para quem não se pode confundir sincronia com estaticidade –, todo estado de língua está sempre em curso de evolução: uma descrição sincrônica implica não apenas que sejam marcadas, a cada ponto, as latitudes de variação não impedidoras do estabelecimento da comunicação, mas ainda que o funcionamento sincrônico só possa ser destacado e descrito se forem contrastadas as variações existentes entre as gerações e as classes sociais em presença. Os fatos de evolução, então, têm de ser observados "sem outro *a priori* que a utilização da língua para comunicar a experiência" (1994: 17), e, a partir daí, não há necessidade de isolar uma sociolinguística que coloque os fatos de evolução em dependência da estruturação econômico-cultural.

Até 1970, dizem Heine et al. (1991b: 10-11), a gramaticalização foi vista principalmente como parte da Linguística diacrônica, como um meio de analisar a evolução linguística e reconstruir a história de uma determinada língua ou grupo de línguas, ou, ainda, de relacionar as estruturas linguísticas do momento com os padrões anteriores do uso linguístico. Desse modo, um dos principais méritos dos estudos sobre gramaticalização posteriores a 1970 seria a atenção dada ao potencial que eles oferecem como um parâmetro explanatório para a compreensão da gramática sincrônica.

Hopper e Traugott (1993: 2) consideram a existência de duas "perspectivas" de estudo da gramaticalização: a "histórica", que estuda as origens das formas gramaticais, bem como as mudanças típicas que as afetam, e a "mais sincrônica", que estuda o fenômeno do ponto de vista de padrões fluidos de uso linguístico.

Heine et al. (1991a) tratam a gramaticalização defendendo que é injustificável e impraticável uma separação rígida entre diacronia e sincronia, já que uma não pode ser entendida independentemente da outra; desse modo, a gramaticalização pode ser descrita alternativamente como um fenômeno diacrônico ou sincrônico. Uma posição pancrônica, como diz Burridge (1993), referindo-se a Lichtenberk (1991), acentua a interdependência entre o sistema linguístico e o uso, e entre a natureza fluida da gramática e a importância da história para a compreensão da gramática sincrônica; ou, como ainda diz o autor em referência a Nichols e Timberlake (1991), a visão pancrônica enfatiza "a natureza interativa das forças inovativas e idiomatizantes" (1991: 144), rejeitando a noção de gramaticalização como um processo que vai para ossificação, ou idiomatização.

A tensão entre 'diacronia' e 'sincronia' liga-se à questão de 'caráter gradual' *versus* 'caráter instantâneo' para a gramaticalização. Se considerado do ponto de vista histórico, o processo é gradual:[7] o que ocorre é que, embora se possa encontrar, num determinado momento, uma estrutura substituindo completamente outra, por um considerável período de tempo coexistem a forma nova e a velha, que entram em variação, sob diversas condições; e essa variação encontrada nada mais é do que o reflexo do caráter gradual da mudança linguística. Heine e Reh (1984: 15) afirmam que a gramaticalização é um *continuum* evolutivo, e que qualquer tentativa de segmentação de unidades discretas é arbitrária.

Explicando a gramaticalização vista na diacronia, Givón (1991: 122) mostra que uma construção pode desenvolver-se gradualmente no tempo: por exemplo, no caso dos verbos seriais, que ele estuda, orações independentes finitas podem chegar a uma gramaticalização plena, com passagens por estágios diversos. Do ponto de vista cognitivo, entretanto, segundo o autor (que se concentra, em particular, nas correlações entre "empacotamento" temporal e processamento da informação nessas construções com verbos seriais), a gramaticalização é um processo instantâneo, envolvendo um ato mental pelo qual uma relação de similaridade é reconhecida e é explorada: por exemplo, pode-se dar a um item primitivamente lexical um uso gramatical, em um novo contexto; e no momento mesmo em que, em um determinado esquema, um item lexical está sendo usado como marca gramatical, ele se gramaticaliza. Nessa segunda perspectiva do processo de gramaticalização, como ainda aponta Givón (1991: 122), deve haver uma distinção rigorosa entre, de um lado, a semântica e a pragmática, ligadas à extensão analógica funcional, e, de outro, a fonologia e a morfossintaxe, ligadas ao ajustamento linguístico estrutural. Na primeira perspectiva – a mudança diacrônica –, diferentemente, o ajustamento estrutural tende a ligar-se a uma reanálise funcional elaborativo-criativa: o ajustamento no nível do código vem após – às vezes bem após – alterações no nível funcional.

A intervenção da pragmática na consideração do processo de gramaticalização, defendida por Givón (1979c: 208-209), configura a visão do processo como uma reanálise não apenas do material lexical em material gramatical, mas também dos padrões discursivos em padrões gramaticais, uma indicação valiosa.

9.5 O PERCURSO: NÍVEIS, FATORES E FENÔMENOS

Por outro lado, há os analistas que não exigem nem mesmo um ponto de partida no material lexical, para a consideração do processo da gramaticalização, incluindo, pois, nesse processo, um percurso com partida em um elemento já gramatical. Cite-se Heine et al. (1991b), em que o termo *gramaticalização* refere-se tanto ao percurso de um morfema do estatuto lexical para o gramatical quanto ao percurso do estatuto menos gramatical para o mais gramatical. Do mesmo modo, Lichtenberk (1991: 38) afirma que o fenômeno abriga não apenas a evolução de um morfema lexical para um morfema gramatical, mas também a aquisição de novas propriedades por um elemento já gramatical.[8] Ainda Hopper (1991: 17-35), rejeitando a noção de uma gramática estável, diz que todas as partes da gramática estão sempre sofrendo mudanças, e, por isso, os fenômenos gramaticais em geral podem ser pensados como envolvidos na gramaticalização. Os casos de itens lexicais que tomam função gramatical são considerados, entretanto, como os casos prototípicos de gramaticalização (Genetti, 1991: 247).

A unidirecionalidade da gramaticalização é tida, em geral (mas não determinantemente), como uma característica básica do processo, partindo-se do princípio de que uma mudança que se dá na direção específica de uma categorização "gramatical" mais elevada não pode ser revertida. Heine et al. (1991b) subespecificam em outras essa característica geral:

a. precedência do desvio funcional (conceptual, ou semântico) sobre o formal (morfossintático e fonológico);
b. descategorização de categorias lexicais prototípicas;
c. possibilidade de recategorização, com restabelecimento da iconicidade entre forma e significado;
d. perda de autonomia de um elemento (uma palavra autônoma passa a clítica, um clítico passa a afixo);
e. erosão ou enfraquecimento formal.

A característica unidirecional da gramaticalização implica a consideração de uma escala do seguinte tipo: item de significado pleno > palavra gramatical > clítico > afixo flexional (Hopper e Traugott, 1993: 7). Diz Givón (1979c: 232, nota) que o "descoramento semântico" (*semantic bleaching*) de palavras lexicais que se tornam morfemas passa, de passo em passo, por um "descoramento fonológico" (*phonological bleaching*), que é "redução", isto é, enfraquecimento, cliticização e "erosão assimilatória".

Heine e Reh (1984) mostram que os três níveis da estrutura linguística afetados pela gramaticalização – o funcional, o morfossintático e o fonético – em geral se afetam, na gramaticalização, nessa mesma ordem cronológica: os processos funcionais (como dessemantização, expansão, simplificação) precedem os morfossintáticos (como permutação, composição, cliticização, afixação), que precedem os fonéticos (como adaptação, fusão, perda). Por outro lado, as alterações em um nível se acompanham de alterações em outro(s); assim, quanto mais se completa o processo de gramaticalização de uma unidade linguística, mais ocorre:

a. perda na complexidade semântica, na significação funcional, no valor expressivo;
b. perda pragmática com ganho na significação sintática;
c. diminuição de membros em um mesmo paradigma sintático;
d. diminuição na variabilidade sintática, com maior fixidez da ordem;
e. obrigatoriedade de uso em determinados contextos, com proibição de uso em outros;
f. coalescência semântica, morfossintática e fonética com outra(s) unidade(s);
g. perda de substância fonética.

Diz Hopper (1991: 19-20) que a definição de gramaticalização é mais problemática se se tem como objeto de investigação uma única língua, vista isoladamente, e que, de uma perspectiva que leve em conta o estudo de mais de uma língua, é possível chegar-se a regularidades emergentes que têm potencial para ser instâncias de gramaticalização:

1. Categorias como aspecto, número, tempo e caso, entre outras, ocorrem nas línguas, frequentemente, na morfologia afixal, podendo, entretanto, ocorrer como formas mais livres, por exemplo, elementos adverbiais. Assim, categorias que são comumente morfologizadas em uma língua podem em outra língua ser candidatas a construções gramaticais emergentes. Um exemplo é a gramaticalização de parentéticos epistêmicos, como é o caso da expressão *I think*, estudada por Thompson e Mulac (1991, vol. II), que, usada como um evidencial, assume estatuto quase gramatical.

2. Certos tipos de itens lexicais evoluem, tipicamente, para clíticos gramaticalizados e para afixos. Essas mudanças são muito ricamente documentadas, e alguns exemplos são os casos de verbos de cópula e de verbos de movimento que se tornam morfemas aspectuais, bem como casos de nomes locativos que se tornam, eventualmente, afixos casuais. A lista de mudanças desse tipo em línguas africanas, oferecida por Heine e Reh (1984: 269-281), é de relevância universal.

Essas são generalizações que, obtidas a partir de estudos comparativos de mais de uma língua, podem guiar o estudo da gramaticalização numa língua particular.

9.6 PRINCÍPIOS E EFEITOS

A busca dos princípios que regem a gramaticalização tem sido tentada por alguns autores que se dedicam ao estudo do fenômeno. Um texto básico é *On Some Principles of Grammaticization*, de Hopper (1991), no qual o autor tenta isolar e descrever esses "princípios" com um propósito utilitário, o de identificar instâncias potenciais de gramaticalização anteriores ao estágio no qual as formas podem, inequivocamente, ser consideradas como parte da gramática da língua. O caráter gradual da gramaticalização é acentuado por Hopper: os princípios buscados respondem à questão do "mais" ou "menos" gramaticalizado, não do "dentro" ou "fora" da gramática. Mais que isso: não há discriminação entre os processos de mudança que resultam em gramaticalização e os que não resultam.

Os cinco princípios de gramaticalização discutidos por Hopper (1991) são:

1. Estratificação, que diz respeito à coexistência de formas com função similar, as quais podem, ou não, ser estáveis: dentro de um amplo domínio funcional, novas camadas emergem continuamente. As camadas velhas não são necessariamente descartadas, mas podem coexistir e interagir com as novas. Assim: *mistress*, *mrs*, *miss* representam diferentes graus do que foi originariamente a mesma palavra; são diferentes "camadas" de termos de tratamento (às quais alguns adicionariam uma camada posterior, *ms* [*miz*]).
2. Divergência, que é um caso particular de estratificação, já que também implica certa coexistência de formas: quando uma forma lexical se gramaticaliza passando a clítico ou afixo, a forma lexical original pode permanecer como elemento autônomo e sofrer as mesmas mudanças que os itens lexicais comuns. Assim: as formas *mrs*, *miss* e *ms* separaram-se do substantivo original *mistress*, mas o nome permaneceu, com significado semelhante ao original.

3. Especialização, que diz respeito à possibilidade de que um item se torne obrigatório, pela diminuição da possibilidade de escolha: dentro de um domínio funcional é possível uma variedade de formas com diferentes nuanças semânticas; quando ocorre gramaticalização, essa variedade de escolhas formais se reduz e as formas selecionadas, em número menor, assumem significados gramaticais mais gerais. Assim, por exemplo: embora dados sobre as formas antecedentes de *mistress* como termo de tratamento sejam difíceis de rastrear, parece provável que em algum tempo *mistress* foi apenas uma dentro de um conjunto de denominações possíveis para mulheres; outras provavelmente incluíam termos de parentesco, como *mother*, termos de estatuto, como *widow*, e termos familiares, como *gossip* (*god-sib*).
4. Persistência, que diz respeito à permanência de vestígios do significado lexical original, muitas vezes refletido em restrições sobre o comportamento gramatical do item: quando uma forma sofre gramaticalização (indo de uma função lexical para uma função gramatical), enquanto ela for gramaticalmente viável, alguns traços de seus significados lexicais originais tendem a subsistir, e particularidades de sua história lexical podem ser refletidas em restrições sobre sua distribuição gramatical. Assim, por exemplo: a restrição da denominação *mrs* a mulheres adultas reflete claramente a história do substantivo *mistress*, como uma forma feminina da designação *master* (o que se ilustra na separação da denominação *miss* para distinguir mulheres jovens, ou não casadas, de mulheres casadas, data apenas do século XVIII).
5. Descategorização, que diz respeito a diminuição no estatuto categorial de itens gramaticalizados, e consequente aparecimento de formas híbridas: ao sofrer gramaticalização, as formas tendem a perder ou neutralizar os marcadores morfológicos e as características sintáticas próprias das categorias plenas nome e verbo, e a assumir atributos característicos de categorias secundárias como adjetivo, particípio, preposição, etc. Assim, por exemplo: os nomes *miss*, *mrs*, e *ms* são descategorizados nesse duplo sentido; eles não têm usualmente a capacidade de receber acessórios morfossintáticos opcionais, tais como artigos, demonstrativos, e possessivos (a não ser quando *mrs* é recategorizado como substantivo pleno, nas expressões *my/your/his missus* e *the missus*), e (dentro da mesma excepcionalidade) nenhum deles pode referir-se sozinho a um participante do discurso.

Ao apresentar seus "princípios", Hopper (1991: 21) afirma que seu objetivo é suplementar a caracterização proposta por Lehmann (1985), na qual se indica que alguns processos, operando concomitantemente, caracterizam a gramaticalização. Segundo Hopper, a caracterização proposta por Lehmann só dá conta da gramaticalização que se encontra em um estágio bastante avançado e que já é inequivocamente reconhecida. Assim, para Hopper (1991), o que Lehmann (1985) aponta, na verdade, são tendências, que são as seguintes:

1. paradigmatização: as formas tendem a organizar-se em paradigmas;
2. obrigatorização: as formas tendem a tornar-se obrigatórias;
3. condensação: as formas tendem a tornar-se mais curtas;
4. aglutinação/coalescência: as formas adjacentes tendem a aglutinar-se;
5. fixação: ordens linearmente livres tendem a tornar-se fixas.

Na contraparte, a gramaticalização pode ser vista do ponto de vista de seus efeitos – ou seja, da emergência de novas categorias – mais do que do ponto de vista do processo em si. As gramáticas das línguas naturais, afinal, são "produtos de desenvolvimentos históricos, entre eles a gramaticalização", afirma Lichtenberk (1991: 38), que aponta três consequências prototípicas decorrentes desse processo:

1. emergência de uma nova categoria gramatical;
2. perda de uma categoria existente;
3. mudança no conjunto de membros que pertencem a uma categoria gramatical.

Esses três tipos são historicamente ligados: quando elementos linguísticos adquirem novas propriedades, eles se tornam membros de novas categorias, isto é, ocorre uma reanálise categorial; essa reanálise é necessariamente abrupta, já que um mesmo elemento não pode ser simultaneamente membro de duas categorias gramaticais distintas, embora diferentes ocorrências de um morfema possam exibir propriedades características de diferentes categorias, isto é, propriedades da categoria velha e propriedades da categoria nova. Por outro lado – retomando a explicação do caráter gradual da mudança –, uma forma que exibe, por exemplo, propriedades de uma categoria lexical pode começar a perder essas propriedades, não simultaneamente, mas uma após a outra: a forma nova não expulsa a forma velha imediatamente, mas começa a ser usada como variante cada vez mais frequente, até a completa substituição da forma velha.

Para Haiman (1991: 153-154), duas espécies de mudança são sempre associadas à gramaticalização: a redução fonética e o descoramento semântico. Sweetser (1988, 1990), porém, prefere ver no processo de gramaticalização uma projeção metafórica, que vai de um domínio (que é fonte) para outro (que é meta), e no qual há, ainda, aquisição de novo significado, o que descartaria a consideração da existência de dessemantização envolvida no processo. Também Traugott e König (1991: 190) não concordam com a consideração do processo de gramaticalização como "enfraquecimento" ou como "descoramento" (que remonta, pelo menos, a Meillet), porque essa interpretação implica considerar a gramaticalização como uma espécie de empobrecimento, de deficiência, de perda de integridade dos itens (condensação, redução). De fato, já está em Meillet (1921 [1912]: 132 e 139) a indicação de um "enfraquecimento" tanto do "significado" quanto da "forma fonética" na gramaticalização.

Ainda no que diz respeito aos efeitos da gramaticalização, vale ser lembrada a indicação de Lehmann (1991: 493) de que, em certo sentido, o termo *gramaticalização* pode ser interpretado como "criação de uma nova gramática", o que implica igualar mudança semântica e gramaticalização; mas, em sentido mais restrito, uma variação que afeta uma unidade linguística só é considerada gramaticalização se ocorrer na direção de uma sujeição maior dessa unidade às regras da gramática. Três questões estão aí implicadas, segundo o autor:

1. há passagem de um elemento menos gramatical (inicialmente lexical) para um elemento mais gramatical;
2. há perda de substância tanto fonológica como semântica; as restrições de seleção se afrouxam;
3. há diminuição de liberdade de manipulação do elemento; ele se integra em um paradigma, torna-se cada vez mais obrigatório em certas construções e ocupa uma posição (que em última análise é morfológica) fixa.

Um exemplo clássico é o da passagem da forma verbal latina livre *habere* para uso em perífrase modal deôntica (*laudare habeo*, **hei de louvar** = **devo louvar**), e, a partir daí (no português e em outras línguas românicas), para uso como morfema temporal (**louvar-ei**). Como se ilustra nesse caso e como se pode observar nas diversas investigações, o processo de regularização gramatical que caracteriza a chamada **gramaticalização** é mais facilmente encontrável no campo da morfologia; afinal, como diz Craig (1991: 455), "a gramaticalização é o processo evolutivo pelo qual surgem morfemas gramaticais". Entretanto, de modo algum o processo se restringe ao campo da morfologia, ele atinge, também, a sintaxe. O termo *sintaticização*, de Givón (1979c), denomina o processo envolvido nos casos estudados por Heine e Reh (1984) (e também nos estudos por Lehmann (1991: 493), que acabam de ser referidos), processos nos quais uma ordem de palavras pragmaticamente motivada se fixa em construções sintáticas e em padrões de concordância abrigados na gramática.

Repita-se que o que de mais geral se encontra dito sobre a gramaticalização (entretanto também com contestações) é que o processo, dinâmico e histórico na sua essência – embora a interpretação possa ser sincrônica –, é unidirecional, com uma unidade menos gramatical na ponta de partida e uma unidade mais gramatical na ponta de chegada, implicando, portanto, necessariamente, codificação nova, e envolvendo, necessariamente, a morfologia. Trata-se da passagem de menor para maior regularidade, e de menor para maior previsibilidade; e, afinal, no percurso de uma regularização, trata-se de uma passagem que torna o falante, num determinado ponto do enunciado, mais sujeito a determinações do sistema, e menos livre para escolhas nas quais possa exercitar sua criatividade. No dizer de Traugott e Heine (1991: 4), na gramaticalização as duas fórmulas de projeção representadas em "item lexical > morfema" e em "discurso > morfossintaxe" combinam-se na fórmula "item lexical usado no discurso > morfossintaxe".

Como já foi acentuado neste texto, para Bybee (2003: 603) é a alta frequência de uso (a repetição) de sequências de palavras ou de morfemas o fator determinantemente responsável pelas mudanças linguísticas que levam à gramaticalização, já que a automatização faz que tais sequências passem a funcionar como uma única unidade de processamento. Tentando um tratamento integrado das múltiplas mudanças que constituem a gramaticalização, a autora indica como relevantes nesse processo desencadeado pela frequente repetição os seguintes:

1. enfraquecimento da força semântica, dada a habituação, pela qual o organismo deixa de responder no mesmo nível a um estímulo repetido;
2. redução fonológica e fusão nas construções, dado o uso em porções do enunciado que contêm informação velha ou de fundo;
3. autonomização da construção, com enfraquecimento de seus componentes individuais ou com perda de associação com outras ocorrências do mesmo item (um exemplo é *gonna*, em inglês);
4. mudança semântica, dada a perda de transparência semântica da construção, pela ruptura que se dá entre os seus componentes e os congêneres lexicais, permitindo o uso do sintagma em novos contextos, com novas associações pragmáticas;
5. estabelecimento mais firme de um sintagma, com condições de preservação de características que em outras situações se perderiam.

A importância da repetição para a gramaticalização já está enfatizada em Haiman (1994), que discute o paralelo entre o fenômeno cultural geral da ritualização e o processo de gramaticalização na língua, e também está no exame de Boyland (1997) sobre os efeitos da repetição na representação cognitiva das construções em gramaticalização. É com base em trabalhos dessa direção que Bybee (2003: 603) propõe, para a gramaticalização, uma nova definição que afirma o papel crucial que a repetição nela exerce: gramaticalização é o processo pelo qual uma sequência de palavras ou morfemas frequentemente usada torna-se automatizada como uma unidade de processamento simples.

Haiman (1994) expõe os argumentos que permitem defender o processo de gramaticalização como ritualização ligada à seguinte série de aspectos resultantes da repetição:

1. a habituação resultante da força e, em geral, da significância original de um objeto cultural ou de uma prática;
2. a automatização de uma sequência de unidades que se reanalisa como um bloco único de processamento, com perda do significado individual das unidades componentes;
3. a redução da forma que resulta do enfraquecimento das porções individuais formadoras;
4. a emancipação pela qual uma função original, mais instrumental, cede lugar a uma função mais simbólica inferida do contexto em que ocorre.

Quanto às mudanças que ocorrem na gramaticalização, como propõe Bybee (2003: 621), a repetição afeta a semântica e a fonologia, promovendo, em particular, mudanças redutivas. Também afeta a morfossintaxe, assegurando a retenção de características antigas; isso pode parecer um tanto contraditório, entretanto a repetição tanto tende a estimular a inovação, em um domínio, como tende a realçar o conservadorismo, em outro. Modificam-se com o uso – em geral reduzem-se – as propriedades substanciais de palavras ou construções, seu significado e sua forma fonética, porque os processos de habituação e de ritualização têm um efeito de compressão e redução. No sentido contrário, pela repetição preservam-se propriedades morfológicas e sintáticas, com efeito de estocagem. São menos sujeitas a transformações palavras ou construções que, com alta frequência, são fortemente coesas e são acessadas mais facilmente como uma única unidade, o que lhes dá uma estrutura geral que tende a ser preservada. Afinal, avaliando-se a força da repetição no processo de gramaticalização, pode-se entender que seu efeito é redutivo no processamento, mas é conservador na estocagem.

A noção de gramaticalização, afinal, tem relação direta com a noção de que as gramáticas fornecem os mecanismos de codificação mais econômicos para aquelas funções da linguagem que os falantes mais frequentemente precisam cumprir. Assim, o que fica proposto é que as gramáticas codificam melhor aquilo que os falantes mais usam (Du Bois, 1985: 363). A motivação para a gramaticalização, por outro lado, está tanto nas necessidades comunicativas não satisfeitas pelas formas existentes, quanto na existência de conteúdos cognitivos para os quais não existem designações linguísticas adequadas, devendo observar-se, ainda, que novas formas gramaticais podem desenvolver-se a despeito da existência de estruturas velhas funcionalmente equivalentes (Heine et al., 1991a: 29-30); é o caso, por exemplo, da forma portuguesa de pretérito mais-que-perfeito composto (*tinha falado*), ao lado da forma simples *falara*.

Quanto à consideração da mudança semântica que acompanha a gramaticalização, uma das maneiras de tentar-se obter a caracterização – entretanto, não necessariamente esclarecendo a natureza do processo – é focalizar a transição da forma fonte para a forma de chegada com base na distinção lógica entre intensão e extensão: na gramaticalização, o conteúdo intensional do conceito é reduzido, enquanto a extensão é ampliada, o que vale dizer que, comparada com a estrutura de chegada, a estrutura fonte tem menor intensão e maior extensão (Heine et al., 1991b: 39). Para dar conta da generalização semântica envolvida na gramaticalização, Willet (1988) indica três hipóteses principais: (i) a hipótese da extensão metafórica: o significado mais concreto de uma expressão aplica-se a um contexto mais abstrato; (ii) a hipótese da inclusão: os significados gramaticais são parte da estrutura semântica interna presente na origem lexical; (iii) a hipótese da implicatura: o mecanismo predominante para criar significados secundários, que gradualmente passam a significados primários, é a convencionalização de implicaturas. Com base na investigação do comportamento de diferentes línguas, Willet conclui que a hipótese da extensão metafórica é a mais plausível.

Heine et al. (1991a: 150) apontam, como básico na gramaticalização, o princípio que Werner e Kaplan (1963: 403) denominaram "princípio da exploração de velhos meios para novas funções". Por esse princípio, conceitos concretos são empregados para entender, explicar ou descrever fenômenos menos concretos, e entidades claramente delineadas/claramente estruturadas conceptualizam entidades menos claramente delineadas/menos claramente estruturadas: experiências não físicas são entendidas em termos de experiências físicas; tempo em termos de espaço; causa em termos de tempo; relações em termos de processos cinéticos ou de relações espaciais; etc. É nesse sentido que a gramaticalização constitui um processo de base metafórica, já que sua função primária é a conceptualização obtida na expressão de uma coisa por outra; além disso, como indicam Heine et al. (1991a: 151), a maior parte dos conceitos que entram nos processos de gramaticalização referem-se a objetos concretos, a processos ou a locações. O que ocorre é que, necessitando especificar uma nova relação ou fortalecer uma que já existe mas está enfraquecida, o falante, na intenção de ser claro, usa o termo mais concreto possível (Traugott, 1980: 54).

A extensão metafórica (definida como mudança de um domínio mais concreto para um mais abstrato, com preservação de traço(s) da estrutura original) também encabeça os mecanismos que, em Bybee et al. (1994), vêm arrolados ao lado da inferência, da generalização, da harmonia e da absorção, como motivadores da gramaticalização.

Heine et al. (1991b: 29) apontam que há uma mesma finalidade principal, que é a de "resolver problemas", indicada tanto para a gramaticalização quanto para a metáfora (Lakoff e Johnson, 1980) e para a mudança semântica (Traugott, 1988).

9.7 A ABSTRATIZAÇÃO (METÁFORA) E A CONTEXTUALIZAÇÃO (METONÍMIA)

Liga-se à gramaticalização o processo da abstratização, ou metaforização que, desde o início dos anos 1980, vem sendo discutido como fenômeno altamente produtivo na linguagem, especialmente no campo das significações lexicais (Lakoff e Johnson, 1980), constituindo um processo cognitivo básico. A sistematicidade da metáfora na linguagem foi acentuada por Lakoff (1987), que aponta a natureza fundamentalmente metafórica do sistema conceptual humano.

É corrente nos estudos sobre gramaticalização a afirmação de que o processo metafórico envolve abstratização, já que o significado não gramatical pode ser descrito como mais concreto do que o significado gramatical. Nesse sentido, é sempre lembrado o trabalho de Sapir (1921), relacionando quatro tipos de conceitos linguísticos, que vão desde o tipo concreto (que inclui objetos, ações e qualidades) até um tipo puramente relacional, passando por um tipo menos concreto, mas ainda com conteúdo material, e por um tipo já relacional, mas ainda não puramente abstrato.

Recorrendo a Aristóteles e à noção de analogia, Givón (1995: 72) – declarando não ser isso surpreendente – coloca o elemento-chave da metáfora (e também o da metonímia) no contexto: são os julgamentos imediatos que ocorrem durante a comunicação viva que conduzem a produção e a captação metafórica de significados. Fica fortemente implicada (ainda envolvido Aristóteles) uma noção pragmática – não objetiva – de 'similaridade' na base da linguagem metafórica: cada episódio de produção de sentido metafórico (*on-line*) é marcado por uma dose de 'feliz descoberta ao acaso' (*serendipity*), ensejada por aquela singular ocasião, e, portanto, nova, efêmera, absolutamente presa ao contexto no qual se produz. E Givón cita Gibbs (1987: 40) para dizer que a descoberta de quais sejam as propriedades salientes da metáfora em um determinado uso depende precisamente de qual seja o conhecimento compartilhado por falante e ouvinte naquela ocasião; assim, as propriedades de qualquer termo usado metaforicamente "podem ser efemeramente salientes, não eternamente salientes".

Na sua discussão da questão dos processos cognitivos, Heine et al. (1991b: 43-44) distinguem três modos de uso do termo *abstração*: a) a abstração generalizadora, que consiste na redução do número de traços distintivos de um conceito, com limitação às características centrais; b) a abstração isoladora (possivelmente um subtipo especial do tipo anterior), que separa uma propriedade ou um traço particular que não é necessariamente o "núcleo característico" do conceito; c) a abstração metafórica (mais complexa e mais difícil de descrever), que serve para relacionar conceitos "mais abstratos" a conceitos mais concretos por meio de domínios conceptuais, com os últimos sendo "veículos metafóricos" para os primeiros. Este último tipo é considerado aquele que está na base da gramaticalização.

A gramaticalização já foi, mesmo, apontada como um "subtipo" da metáfora, considerada como um "desvio metafórico em direção ao abstrato" (Matisoff, 1991: 384). Entende-se, em geral, porém, que essa vinculação não é necessária, já que a metáfora, embora tenha sido tradicionalmente vista como central para a mudança semântica, não é o único processo ligado à gramaticalização.

A base metafórica da gramaticalização pode ser depreendida desta apresentação das tendências apontadas como caracterizadoras da mudança semântica (Genetti, 1991: 248):

1. os significados baseados na situação externa passam a significados baseados na situação interna (avaliativa/ perceptual/ cognitiva);
2. os significados baseados na situação externa ou interna passam a significados baseados na situação textual (= coesiva);
3. os significados tendem a tornar-se cada vez mais baseados na atitude subjetiva do falante diante da situação.

A análise das mudanças semânticas pode ser feita numa leitura metafórica, segundo o arranjo linear das categorias conceptuais. Heine et al. (1991a, 1991b) propõem o seguinte arranjo de categorias conceptuais, no qual cada categoria pode ser conceptualizada em relação à categoria precedente, resultando naquilo que esses autores chamaram "metáforas categoriais": PESSOA > OBJETO > ESPAÇO > TEMPO > PROCESSO > QUALIDADE.

Essa é uma escala de abstratização que, num crescendo para a direita, governa o processo metafórico. Indica-se, nesse esquema, que qualquer elemento da escala pode conceptualizar um elemento à sua direita; é assim que o nome *pé*, que se refere a uma parte de corpo, passa a designar parte de objeto (*pé da mesa*); ou *perto*, que indica posição no espaço, passa a indicar posição no tempo (*perto do Natal*). Trabalhando com duas línguas africanas, Heine et al. (1991a e 1991b) ilustram o processo com exemplos de gramaticalização de nomes, principalmente de nomes de partes do corpo, mostrando, por exemplo, a passagem de um nome que significa "dorso", "costas" (o nome *megbé*, na língua ewe), para os significados "atrás", "depois" e "retardado", evolução que envolve as categorias OBJETO > ESPAÇO > TEMPO > QUALIDADE. Os problemas que essas transferências metafóricas trazem para a descrição sincrônica são lembrados pelo autor: em muitos casos, um mesmo lexema pode ser usado para referir-se a mais de uma dessas categorias, como ocorre em *é tsí megbé*, que tanto significa "ele ficou para trás/está atrasado" (significado temporal), como "ele é mentalmente retardado" (significado qualitativo).

Mais amplamente, verifica-se que, no correr da diacronia, esse processo não se confina a determinados traços semânticos (por exemplo, de espaço a tempo), mas atinge todas as porções do sistema colocadas hierarquicamente em termos de grau de generalidade de traços: os traços semânticos mais genéricos sobrevivem por mais longo tempo, e, de fato, os morfemas que os carregam tornam-se morfemas gramaticais flexionais (Givón, 1979c: 316).

Sobre a base de uma visão da gramaticalização como processo gradual, a metaforização também é explicada no sentido de ampliação de uma categoria, e eventualmente do próprio protótipo (Givón, 1984).

Por outro lado, Heine et al. (1991a e 1991b) não restringem a gramaticalização à metaforização, acentuando a complementaridade de metáfora e de metonímia nesse processo, no qual os autores fazem intervir um componente discreto (de natureza metafórica, e externo às determinações pragmáticas) seguido de um componente contínuo (fortemente dependente do contexto linguístico e extralinguístico). Esse modelo baseia-se na noção de que a transição de um conceito de origem para um conceito de chegada envolve um estágio intermediário no qual os dois conceitos coexistem (ver 9.6). Uma representação gráfica do modelo é constituída por uma série de círculos representativos de diferentes funções de um morfema, com zonas de intersecção que representam a coexistência das funções em um determinado momento. A gramaticalização é, assim, explicada, não como uma transição que se faz com entidades discretas, mas como uma extensão gradual do uso de uma entidade original. Dois mecanismos estão aí envolvidos: transferência conceptual (que é metafórica e relaciona-se com diferentes domínios cognitivos) e reinterpretação induzida pelo contexto (que é metonímica e resulta em conceitos interseccionados). Assim, pois, ficam envolvidos o nível paradigmático (de domínios conceptuais, que não se definem pela coexistência) e o nível sintagmático (de constituintes, que se resolvem na copresença em contexto de uso, portanto pragmaticamente) (Bisang, 1998: 16).

Pode ocorrer, por exemplo, que, dado um determinado contexto, conceitos espaciais licenciem implicaturas temporais. Assim, as preposições *de* e *para*, que têm uma interpretação espacial em "Para ir de Colônia a Viena são 600 milhas", podem receber uma interpretação temporal em "Para ir de Colônia a Viena são várias horas" ou em "Ele ficou acordado o tempo todo de Colônia a Viena". A polissemia do inglês *going*, do exemplo original, é analisada (Heine et al., 1991b: 46-47), por exemplo, como uma extensão metonímica e pragmática (enraizada no contexto de interpretação) de um desvio metafórico, que é psicológico na sua natureza:

    a. indicação original (significado "literal"): movimento físico ("Henry está indo / vai para a cidade"; no original: *Henry is going to town*);
    b. expressão com transferência de indicação (significado "metafórico"): futuridade ("A chuva vai cair"; no original: *The rain is going to come*).

O significado gramatical temporal que está na segunda ocorrência desenvolveu-se metaforicamente a partir da pressuposição de futuridade que existe no movimento espacial expresso na primeira (que se liga ao mundo humano e que implica um agente humano e uma ação humana), e esse significado de futuridade (que não necessariamente se liga ao mundo humano, nem a ações), reinterpretado como o significado básico, passa a ser o único ocorrente na segunda construção. Ocorre que, em determinados contextos, as expressões metafóricas podem ser entendidas no sentido não transferido, e o resultado é uma ambiguidade, ou seja, resulta uma homonímia entre o significado literal e o transferido, que se ilustra em

    c. "Estou indo trabalhar"; no original: *I am going to work*.

Em determinados contextos pragmáticos essa frase implica dizer-se aonde se vai, mas em outros envolve referência simplesmente a um evento posterior, implicando futuridade. A frase "Vou trabalhar" tanto seria resposta para a pergunta "Aonde você vai?" quanto para a pergunta "Que é que você vai fazer?".

Transferências de sentido como as que ocorrem entre a) e b) são mais obviamente entendidas, pois, em termos de metáfora, mas, como já apontado, há outros fatores intervenientes no processo de gramaticalização, entre eles a metonímia, que é a manipulação pragmático-discursiva pela qual os conceitos são sujeitos a fatores contextuais na interpretação do enunciado (Sperber e Wilson, 1986: 1).

Como se vê, interfere fortemente, pois, na gramaticalização – aliás como em qualquer processo da linguagem em uso – o componente pragmático, já que o envolvimento do falante, com o correspondente envolvimento do parceiro de comunicação, implica intersubjetividade, com efeitos significativos no modo de expressão. Como proposto em Bybee et al. (1994), a "inferência" (bastante sujeita às pressões contextuais, consequentemente à metonímia) é bastante ativada nas gramaticalizações (especialmente nas mais avançadas), enquanto a metáfora se resolve mais diretamente na extensão do significado em uma escala, ambas conduzindo, afinal, à interpretação (e à reinterpretação) das porções do enunciado, ou seja, ambas envolvendo-se na resolução das necessidades do uso linguístico.

Heine et al. (1991a) afirmam (concordando com Traugott e König, 1991) que a mudança semântica de base metafórica "relaciona-se com o problema da representação", enquanto a mudança de base metonímica "associa-se com a resolução do problema de algo ser informativo e relevante na comunicação" (1991a: 165). Metáfora e metonímia são, assim, diferentes componentes do mesmo processo (a gramaticalização), que leva dos conceitos gramaticais (mais) 'concretos' para os (mais) 'abstratos': metonimicamente, o processo é construído numa escala de entidades contíguas que são metonimicamente relacionadas; metaforicamente, o processo contém categorias descontínuas, como espaço, tempo ou qualidade. Como mostram os autores, intervêm, pois, de um lado, um comportamento conceptual-taxonômico, e, de outro, estratégias pragmático-textuais. O que se apresenta, afinal, é uma outra escala, que estende espaço e tempo para o texto, isto é, que prevê que elementos espaciais, além de poder passar à expressão de tempo, ainda podem passar à organização do universo do discurso.

Traugott e König (1991) concentram-se nesse desvio de indicação temporal e espacial para articulação textual, ou marcação discursiva, e sugerem que é exatamente por essa natureza do processo que não se pode entender a gramaticalização automaticamente como dessemantização, ou descoramento semântico, já que nela pode estar envolvida uma acentuação do significado pragmático, especialmente uma acentuação do envolvimento do falante, da subjetivização. Como já apontado, têm papel importante as inferências, pelas quais as implicaturas conversacionais se tornam explicitamente codificadas e participam do significado geral. Esse fato também é acentuado em Heine et al. (1991b), que mostram que, se a gramaticalização, de um lado, pode ser vista como generalização, e, portanto, como perda de alguns traços semânticos, de outro lado ela envolve algum ganho, com novos itens gramaticais representando funções não totalmente encontradas em seus antecessores. Em resumo, traços semânticos podem não desaparecer, simplesmente – e propriamente –, mas ser substituídos por traços pragmáticos. São motivações em competição (volte-se a 8.1 para citar, por exemplo, 'expressividade' e 'rotinização') que atuam (em tensão) quando se convencionam as implicaturas, na ativação da linguagem.[9]

NOTAS

[1] "Grammar is not a static, closed or self-contained system, but is highly susceptible to change and highly affected by language use. [...] In fact, the creation of new grammatical morphemes and structures is as common as the loss of old ones."

[2] A apresentação da obra indica que nela estão artigos produzidos a partir de 1905.

[3] O volume *Linguistique historique et linguistique générale* de 1921 está disponível em https://archive.org/details/linguistiquehist00meil. Acesso em: 2 de janeiro de 2018.

[4] São referidas as obras: Lehmann (1982); Heine et al. (1991b); Hopper e Traugott (2003 [1993]); Giacalone Ramat e Hopper (1998); Heine e Kuteva (2002); Wischer e Diewald (2002).

[5] A respeito desse que é o mais relevante (e discutido) traço historicamente ligado à noção de gramaticalização – a unidirecionalidade no desenvolvimento do processo –, essa obra coletiva (Fischer, Norde e Perridon, 2004) oferece referência de uma série estudos do final do século XX e do início do século XXI: Plank (1995), Frajzyngier (1997), Newmeyer (1998b), Haspelmath (1999); Geurts (2000a, 2000b); Haspelmath (2000); Campbell (2001), Traugott (2001), Kim (2001), Auwera (2002). A obra registra que é o que fazem por exemplo, Newmeyer (1998b) e Lass (2000). E ela mostra a existência de casos reversos de "desgramaticalização" (negada, entretanto, em Lehmann (1982: 19)), ou de "antigramaticalização" (proposta em Haspelmath (2004), ou seja, dentro, mesmo, dessa obra coletiva).

[6] Tradução do grego: "Palavras aladas".

[7] Citando: Juhasz (1973), Kuno (1972) e Williams (1977), Garcia observava, na época, que essa posição vinha sendo cada vez mais difundida.

[8] Lichtenberk (1991: 37) cita mais de uma dezena de autores que, sob diferentes perspectivas, têm analisado o processo gradual da mudança sintática.

[9] Pontos de vista diferentes no tratamento da gramaticalização, especialmente quanto à sua relação com a proposta hallidayana das funções da linguagem, são discutidos em Gorski et al. (2004: 38-61).

10.
Uma recolha analítica.
Ou: do que não foi dito

> *O homem fala para obter algo.*[1]
> (George Kingsley Zipf, *Human Behaviour and the Principle of Least Effort*, 1949, p. 19.)

Em primeiro lugar, quanto à delimitação do que representa o 'Funcionalismo', na teoria linguística, cabe lembrar que Labov, fazendo uma avaliação geral da visão 'funcionalista' da gramática, no final da década de 1980 (Labov, 1987), e, mais especificamente, avaliando aquilo que poderia representar algum exagero na valorização desse modelo teórico, aponta o perigo da tendência de "superestimar" explicações funcionais das formas linguísticas. Por meio de estudos de mudança e variação linguística (mudança fonética, substituição lexical, variação fonológica, alternâncias morfológicas, variação sintática), ele procura mostrar que essa tendência – se representada por uma convicção de que a linguagem simplesmente opera pela comunicação de informação representativa e pela distribuição da informação – pode levar a enganos. O que ele prevê, no "saneamento" do perigo, é, exatamente, uma visão devidamente balanceada do papel dos fatores funcionais: ou seja, uma visão teoricamente sustentada, "consciente" da natureza dos "fatos de língua", no uso. De todo modo, não se esqueça que muito do que ele tinha para analisar, na época, eram peças daquele Funcionalismo inicial 'extremado' (ainda não 'balanceado', afinal, também abandonado) de que aqui se tratou.

Por outro lado, no sentido oposto, cabe acentuar (e comemorar) que as implicações de uma concepção teoricamente sustentada do Funcionalismo trazem viva, hoje, uma marca de tratamento da linguagem que tem de ser registrada: a atenção que tem sido dedicada ao desenvolvimento teórico do estudo de línguas diversas, com consequente interesse na tipologia linguística. Considerada a direção em que está constituída a proposta deste livro, tal questão não constituiu foco de busca, entretanto ela pode ser, em particular, rastreada – apenas 'rastreada', insista-se – na aproximação, que aqui se tentou fazer, entre os interesses da Linguística funcionalista (ou Funcionalismo linguístico) e os da Linguística cognitiva (ou Cognitivismo linguístico). As considerações deste texto colheram registros de "interesse tipológico", com aplicação de teorias funcional-cognitivas, por exemplo, nos "fatos tipológicos" de Croft e na "fenomenologia tipológica" de Langacker, além de passarem factualmente, pelo interesse tipológico de Givón, já em 1970. Também se mostrou que a Gramática funcional da Holanda, na direção de uma busca de "adequação tipológica", que leva a que se dê conta, de modo sistemático, das particularidades das línguas naturais (ver 5.2.2.1), dedicou-se a prover conduta para o exame sistemático de similaridades e de diferenças entre as línguas, o que leva a que se testem hipóteses com base em fatos ocorrentes na variedade linguística (Dik, 1989a: 14; 1997a: 14-15; Hengeveld, 1989). E, afinal, apontou-se o significativo desenvolvimento de estudos tipológicos que, nessa esteira, a teoria discursivo-funcional está permitindo, dentro da GDF (ver 5.2.2.4).

Não é necessário defender que noções como "motivação", "propósito comunicativo", "dinamicidade", "dependência situacional", "instrumentalidade", ligadas ao tratamento funcional da linguagem, explicam a conveniência e a necessidade de investigação em diferentes línguas particulares. Sirva de exemplo a questão da codificação do papel discursivo de tópico frasal: estudando a gramaticalização de sujeitos em duas línguas não acusativas, Mithun (1987) mostra de que modo o desenvolvimento da categoria 'sujeito' é afetada por traços da gramática particular de cada língua, que podem diminuir a motivação para esse desenvolvimento. O que esse estudo quer demonstrar é que, embora os seres humanos tenham *necessidades comunicativas* e *estruturas cognitivas* (grifos desta autora) similares, as categorias gramaticalizadas não são sempre as mesmas, já que – afirma o autor – os sistemas gramaticais não são universais. As investigações devem tentar mostrar não apenas quais categorias tendem a ser gramaticalizadas nas línguas, mas também por que elas não são gramaticalizadas em todas as línguas. A gramaticalização, ou não, de uma categoria pode ser afetada por diversos fatores, como as preocupações culturais: falantes da língua karok, por exemplo, foram levados a um rico sistema de sufixos locativos particulares pela orientação espacial dependente do rio Klamath, referido rotineiramente na fala de todos os dias, enquanto em outras culturas a orientação por um rio é tão rara que poderá ser para sempre expressa apenas lexicalmente (Mithun, 1987: 15).

Afinal, a Gramática funcional, tal como se põe nos diversos modelos em geral, pretende-se igualmente aplicável a todas as línguas e a cada uma das línguas, as quais, diferentes que são, terão expedientes estruturadores do enunciado diferentes (com certeza não exclusivos) para cumprir as tarefas do processamento da fala (com certeza semelhantes). Novamente se resgate Coseriu (1992), que vai ao uso linguístico humano por via de um 'poder falar' (competência linguística), por via de um 'conhecer determinada língua historicamente inserida' (domínio de idioma) e por via de um "inserir-se em situação de interlocução' (participação em evento comunicativo), dessa maneira configurando o uso linguístico como uma atividade: (i) suficientemente específica para que se mantenham e se reconheçam as particularidades dessa língua individual; (ii) suficientemente geral, entretanto, para que sua descrição não possa ser indiferentemente aplicada a qualquer outra língua particular.

Assim, na prática, interessam sobremaneira as línguas diversas, porque, captadas no seu uso – captadas funcionalmente –, as línguas terão suas especificidades descritas de modo que possam ser relacionadas às de outras línguas, assim chegando-se a uma generalidade suficientemente estabelecida, sem que, entretanto, se obscureçam as peculiaridades de cada língua particular. Essa é, com certeza, a visão funcional da descrição das línguas, uma lida em que o Sociointeracionismo (aquele plural, ou coletivo, motivador) e o Cognitivismo (aquele singular, ou individual, também motivador), contrapartes que são, têm seu papel, na língua em função. E essa visão é, afinal, o que caracteriza a Gramática funcional/o Funcionalismo linguístico.

NOTA

[1] "Man talks in order to get something."

Referências bibliográficas

ALARCOS LLORACH, Emilio. *Estudios de gramática funcional del español*. Madrid: Gredos, 1972.
ÁLLAN, Sylvio; SOUZA, Carlos Barbosa Alves de. O modelo de Tomasello sobre a evolução cognitivo-linguística humana. *Psicologia: Teoria e Pesquisa*. v. 25, n. 2, 2009, pp. 161-8.
ANSCOMBRE, Jean-Claude; ZACCARIA, Gino. *Fonctionalisme et pragmatique*: à propos de la notion de thème. Milano: Edizioni Unicopli, 1990.
ANSTEY, Matthew P. Functional Grammar from its Inception. In: MACKENZIE, J. L.; GÓMEZ GONZÁLEZ, M. A. (Eds.). *A New Architecture for Functional Grammar*. Berlin/New York: Mouton de Gruyter, 2004, pp. 23-72.
ANSTEY, Matthew P.; MACKENZIE, John Lachlan (Eds.). *Crucial Readings in Functional Grammar*. Berlin/New York: Mouton de Gruyter, 2005.
ANTONIO, Juliano Desiderato. A estrutura argumental preferida em narrativas orais e em narrativas escritas. *Veredas*. v. 3, n. 2, 1998, pp. 59-66.
ASHBY, William J.; BENTIVOGLIO, Paola. Preferred Argument Structure in Spoken French and Spanish. *Language Variation and Change*. v. 5, 1993, pp. 61-76.
AUWERA, Johan Van der. Linguistic Pragmatic and its Relevance to the Writing of Grammars. In: GRAUSTEIN, G.; LEITNER, G. (Eds.). *Reference Grammars and Modern Linguistic Theory*. Tübingen: Max Niemeyer Verlag, 1989, pp. 11-32.
_____. More Thoughts on Degrammaticalization. In: WISCHER, I.; DIEWALD, G. (Eds.). *New Reflections on Grammaticalization*. Amsterdam/Philadelphia: John Benjamins, 2002, pp. 19-20.
BACH, Emmon. Nouns and Noun Phrases. In: BACH, E.; HARMS, R. T. (Eds.). *Universals in Linguistic Theory*. New York: Holt, Rinehart & Winston, 1968, pp. 91-122.
BAKHTIN, Mikhail. *Marxismo e filosofia da linguagem*. São Paulo: Hucitec, 1979.
BAKKER, Dik. FG Expression Rules: from Templates to Constituent Structure. *Working Papers in Functionnal Grammar*. v. 67, 1999.
_____. The FG Expression Rules: a Dynamic Model. *Revista Canária de Estudios Ingleses*. v. 42, 2001, pp. 15-54.
BARLOW, Michael. Usage, blends, and grammar. In: BARLOW, M.; KEMMER, S. (Eds.) *Usage- Based models of language*. Stanford: csli, 2000, pp. 315-344.
BATES, Elizabeth. *Language and Context*: Studies in the Acquisition of Pragmatics. New York: Academic Press, 1976.
BATES, Elizabeth; MACWHINNEY, Brian. A Functionalist Approach to the Acquisition of Grammar. In: DIRVEN, R.; FRIED, V. (Eds.) *Functionalism in Linguistics*. Amsterdam/Philadelphia: John Benjamins, 1987, pp. 209-263.
_____. *The Crosslinguistic Study of Sentence Processing*. Cambridge: Cambridge University Press, 1989.
BEAUGRANDE, Robert de. Introduction to the Study of Text and Discourse – Cap. I. Wien: Universitäts Verlag (pré-impressão), 1993.
_____. Introduction to Text Linguistics, Cap. II. Wien: Universitäts Verlag (pré-impressão), 1993.
_____. Functionality and Textuality, Cap. III. Wien: Universitäts Verlag (pré-impressão), 1993.
_____. Textlinguistik: Zu neuen Ufern? In: ANTOS, G.; TIETZ, H. (Hrsg.). *Die Zukunft der Textlinguistik. Traditionen, Transformationen, Trends*. Tübingen: Niemeyer, RGL 188, 1997, pp. 1-12. Tradução portuguesa de Hans Peter Wieser. Mimeo, pp. 1-10.
BEAUGRANDE, Robert de; DRESSLER, Wolfgang U. *Einführung in die Textlinguistik*. Tübingen: Niemeyer, 1981.
BECHARA, Evanildo. Gramática funcional: natureza, funções e tarefas. In: NEVES, M. H. M. (Org.) *Descrição do Português II*. Publicação do Curso de Pós-Graduação e Língua Portuguesa, ano V, n.1, Unesp – *Campus* de Araraquara, 1991.
BENTIVOGLIO, Paola. Spanish Preferred Argument Structure across Time and Space. *D.E.L.T.A.*, v. 10, pp. 277-293, 1994.
BERRY, Margaret. *Introduction to Systemic Linguistics*. Structures and Systems. London: Batsford, 1977.

BISANG, Walter. Grammaticalization and Language Contact, Constructions and Positions. In: RAMAT, A. G.; HOPPER, P. (Eds.). *The Limits of Grammaticalization.* Amsterdam/Philadelphia: John Benjamins, 1998, pp. 13-58.
BLOOMFIELD, Leonard. Linguistic Aspects of Science. *Philosophy of Science* 2/4, pp. 499-517, 1935.
BOLINGER, Dwight M. *The Form of Language.* London: Longmans, 1977.
_____. Pronouns in Discourse. In: GIVÓN, T. *Syntax and Semantics, Discourse and Syntax*, v. 12. New York: Academic Press, 1979, pp. 289-309.
BOLKESTEIN, Award Machtelt; GROOT, Casper de; MACKENZIE, John Lachlan (Eds.) *Predicates and Terms in Functional Grammar.* Dordrecht-Holland/Cinnaminson-U.S.A.: Foris Publications, 1985.
BONDARKO, Aleksandr V. *Functional Grammar*: a Field Approach. Amsterdam/Philadelphia: John Benjamins, 1991.
BOYLAND, Joyce Tang. *Morphosyntactic Change in Progress*: A psycholinguistic Approach. Ph.D. Dissertation: University of California at Berkeley, 1997.
BRANDT, Line. *The Communicative Mind*: a Linguistic Exploration of Conceptual Integration and Meaning Construction. Newcastle upon Tyne: Cambridge Scholars Publishing, 2013.
BRITO, Célia M. M. A transitividade verbal na língua portuguesa: uma investigação de base funcionalista. Tese (Doutorado em Linguística e Língua Portuguesa) – Faculdade de Ciências e Letras da Universidade Estadual Paulista, Araraquara, 1996.
BRITTON, James. *Language and Learning.* London: Allen Lane; Portsmouth: Boynton/Cook, Heinemann, 1970.
BÜHLER, Karl. Kritische Musterung der neuern Theorien des Satzes. *Indogermanisches Jahrbuch*, 6, pp. 1-20, 1918.
_____. *Die Krise der Psychologie.* Jena: J.A. Barth, 1927.
_____. Das Ganze der Sprachtheorie, ihr Aufbau und ihre Teile. In: Kafka, G. (Ed.), *Bericht über den 12. Kongres der Deutschen Gesellschaft für Psychologie* (Hamburg 1931). Jena: G. Fischer, 1932, pp. 95-122.
_____. *Ausdruckstheorie*: Das System an der Geschichte aufgezeigt. Jena: G. Fischer, 1933.
_____. *Sprachtheorie*: Die Darstellungsfunktion der Sprache. Stuttgart / New York: Gustav Fischer, 1982 [1934].
_____. *Theory of Language*: The Representational Function of Language. Translated by Donald Fraser Goodwin. Amsterdam/Philadelphia: John Benjamins, 1990.
BURRIDGE, Kate. Approaches to Grammaticalization. Review Article. *Journal of Linguistics*, v. 29, n.1, pp. 167-173,1993.
BUTLER, Christopher S. Standards of Adequacy in Functional Grammar. Review Article. *Journal of Linguistics*, 27, pp. 499-515, 1991.
_____. *Structure and Function*: A Guide to Three Major Structural-functional Theories. Amsterdam/Philadelphia: John Benjamins, 2003.
_____. Functional Approaches to Language. In: BUTLER, C. S.; GÓMEZ GONZÁLEZ, M. A.; DOVAL-SUÁREZ, S. M. (Eds.). *The Dynamics of Language Use:* Functional and Contrastive Perspectives. Amsterdam/ Philadelphia: John Benjamins, 2005, pp. 3-17.
BYBEE, Joan. *Morphology.* Amsterdam/Philadelphia: John Benjamins, 1985.
_____. Mechanisms of Change in Grammaticization: The Role of Frequency. In: JOSEPH, B.; JANDA, R. D. (Eds.). *The Handbook of Historical Linguistics.* Oxford: Blackwell, 2003.
_____. *Frequency of Use and the Organization of Language.* Oxford: Oxford University Press, 2007.
_____. *Language, Usage and Cognition.* Cambridge/New York: Cambridge University Press, 2010.
BYBEE, Joan L.; PERKINS, Revere D.; PAGLIUCA, William. *The Evolution of Grammar:* Tense, Aspect and Modality in the Language of the World. Chicago: University of Chicago Press, 1994.
CAMACHO, Roberto. O papel do contexto social na teoria linguística. *Alfa*, v. 38, pp. 19-36, 1994.
_____. Gramática, formalização e discurso. *Estudos Linguísticos*, v. 35, n. 1, pp. 3-26, 2006.
_____. *Classes de palavras na perspectiva da gramática discursivo-funcional.* São Paulo: Editora Unesp, 2011.
CAMPBELL, Lyle (Ed.). Grammaticalization. A Critical Assessment. *Language Sciences,* 23, pp. 2-3, 2001.
CARNIE, Andrew; HARLEY, Heidi. Introduction. Formalizing Functionalism. In: CARNIE, A.; HARLEY, H.; WILLIE, M. (Eds.). *Formal Approaches to Function.* Philadelphia: John Benjamins, 2003.
CHAFE, Wallace L. Language and Consciousness. *Language*, 50, pp. 111-133, 1974.
_____. The Flow of Thought and the Flow of Language. In: GIVÓN, W. (Ed.). *Discourse and Syntax, Syntax and Semantics.* v. 12. New York: Academic Press, 1979, pp. 340.
_____. *Significado e estrutura linguística.* Trad. port. de M. H. M. NEVES; O. G. L. A. S. CAMPOS; S. V. RODRIGUES. Rio de Janeiro: Ao Livro Técnico, 1979 [1970].
_____. Cognitive Constraints on Information. In: TOMLIN, R. (Ed.). *Coherence and Grounding in Discourse.* Amsterdam/Philadelphia: John Benjamins, 1987, pp. 21-51.
_____. *Discourse, Consciousness and Time.* The Flow and Displacement of Conscious Experience in Speaking and Writing. Chicago / London: The University of Chicago Press, 1994.

CHOMSKY, Noam. *Syntactic Structures*. The Hague: Mouton, 1957.
_____. *Aspects of the Theory of Syntax*. Cambridge: M. I. T. Press, 1965
_____. *Rules and Representation*. Oxford: Basil Blackwell, 1980.
CHRISTIE, W. M. M.A.K. Halliday System and Function in Language. Selected Papers. Ed. by G. R. Kress. Review Article. *Lingua*, v. 47, pp. 257-278, 1979.
CIAPUSCIO, Guiomar. La noción de género en la Lingüística sistémico funcional y en la Lingüística Textual 1. Revista *Signos*, v. 38, n. 54, pp. 31-48, 2005.
CLARK, Herbert H. *Using Language*. Cambridge: Cambridge University Press, 1996.
COSERIU, Eugenio. *Teoría del lenguaje y lingüística general*. Tradução espanhola. Madrid: Gredos, 1973.
_____. *Tradición y novedad en la ciencia del lenguaje*: estudios de historia de la lingüística. Tradução espanhola de Marcos Martínez Hernández. Madrid: Gredos, 1977.
_____. *Sincronía, diacronía e historia*. El problema del cambio lingüístico. 3. ed. Tradução espanhola. Madrid: Gredos, 1978.
_____. *Lições de linguística geral*. Trad. de Evanildo Bechara. Rio de Janeiro: Ao Livro Técnico, 1979.
_____. *Introducción a la lingüística*. Edição espanhola preparada por José Polo. Madrid: Gredos, 1986.
_____. *El hombre y su lenguaje*: Estudios de teoría y metodología lingüística. Tradução espanhola de Marcos Martínez Hernández. 2. ed. Madrid: Gredos, 1991.
_____. *Competencia lingüística*: Elementos de la teoría del hablar. Tradução espanhola de Francisco Meno Blanco. Madrid: Gredos, 1992.
CRAIG, Colette. Ways to Go in Rama: A Case Study in Polygrammaticalization. In: TRAUGOTT, E. C.; HEINE, B. (Eds.). *Approaches to Grammaticalization*, v. 2, Amsterdam/Philadelphia: John Benjamins, 1991, pp. 455-492.
CROFT, William. *Typology and Universals*. Cambridge: Cambridge University Press, 1990.
_____. *Syntactic Categories and Grammatical Relations*: The Cognitive Organization of Information. Chicago: University of Chicago Press. 1991.
_____. Autonomy and Functionalist Linguistics. *Language*, 71, pp. 490-532, 1995.
_____. What's a Head? In: ZARING, L., ROORYCK, J. (Eds.). *Phrase Structure and the Lexicon*. Dordrecht: Kluwer, 1996, pp. 35-75.
_____. Linguistic Evidence and Mental Representations. *Cognitive Linguistics*, 9, pp. 151-73. 1998.
_____. *Explaining Language Change:* An Evolutionary Approach. Harlow: Longman, 2000.
_____. *Radical Construction Grammar:* Syntactic Theory in Typological Perspective. Oxford: Oxford University Press, 2001.
_____. *Typology and Universals*. 2. ed. Cambridge: Cambridge University Press, 2003.
_____. The Origins of Grammar in the Verbalization of Experience. *Cognitive Linguistics*, v. 18, n. 3, pp. 339-382, 2007a.
_____. Intonation Units and Grammatical Structure in Wardaman and in Crosslinguistic Perspective. *Australian Journal of Linguistics*, 27, pp. 1-39, 2007b.
_____. Toward a Social Cognitive Linguistics. In: EVANS, V.; POURCEL, S. *New Directions in Cognitive Linguistics*. Amsterdam / Philadelphia: John Benjamins, 2009. pp. 395-420.
_____. *Verbs*. Aspect and Causal Structure. Oxford: Oxford University Press, 2012.
CROFT, William; CRUSE, Alan D. *Cognitive Linguistics*. Cambridge: Cambridge University Press, 2004.
DAALDER, Saskia; MUSOLFF, Andreas. Foundations of Pragmatics in Functional Linguistics. In: BUBLITZ, W.; NORRICK, N. R. (Eds.). *Foundations of Pragmatics*. Berlin/Boston: De Gruyter Mouton, 2011, pp. 229-260.
DALL'AGLIO-HATTNHER; Marize M. The Interaction Between Tense and Evidentials of Event Perception and Deduction in Brazilian Native Languages. In: MACKENZIE, J. L.; OLBERTZ, H. (Orgs.). *Casebook in Functional Discourse Grammar*. Amsterdam: John Benjamins Publishing Company, 2013, v. 1, pp. 39-66.
_____. Evidential Subtypes and Tense Systems in Brazilian Native Languages. DELTA. Documentação de Estudos em Linguística Teórica e Aplicada (Online), v. 33, pp. 159-186, 2017.
DALL'AGLIO-HATTNHER, Marize M.; HENGEVELD, Kees. Advances in Functional Discourse Grammar. *Alfa*, v. 51, n. 2, pp. 7-10, 2007.
_____. (Orgs.). Revista *Alfa* v. 51, n. 2, 2007.
DANCYGIER, Barbara. Constructional Compositionality and Blending: The Case of the Polish SLVF Constructions. *BLS* (30), pp. 456-467, 2004.
_____. Causes and Consequences: Evidence from Polish, English and Dutch. In: SANDERS, T.; SWEETSER, E. (Eds.). *Causal Categories in Discourse and Cognition*. Berlin: Mouton de Gruyter. 2009.

_____. Negation, Stance Verbs, and Intersubjectivity. In: DANCYGIER, B.; SWEETSER, E. (Eds.). *Viewpoint in Language*: a Multimodal Perspective. Cambridge: Cambridge University Press, 2012.
DANCYGIER, Barbara; SWEETSER, Eve. *Mental Spaces in Grammar* – Conditional Constructions. Cambridge: Cambridge University Press, 2005.
_____. *Figurative Language*. Cambridge: Cambridge University Press, 2014.
DANES, Frantisek. On Prague School Functionalism in Linguistics. In: DIRVEN, R.; FRIED, V. (Eds.). *Functionalism in Linguistics*. Amsterdam/Philadelphia: John Benjamins, 1987, pp. 3-38.
DAVID, Oana. *Metaphor in the Grammar of Argument Realization*. Califórnia, 2016. Tese (Doutorado) – Universidade da Califórnia, Berkeley.
DAVIDSE, Kristin. Halliday's Functional Grammar and the Prague School. In: DIRVEN, V.; FRIED, V. (Eds.). *Functionalism in Linguistics*. Amsterdam / Philadelphia: John Benjamins, 1987, pp. 39-80.
DE LANCEY, Scott. An Interpretation of Split Ergativity and Related Patterns. *Language*, v. 57, n. 3, Baltimore, pp. 626-657, 1981.
DIESSEL, Holger. Usage-based Linguistics. In: ARONOFF, M. (Ed.). *Oxford Bibliographies in "Linguistics"*. New York: Oxford University Press, 2014.
DIESSEL, Holger; TOMASELLO, Michael. The Acquisition of Finite Complement Clauses in English: a Corpus-based Analysis. *Cognitive Linguistics* v. 12, pp. 97–141, 2001.
DIK, Simon Cornelis. *Coordination*: its Implications for the Theory of General Linguistics. Amsterdam / Philadelphia: North-Holland, 1968.
_____. *Functional Grammar*. Dorderecht: Foris Publications, 1978.
_____. *Studies in Functional Grammar*. London/ New York: Academic Press, 1980.
_____. *Advances in Functional Grammar*. Dordrecht: Foris Publications, 1983.
_____. Formal and Semantic Adjustment of Derived Constructions. In: BOLKESTEIN, A. M.; GROOT, C. de; MACKENZIE, J. L. (Eds.). *Predicates and Terms in Functional Grammar*. Dordrecht-Holland/ Cinnaminson-U.S.A.: Foris Publications, 1985, pp. 1-28.
_____. Some Principles of Functional Grammar. In: DIRVEN, R.; FRIED, V. (Eds.). *Functionalism in Linguistics*. Amsterdam/Philadelphia: John Benjamins, 1987, pp. 81-100.
_____. *The Theory of Functional Grammar*. Dordrecht: Foris Publications, 1989a.
_____. Functional Grammar and its Relevance to Grammar Writing. In: GRAUSTEIN, G.; LEITNER, G. (Eds.). *Reference Grammars and Modern Linguistics Theory*. Tubingen: Max Niemeyer Verlag, 1989b, pp. 33-55.
_____. *The Theory of Functional Grammar*. Ed. by Kees Hengeveld. Part I - The Structure of the Clause (Functional Grammar Series 20). Berlin/New York: Mouton de Gruyter, 1997a.
_____. *The Theory of Functional Grammar*. Ed. by Kees Hengeveld. Part II - Complex and Derived Constructions (Functional Grammar Series 21). Berlin/New York: Mouton de Gruyter, 1997b.
DILLINGER, Mike. Forma e função na linguística. *D.E.L.T.A.*, v. 7, n.1, pp. 395-407, 1991.
DIRVEN, René; FRIED, Vilem. Introduction. In: DIRVEN, R.; FRIED, V. (Eds.). *Functionalism in Linguistics*. Amsterdam/Philadelphia: John Benjamins, 1987, pp. VIII-XVII.
DOWNING, Pamela. Classifier Constructions and Referentiality Marking in Japanese. Paper presented at the Conference on Japanese Language and Linguistics, UCLA. MS, 1985.
DU BOIS, John W. Beyond Definiteness: The Trace of Identity in Discourse. In: CHAFE, W. L. (Ed.). *The Pear Stories*: Cognitive, Cultural and Linguistic Aspects of Narrative Production. New Jersey: ABLEX Publishing Corporation, 1980, pp. 203-274.
_____. Competing Motivations. In: HAIMAN, J. (Ed.). *Iconicity in Syntax*. Amsterdam/Philadelphia: John Benjamins, 1985, pp. 343-365.
_____. The Discourse Basis of Ergativity. *Language*, v. 63. Baltimore, pp. 805-855, 1987.
_____. Discourse and the Ecology of Grammar: Strategy, Grammaticization, and the Locus. *Rice Symposium*, Ms., University of California: Santa Barbara, 1993a.
_____. La estructura argumental preferida y el cero absolutivo. *ALFAL*, MS: Veracruz, 1993b.
_____. Discourse and Grammar. In: TOMASELLO, M. (Ed.). *The New Psychology of Language*: Cognitive and Functional Approaches to Language Structure, v. 2. Mahwah: Lawrence Erlbaum, 2003, pp. 47-88.
_____; THOMPSON, Sandra A. *Dimensions of a Theory of Information Flow*. Ms. University of California, Santa Barbara, 1991.
_____; KUMPF, Lorraine E.; ASHBY, William J. (Eds.). *Preferred Argument Structure*: Grammar as Architecture for Function. Amsterdam / Philadelphia: John Benjamins, 2003.
DUTRA, R. The Hybrid S Category in Brazilian Portuguese: Some implications for Word Order. *Studies in Language*, v.11, pp. 163-180, 1987.

EGGINS, Suzanne. *An Introduction to Systemic Functional Linguistics*. London: Printer, 1994.
ELLIS, Nick C.; LARSEN-FREEMAN, Diane. Language Emergence: Implications for Applied Linguistics – Introduction to the Special Issue. *Applied linguistics*, v. 27, n. 4, pp. 558-89, 2006.
ENGLAND, Nick; MARTIN, L. *Issues in the Application of Preferred Argument Structure Analysis to Non-pear Stories*. MS: Cleveland State University, s/d.
ENKVIST, Nils E.; SPENCER, John; GREGORY, Michael. *Linguistics and Style*. Oxford: Oxford University Press, 1968.
EVANS, Vyvyan; GREEN, Melanie. *Cognitive Linguistics*: An Introduction. Edinburgh: Edinburgh University Press, 2006.
FAIRCLOUGH, Norman. *Analysing Discourse*: Textual Analysis for Social Research. London: Routledge, 2003.
FAUCONNIER, Gilles. *Mental Spaces:* Aspects of Meaning Construction in Natural Language. Cambridge: MIT Press, 1985.
_____. *Mental Spaces:* Aspects of Meaning Construction in Natural Language. Cambridge: Cambridge University Press, 1994.
_____. *Mappings in Thought and Language*. Cambridge: Cambridge University Press, 1997.
_____; SWEETSER, Eve. Cognitive Links and Domains: Basic Aspects of Mental Spaces Theory. In: FAUCONNIER, G.; SWEETSER, E. *Spaces, Worlds and Grammar*. Chicago: CSLI, 1996.
_____; TURNER, Mark. *The Way we Think*: Conceptual Blending and the Mind's Hidden Complexities. New York: Basic Books, 2002.
FERRARI, Lilian. Integração conceptual em construções epistêmicas no português do Brasil. In: MIRANDA, N. S.; NAME, M. (Orgs.). *Linguística e cognição*. Juiz de Fora: Editora UFJF, 2005, pp. 141-156.
FILLMORE, Charles. J. The Case for Case. In: BACH, E.; HARMS, R.T. (Eds.). *Universals in Linguistic Theory*. New York: Holt, Rinehart and Winston, 1968, pp.1-88.
_____. An Alternative to Checklist Theories of Meaning. In: *Proceedings of the First Annual Meeting of the Berkeley Linguistics Society*. Berkeley: BLS, 1975, pp. 123-131.
_____. Frame Semantics and the Nature of Language. In: HARNARD, S. R. et al. (Eds.) *Origins and Evolution of Language and Speech*. New York: New York Academy of Sciences, 1976, pp. 20-32.
_____. Topics in Lexical Semantics. In: COLE, R. W. (Ed.). *Current Issues in Linguistic Teory*. Bloomington: Indiana University Press, 1977, pp. 76-138.
_____. On the Organization of Semantic Information in the Léxicon. *Papers from the Parasession on the Lexicon*. Chicago: Linguistics Society, 1978, pp. 148-173.
_____. Frame Semantics. In: *Linguistics in the Morning Calm*. Selected Papers from SICOL-1981. Korea: Hanshin Publishing Company, 1982.
_____. Frames and the Semantics of Understanding. *Quaderni di Semantica* 4:2, pp. 222-254, 1985.
_____. The Mechanisms of 'Construction Grammar'. *BLS* 14, pp. 35-55, 1988.
_____. Grammatical Construction Theory and the Familiar Dichotomies. In: DIETRICH, R.; GRAUMANN, C. F. *Language Processing in Social Context*. Amsterdam: North-Holland/Elsevier, 1989. pp. 17-38.
_____. Frame Semantics. In: GEERAERTS, D. et al. (Eds.). *Cognitive Linguistics*: Basic Readings. Berlin: Mouton de Gruyter, 2006, pp. 373-400.
_____; KAY, Paul. Construction Grammar Coursebook, Chapters 1 thru 11 (Reading Materials for Ling. X20). University of California, Berkeley, 1993.
_____. Grammatical Constructions and Linguistic Generalizations: The What's x Doing y? Construction. *Language*, v. 75, n. 1, pp. 1-33, 1999.
_____; _____; O'CONNOR, Mary C. Regularity and Idiomaticity in Grammatical Constructions: The Case of *Let Alone. Language*, 64, pp. 501-538, 1988.
FISCHER, Olga; NORDE, Muriel; PERRIDON, Harry. Introduction. In Search of Grammaticalization. In: FISCHER, O.; NORDE, M.; PERRIDON, H. *Up and Down the Cline*. The Nature of Grammaticalization. Amsterdam: John Benjamins, 2004, pp. 1-16.
FOLEY, William A.; VAN VALIN, Robert D. On the Viability of the Notion of "Subject of" in Universal Grammar. *Berkeley Linguistic Society*, v. 3, pp. 293-520, 1977.
FRAJZYNGIER, Zygmunt. Bidirectionality in Grammaticalization. In: HERBERT, R. K. (Ed.). *African Linguistics at the crossroads:* papers from Kwaluseni. Köln: Köppe, 1997, pp. 17-38.
FRANÇA, Aniela I. et al. *A Linguística no século XXI:* convergências e divergências no estudo da linguagem. São Paulo: Contexto, 2016.
FRIED, Miriam; ÖSTMAN, Jan-Ola. A Thumbnail Sketch of Construction Grammar. In: FRIED, M.; ÖSTMAN, J-O. *Construction Grammar in a Cross-Language Perspective*. Amsterdam/Philadelphia: John Benjamins, 2004, pp. 11-86.

GARCIA, Erica. Discourse Without Syntax. In: GIVÓN, T (Ed.). *Syntax and Semantics*, v. 12. New York: Academic Press, 1979, pp. 23-49.

GARCÍA VELASCO, Daniel. *Funcionalismo y lingüística*: la gramática funcional de S. C. Dik. Oviedo: Universidad de Oviedo, 2003.

GARVIN, Paul. An Empiricist Epistemology for Linguistics. In: PARADIS, M. *The Fourth LACUS Forum*. Columbia, SC: Hornbeam Press, 1978, pp. 331-351.

_____; MATHIOT, Madeleine. The Functions of Language. A Sociocultural View. *Anthropological Quarterly*, v. 48, pp. 148-156, 1975.

GEBRUERS, Rudi. S. C. Dik Advances in Functional Grammar. Review Article. *Lingua*, v. 62, pp. 349-374, 1984.

_____. Simon C. Dik's Functional Grammar: A Pilgrimage to Prague? In: DIRVEN, R.; FRIED, V. (Eds.). *Functionalism in Linguistics*. Amsterdam/Philadelphia: John Benjamins, 1987, pp. 101-134.

GEERAERTS, Dirk. *Introduction*. A Rough Guide to Cognitive Linguistics. In: GEERAERTS, D. et al. (Eds.). *Cognitive Linguistics*: Basic Readings. Berlin: Mouton de Gruyter, 2006, pp. 1-28.

_____; CUYCKENS, Hubert. Introducing Cognitive Linguistics. In: _____. *The Oxford Handbook of Cognitive Linguistics*. Oxford: Oxford University Press, 2010, pp. 3-24.

GENETTI, Carol. From Postposition to Subordinator in Newari. In: TRAUGOTT, E. C.; HEINE, B. (Eds.). *Approaches to grammaticalization*, v. 2. Amsterdam / Philadelphia: John Benjamins, 1991, pp. 227-255.

GEURTS, Bart. Explaining Grammaticalization (the Standard Way). *Linguistics* 38, pp. 781-788, 2000a.

_____. Function or Fashion? Reply to Martin Haspelmath. *Linguistics* 38, pp. 1175-1180, 2000b.

GIBBS, Raymond. What Does it Mean to Say that a Metaphor Has Been Understood? In: HASKELL, R. S. (Ed.). *Cognition and Symbolic Structure*: The Psychology of Metaphoric Transformations. Norwood: Ablex, 1987.

GIBBS, Raymond; COLSTON, Herbert. L. *Interpreting Figurative Meaning*. Cambridge: Cambridge University Press, 2012.

GIVÓN, Talmy. *Historical Syntax and Synchronic Morphology*: An Archaeologist's Field Trip. *CLS*, v.7, 1971, pp. 394-415.

_____. *Syntax and Semantics*: Discourse and Syntax, v. 12. New York: Academic Press, 1979a.

_____. From Discourse to Syntax: Grammar as a Processing Strategy. In: GIVÓN, T. *Syntax and Semantics, Discourse and Syntax*, v. 12. New York: Academic Press, 1979b, pp. 81-112.

_____. *On Understanding Grammar*. New York: Academic Press, 1979c.

_____. Introduction. In: _____. (Ed) *Topic Continuity in Discourse*: A Quantitative Cross-language Study. Amsterdam/Philadelphia: John Benjamins, 1983, p. 7.

_____. *Syntax I*. New York: Academic Press, 1984.

_____. *Mind, Code and Context*: Essays in Pragmatics, Hillsdale: Erlbaum, 1989.

_____. *Syntax*: A Functional-typological Introduction, v. II. Amsterdam: John Benjamins, 1990.

_____. Serial Verbs and the Mental Reality of "Event": Grammatical vs. Cognitive Packaging. In: TRAUGOTT, E. C.; HEINE, B. (Eds.). *Approaches to Grammaticalization*, v.1. Amsterdam / Philadelphia: John Benjamins, 1991, pp. 81-127.

_____. *Functionalism and Grammar*. Amsterdam/Philadelphia: John Benjamins, 1995.

_____. Gramatical Relations. Introduction. In : _____ (Ed.). *Gramatical Relations*. A Functional Perspective. Amsterdam / Philadelphia: John Benjamins, 1997, pp. 1-84.

_____. *Context as Other Minds*: The Pragmatics of Sociality, Cognition and Communication. Amsterdam/Philadelphia: John Benjamins, 2005.

_____. Grammar as An Adaptive Evolutionary Product. In: BUTLER, C. S.; DOWNING, R. H.; LAVID, J. (Eds.). *Functional Perspectives on Grammar and Discourse*: In Honour of Angela Downing. Amsterdam/Philadelphia: John Benjamins, 2007, pp. 1-40.

_____. *The Genesis of Syntatic Complexity*. Amsterdan: John Benjamins, 2010.

GOLDBERG, Adele E. *Constructions:* A Construction Grammar Approach to Argument Structure. Chicago: The University of Chicago Press, 1995.

_____. *Constructions at Work:* The Nature of Generalization in Language. Oxford: Oxford University Press, 2006.

GORSKI, Edair et al. Aspectos pragmáticos da mudança via gramaticalização. In: CHRISTIANO, M. E. A. et al. *Funcionalismo e gramaticalização:* teoria, análise, ensino. João Pessoa: Ideia, 2004, pp. 29-64.

GOUVEIA, Carlos A. M. Texto e gramática: uma introdução à linguística sistémico-funcional. *Matraga* , v. 16, n. 24, pp. 13-47, 2009.

GRICE, Paul. *Studies in the Way of Words*. Cambridge: Harvard University Press, 1989.

GROOT, Casper de; HENGEVELD, Kees (Eds.) *Morphosyntactic Expression in Functional Grammar*. Berlin: Mouton de Gruyter, 2005.

GUMPERZ, John Joseph. *Discourse Strategies*. Cambridge: Cambridge University Press, 1982.
HAIMAN, John. The Iconicity of Grammar: Isomorphism and Motivation. *Language*, v. 56, n.3, pp. 515-540, 1980.
_____. Iconic and Economic Motivation. *Language*, v. 59, pp. 781-819, 1983.
_____. (Ed.). *Iconicity in Syntax*. Amsterdam / Philadelphia: John Benjamins, 1985a.
_____. *Natural Syntax*: Iconicity and Erosion. Cambridge: Cambridge University Press, 1985b.
_____. From V/2 to Subjects Clitics: Evidence From Northern Italian. In: TRAUGOTT, E. C.; HEINE, B. (Eds.). *Approaches to grammaticalization*, v. 2, Amsterdam/Philadelphia: John Benjamins, 1991, pp. 135-157.
_____. Ritualization and The Development of Language. In: PAGLIUCA, W. (Ed.). *Perspectives on grammaticalization*. Amsterdam/Philadelphia: John Benjamins, 1994, pp. 3-28.
HALLIDAY, Michael A.K. Categories of the Theory of Grammar. *Word*, v. 17, pp. 241-292, 1961.
_____. Class in Relation to the Axes of Chain and Choice in Language. *Linguistics*, v. 2, pp. 5-15, 1963.
_____. Some Notes on 'Deep' Grammar. *Journal of Linguistics*, Cambridge, v. 2, n. 1, pp. 57-67, 1966.
_____. The Linguistic Study of Literary Texts. In: CHATMAN, S.; LEVIN, S. R. (Eds.). *Essays on the language of literature*. Boston: Houghton Mifflin Co., 1967a, pp. 217-223.
_____. Notes on Transitivity and Theme in English: Part 1. *Journal of Linguistics*, Cambridge, v. 3, n. 1, pp. 37-81, 1967b.
_____. Notes on Transitivity and Theme in English: Part 2. *Journal of Linguistics*, Cambridge, v. 3, n. 2, pp. 199-244, 1967c.
_____. Notes on Transitivity and Theme in English: Part 3. *Journal of Linguistics*, Cambridge, v. 4, n. 2, pp. 179-215, 1968.
_____. Language Structure and Language Function. In: LYONS, J. (Ed.) *New horizonts in Linguistics*. Harmondsworth: Penguin Books, 1970, pp. 140-165.
_____. *Explorations in the Functions of Language*. London: Edward Arnold, 1973a.
_____. The Functional Basis of Language. In: BERNSTEIN, B. (Ed.). *Class, codes and control*. London: Routledge and Kegan Paul, 1973b, pp. 343-366.
_____. Text as a Semantic Choice in Social Contexts. In: VAN DIJK, T. A.; PETÖFI, J. *Grammars and descriptions*. Berlin: Walter De Gruyter, 1977, pp. 176-225.
_____. *Language as a Social Semiotic*. The Social Interpretation of Language and Meaning. London: University Park Press, 1978.
_____. Modes of Meaning and Modes of Expression: Types of Grammatical Structure and Their Determination by Different Semantic Functions. In: ALLERTON, D.J.; CARNEY, E.; HOLDCROFT, D. (Eds.). *Function and context in linguistic analysis: a Festschrift for William Haas*. Cambridge: Cambridge University Press. 1979, pp. 57-79.
_____. *Text Semantics and Clause Grammar*: Some patterns of realization. MS, Dept of Linguistics, University of Sydney, Sydney, 1980.
_____. *An Introduction to Functional Grammar*. Baltimore: Edward Arnold, 1985.
_____. *An Introduction to Functional Grammar*. London: Edward Arnold, 1994.
_____. *An Introduction to Functional Grammar*. 3. ed. Revised by MATHIESSEN, Christian M. I. M. London: Hodder Arnold, 2004.
_____. *Halliday's Introduction to Functional Grammar*. 4ª ed. Revised by MATHIESSEN, Christian M. I. M. London/New York: Routledge, 2014.
_____; MCINTOSH, Angus; STREVENS, Peter. *Linguistic Sciences and Language Teaching*. London: Longman, 1964.
_____; HASAN, Ruqaiya. *Cohesion in English*. London: Longman, 1976.
_____; _____. *Language, Context and Text:* aspects of language in a social-semiotic perspective. London: Oxford University Press, 1989.
HARDER, Peter. Function, Cognition, and Layered Clause Structure. In: JENS ALLWOOD, J.; GÄRDENFORS, P. (Eds.). *Cognitive Semantics*: Meaning and Cognition. Amsterdam: John Benjamins, 1999.
HASPELMATH, Martin. Why is Grammaticalization Irreversible? *Linguistics*, 37, pp. 1043-1068, 1999.
_____. The Relevance of Extravagance: A Reply to Bart Geurts. *Linguistics*, 38, pp. 789-798, 2000.
_____. On Directionality in Language Change with Particular Reference to Grammaticalization. In: FISCHER, O; Norde, M.; PERRIDON, H. (Eds). *Up and Down the Cline*: The Nature of Grammaticalization. Amsterdam: John Benjamins, 2004, pp. 17-44.
HEINE. Bernd. *Auxiliaries, Cognitive Forces and Grammaticalization*. New York/Oxford: Oxford University Press, 1993.
_____. *Cognitive Foundations of Grammar*. New York/Oxford: Oxford University Press, 1997.
_____. Grammaticalization. In.: JOSEPH, B.; JANDA, R. D. (Eds.). *The Handbook of historical linguistics*. Oxford: Blackwell, 2003, pp. 575-601.

_____; REH, Mechthild. *Grammatical Categories in African Languages.* Hamburg: Helmut Buske, 1984.
_____; CLAUDI, Ulrike ; HUNNEMEYER, Friederike. *Grammaticalization*: a Conceptual Framework. Chicago: University of Chicago Press, 1991a.
_____. From Cognition to Grammar. Evidence from African Languages. In: TRAUGOTT, E. C.; HEINE, B (Eds.). *Approaches to Grammaticalization*, v.1. Amsterdam / Philadelphia: John Benjamins, 1991b, pp. 149-187.
_____; KUTEVA, Tania. *World lexicon of Grammaticalization.* Cambridge: Cambridge University Press, 2002.
HENGEVELD, Kees. Layers and Operators in Functional Grammar. *Journal of Linguistics*, v. 25, pp. 127-157, 1989.
_____. The architecture of a Functional Discourse Grammar. In : MACKENZIE, J. L.; Gómez-González, M. A. (Eds.). *A New Architecture for Functional Grammar*. Berlin: Mouton de Gruyter, 2004, pp. 1-21.
_____. Dynamic Expression in Functional Discourse Grammar. In: GROOT, C. de; HENGEVELD, K. (Eds.). *Morphosyntactic Expression in Functional Grammar*. Berlin: Mouton de Gruyter, 2005, pp. 53-86.
_____ et al. Ilocuções básicas nas línguas nativas do Brasil. *Alfa*, v. 51, n. 2, pp.73-90, 2007.
_____ et al. Semantic categories in the indigenous languages of Brazil. *Functions of Language*, v.19, n.1, pp. 33-52, 2012.
_____; MACKENZIE, John Lachlan. Functional Discourse Grammar. In: BROWN, K. (Ed.). *Encyclopedia of Language and Linguistics*. 2nd Edition, v. 4. Oxford: Elsevier, 2006, pp. 668-676.
_____. *Functional Discourse Grammar*: a Typologically-Based Theory of Language Structure. Oxford: Oxford University Press, 2008.
HENGEVELD, Kees; DALL'AGLIO-HATTNHER, Marize M. Four Types of Evidentiality in the Native Languages of Brazil. *Linguistics*, v. 53, pp. 479-524, 2015.
HINDS, John. Properties of Discourse Structure. In: GIVÓN, T. (Ed.). *Discourse and Syntax, Syntax and Semantics*, v. 12. New York: Academic Press, 1979, pp. 213-242.
HIRATA-VALE, Flávia M.; OLIVEIRA, Taísa, P (Orgs.). Revista *D.E.L.T.A*, v. 33, n. 1, 2017.
HJELMSLEV, Louis. *Prolegomena to a Theory of Language.* Madison: The University of Wisconsin Press, 1963 [1943].
HOEKSTRA, Teun. Funktionele Grammatika: Naar aanleiding van S. C. Dik, Functional Grammar. *Forum der Letteren*, v.19, pp.293-312, 1978.
HOFFMAN, Ludger. Towards a Pragmatically Founded Grammar. In: GRAUSTEIN, G.; LEITNER, G. (Eds.). *Reference Grammars and Modern Linguistic Theory*. Tubingen: Max Niemeyer Verlag, 1989, pp. 111-132.
HOPPER, Paul. J. Emergent grammar. *Berkeley Linguistic Society*, v. 13, pp. 139-157, 1987.
_____. On Some Principles of Grammaticalization. In: TRAUGOTT, E. C.; HEINE, B. (Eds.) *Approaches to Grammaticalization*, v.1. Amsterdam / Philadelphia: John Benjamins, 1991, pp. 17-35.
HOPPER, Paul; THOMPSON, Sandra. Transitivity in Grammar and Discourse. *Language*, v.56, Baltimore, pp. 251-299, 1980.
HOPPER, Paul; TRAUGOTT, Elizabeth C. *Grammaticalization.* Cambridge: Cambridge University Press, 1993.
HOUSE, Juliane. How do We Know When a Translation Is Good. In: STEINER, E.; YALLOP, C. *Exploring Translation and Multilingual Text Production*: Beyond Content. Berlin/New York: Mouton de Gruyter, 2001.
HUDSON, Richard. Systemic Grammar. Review Article. *Linguistics*, v. 24, pp. 791-815, 1986.
HYMES, Dell. *Foundations in Sociolinguistics.* Philadelphia: University of Philadelphia Press, 1974.
ILARI, Rodolfo. *Perspectiva funcional da frase portuguesa.* 2. ed. Campinas: Editora da Unicamp, 1992.
IVIR, Vladimir. Functionalism in Contrastive Analysis and Translation Studies. In: DIRVEN, R.; FRIED, V. (Eds.). *Functionalism in Linguistics*. Amsterdam/Philadelphia: John Benjamins, 1987, pp. 471-481.
IWASAKI, Shoichi. The Given A Constraint and the Japanese Particle ga. In: DELANCY, S. (Ed.). *Proceedings of the first Annual Pacific Linguistics Conference*, Dept. of Linguistics, University of Oregon, 1985, pp. 152-167.
JACKENDOFF, Ray. *Foundations of Language:* Brain, Meaning, Grammar, Evolution. Oxford: Oxford University Press, 2002.
JAKOBSON, Roman. Linguística e poética. In: _____. *Linguística e comunicação.* Trad. de Isidoro Blikstein e José Paulo Paes. São Paulo: Cultrix/Edusp, 1969, pp. 118-162.
JANZEN, Terry; SHAFFER, Barbara. Intersubjectivity in Interpreted Interactions. The interpreter's role in co-constructing meaning. In: ZLATEV, J. et al. *The Shared Mind.* Perspectives on Intersubjectivity. Amsterdam/ Philadelphia: John Benjamins, 2008, pp. 333-356.
JOHNSON, Mark. *The Body in the Mind.* The Bodily Basis of Meaning, Reason and Imagination. Chicago: Chicago University Press, 1987.
JUHASZ, Janos. Sprachliche Einheiten. Linguistische Begriffe. In: SITTA, H.; BRINKER, K. (Eds.). *Studien Zur Text-Theorie Und Zur Deutschen Grammatik.* Dusseldorf: Pädagogischer Verlag Schwann, 1973, pp. 192-198.
KAY, Paul. Construction Grammar. In: VERSCHUEREN, J.; Östman, J.-O. *Handbook of Pragmatics*: Manual. Amsterdam/Philadelphia: John Benjamins, 1995, pp. 171-177.

_____. An informal sketch of a formal architecture for Construction Grammar. *Grammars*, v. 5, pp. 1-19, 2002.
KEMMER, Suzanne; BARLOW, Michael. Introducion: A Usage-based Conception of Language. In: BARLOW, M.; KEMMER, S. *Usage-based models of language*. Chicago: The University of Chicago Press, 2000. pp. VII-XVIII.
KIM, Hyeree. Remarks on the unidirectionality principle in grammaticalization. *Folia Linguistica Historica*, 22, pp. 49-65, 2001.
KLEIBER, G. Prototype, stereotype: un air de famille. *DRLAV*, n. 38, pp. 01-61, 1988.
_____. *La sémantique du prototype*, Paris: P.U.F., 1990.
KOSTER, J. Recensie van S. C. Dik, *Studies in Functional Grammar*. De Nieuwe Taalgids, v.75, pp.360-369, 1982.
KRESS, Gunther. (Ed.). *Halliday: System and Function in Language*. London: Oxford University Press, 1976.
KUMPF, Lorraine E. Preferred Argument in Second Language Discourse: A Preliminary Study. *Studies in Language*, v. 16, n.2, pp. 369-403, 1992.
KUNO, Susumo. Pronominalization, Reflexivization and Direct Discourse. *Linguistic Inquiry* 3, pp. 161-196, 1972.
_____. *Functional syntax*: Anaphora, Discourse and Empathy. Chicago: Chicago University Press, 1987.
KURYLOWICZ, Jerzy. The Evolution of Grammatical Categories. *Esquisses linguistiques II*. Munich: Fink, pp. 38-54, 1975 [1965].
LABOV, William. The Overestimation of Functionalism. In: DIRVEN, R.; FRIED, V. (Eds.) *Functionalism in Linguistics*. Amsterdam/Philadelphia: John Benjamins, 1987, pp. 311-332.
LAKOFF, George. Linguistic Gestalts. *Berkeley Linguistic Society*, v. 13, pp. 236-287, 1977.
_____. *Women, Fire and Dangerous Things*. What Categories Reveal About the Mind. Chicago: The University of Chicago Press, 1987.
LAKOFF, George; THOMPSON, Henry. Introducing Cognitive Grammar. *Proceedings of the First Annual Meeting of the Berkeley Linguistics Society*. Berkeley: BLS. pp. 295-313, 1975.
LAKOFF, George; JOHNSON, Mark. *Metaphors We Live By*. Chicago: University of Chicago Press, 1980.
_____. *Philosophy in the Flesh*. New York: Basic Books, 1999.
LANGACKER, Ronald. *Foundations of Cognitive Grammar*. Vol. I: Theoretical Prerequisites. Stanford: Stanford University Press, 1987.
_____. *Concept, Image, and symbol*. The Cognitive Basis of Grammar. Berlin/New York: Mouton de Gruyter, 1990.
_____. A Dynamic Usage-based Model. In: BARLOW, M.; KEMMER, S. (Eds.), *Usage Based Models of Language*. Stanford: CSLI, 2000, pp. 1–63.
_____. *Cognitive Grammar*. A Basic Introduction. Oxford: Oxford University Press, 2008a.
_____. Subordination in Cognitive Grammar. In: LEWANDOWSKA-TOMASZCZYK, B. (Ed.). Asymmetric Events. Amsterdam / Philadelphia: John Benjamins, 2008b, pp. 137–149.
_____. *Investigations in Cognitive Grammar*. Berlin/New York: Mouton de Gruyter, 2009.
_____. Convergence in Cognitive Linguistics. In: BRDAR, M.; GRIES, S.T.; FUCHS, M. Z. (Eds.). *Cognitive Linguistics*. Convergence and Expansion. Amsterdam / Philadelphia: John Benjamins, 2011, pp. 9-16.
_____. *Essentials of Cognitive grammar*. Oxford: Oxford University Press, 2013.
LARSEN-FREEMAN, Diane. Chaos/Complexity Science and Second Language Acquisition. *Applied Linguistics*, 18, pp. 141-65, 1997.
LASS, Roger. Remarks on (Uni)Directionality. In: FISCHER, O. et al. (Eds.). *Pathways of Change*: Grammaticalization in English. Amsterdam/Philadelphia: John Benjamins, 2000, pp. 207-227.
LEE, Hyo Sang. The Distribution of Preferred Argument Structure. MS, UCLA, 1984.
LEECH, Geoffrey N. *Principles of Pragmatics*. London/New York: Longman, 1983.
LEHMANN, Christian. *Thoughts on Grammaticalization*: A programmatic Sketch. Köln: Arbeiten des Kölner Universalien – Projekts 48, 1982.
_____. Grammaticalization: Synchronic Variation and Diachronic Change. *Lingua e Stile*, v.20, n.3, pp. 303-318, 1985.
_____. Grammaticalization and Related Changes in Contemporary German. In: TRAUGOTT, E. C.; HEINE, B. (Eds.). *Approaches to Grammaticalization*, v.2, Amsterdam/Philadelphia: John Benjamins, 1991, pp. 493-535.
_____. New Reflections on Grammaticalization and Lexicalization. In: WISHER, I.; DIEWALD, G. *New reflections on Grammaticalization*. Typological Studies in Language. Amsterdam / Philadelphia: John Benjamins, 2002, pp. 1-18.
LEWIS, David. *Convention*. Cambridge: Harvard University Press, 1969.
LICHTENBERK, Frantisek. On the Gradualness of Grammaticalization. In: TRAUGOTT, E. C.; HEINE, B. (Eds.). *Approaches to Grammaticalization*, v.1, Amsterdam/Philadelphia: John Benjamins, 1991, pp. 37-80.

LINDBLOM, Björn et al. Selforganizing Processes and the Explanation of Language Universals. In: Butterworth, B.; Comrie; B.; Dahl. Ö. (Eds.). *Explanations for Language Universals*. Berlin/New York: Walter de Gruyter, 1984, pp. 181-203.
LYONS, John. *Semantics*. Cambridge: Cambridge University Press, 1977.
MACKENZIE, John Lachlan. Functionele Grammatica: een thema, geen variatie. TTT, *Interdisciplinair tijdschrift voor Taal- en Tekstwetenschap*, v. 8, pp.47-56, 1988.
_____. *What is Functional Grammar?* Comunicação apresentada no XXE Congrès International de Linguistique et Philologie Romanes. Zurich, Suisse. MS, 1992.
_____. The First History of Functional Grammar. In: ASSUNÇÃO, C.; FERNANDES, G.; KEMMLER, R. *Selected Papers from the 13st International Conference on the History of the Language Sciences* (ICHOLS XIII), Vila Real, Portugal, 25-29, August, 2014. Amsterdam / Philadelphia: J. Benjamins, 2016a, pp. 233-245.
_____. Functional Linguistics. In: ALLAN, K. (Ed.). *The Routledge Handbook of Linguistics*. Abingdon, Oxon: Routledge, 2016b, pp. 485-499.
MALINOWSKI, Bronislaw. The Problem of Meaning in Primitive Languages. In: OGDEN, C. K.; RICHARDS, I. A. (Eds.). *The Meaning of Meaning*. 9. ed. New York/London: Routledge and Kegan Paul, 1953 [1923], pp. 296-336.
MARTELOTTA, Mário E.; ALONSO, Karen. Funcionalismo, cognitivismo, e a dinamicidade da língua. In: SOUSA, E. R. et al. (Org). *Funcionalismo Linguístico*: novas tendências teóricas. São Paulo: Contexto, 2012, pp. 87-106.
MARTIN, James. R. *The Meaning of Features in Systemic Linguistics*. Sydney: MS, 1978.
MARTINET, André. *Estudios de sintaxis funcional*. Madrid: Gredos, 1978.
_____. *Grammaire fonctionnelle du Français*. Paris: Didier et St-Cloud, 1979.
_____. Qu'est-ce que la linguistique fonctionelle? *ALFA*, v. 38, pp. 11-18, 1994.
MATISOFF, James. A. Areal and Universal Dimensions of Grammaticalization in Lahu. In: TRAUGOTT, E. C.; HEINE, B. (Eds.) *Approaches to Grammaticalization*, v. 2, Amsterdam/Philadelphia: John Benjamins, 1991, pp. 383-453.
MATHIESSEN, Christian. Introduction to Functional Grammar. By HALLIDAY, M. A. K.. Review Article. *Language*, v. 65, n. 4, pp. 862-871, 1989.
_____.; THOMPSON, Sandra. The Structure of Discourse and "Subordination". In: HAIMAN, J.; THOMPSON, S. (Eds.). *Clause Combining in Grammar and Discourse*. Amsterdam/Philadelphia: John Benjamins, 1988, pp. 275-329.
MEILLET, Antoine. L'évolution des formes grammaticales. In: _____. *Linguistique historique et linguistique générale*. Paris: Champion, 1921 [1912], pp. 130-148. Disponível em disponível em: https://archive.org/details/linguistiquehist00meil. Acesso em: 2 jan. 2018.
MILLER, Philip. On Certain Formal Properties of Dik's Functional Grammar. *Belgian Journal of Linguistics*, v.1, pp.171-222, 1986.
MIRANDA, Neusa Salim. Modalidade: o gerenciamento da interação. In: MIRANDA, N. S.; NAME, M. C. (Orgs.). *Linguística e cognição*. Juiz de Fora: Editora UFJF, 2005, pp. 171-196.
_____. Construções gramaticais e metáfora. *Gragoatá*, v.1, n. 26, pp. 61-80, 2009.
MIRANDA, Neusa S.; MACHADO, Patrícia M. A gramática das construções cognitiva no estudo da semântica de escala. In: BARROS, D. L. P; HILGERT, J. G.; NEVES, M. H. M.; BATISTA, R. O. (Orgs). *Linguagens e saberes*: estudos linguísticos. São Paulo: ANNABLUME, 2015, pp. 283-304.
MITHUN, Marianne. The Role of Motivation in the Emergence of Grammatical Categories: The Grammaticization of Subjects. In: HEINE, B.; TRAUGOTT, E. C. (Eds) *Approaches to Grammaticalization*, v II. Amsterdam: John Benjamins, 1991, pp. 159-184.
MOESCHLER, Jacques. Lexique et Pragmatique. *Cahiers de Linguistique Française*, v. 14, pp. 7-35, 1993.
MORRIS, Desmond. *The Naked Ape: a Zoologist's Study of the Human Animal*. New York: Mc Graw Hill Book, 1967.
MUÑOZ NÚÑEZ, María Dolores. *El análisis funcional del significado*. Cádiz: Universidad de Cádiz, Servicio de Publicaciones, 1999.
MUYSKEN, Pieter C. Taalkunde in F-groot en F-klein. TTT, *Interdisciplinair tijdschrift voor Taal- en Tekstwetenschap*, v. 8, n. 1, pp. 35-46, 1988.
NASCIMENTO, Mílton do. Teoria gramatical e mecanismos funcionais do uso da língua. *D.E.L.T.A.*, v. 6, n. 1, pp. 83-98, 1990.
NEVES, Maria Helena M. As classes de palavras. In: IGNACIO. S. E. (Org.). *Estudos gramaticais*. Publicação do Curso de Pós-Graduação em Linguística e Língua Portuguesa, ano III n.1, Unesp – *Campus* de Araraquara, 1989, pp. 167-179.
_____. A estrutura argumental preferida em inquéritos do Nurc. *Mimeo*. 1994a.

_____. Uma visão geral da gramática funcional. *ALFA*, v. 38, pp. 109-127, 1994b.
_____. *A gramática funcional*. São Paulo: Martins Fontes, 1997.
_____. Estudos funcionalistas no Brasil. *D.E.L.T.A*, v. 15, pp. 71-104, 1999.
_____. *A gramática*. História, teoria e análise, ensino. São Paulo: Editora Unesp, 2002.
_____. Uma introdução ao funcionalismo: proposições, escolas, temas e rumos. In: CHRISTIANO, M. E. et al. *Funcionalismo e gramaticalização*: teoria, análise, ensino. João Pessoa: Uideia, 2004, pp. 13-28.
_____. *A vertente grega da gramática tradicional*. Uma visão do pensamento grego sobre a linguagem. São Paulo: Editora Unesp, 2005.
_____. *Que gramática estudar na escola*. São Paulo: Contexto, 2009 [2003].
_____. *Ensino de língua e vivência de linguagem*. São Paulo: Contexto, 2010a.
_____. Categorização e multifuncionalidade. Léxico e gramática. Madrid: Revista *Linguística* – ALFAL, v. 23, pp. 59-80, 2010b.
_____. *Gramática de usos do português*. São Paulo: Editora Unesp, 2011a [2000].
_____. *Texto e gramática*. São Paulo: Contexto, 2011b [2006].
_____. Linguística funcional: princípios, temas, objetos e conexões. *Guavira Letras*, v. 23, pp. 23-38, 2011c.
_____. *A gramática passada a limpo:* conceitos, análises e parâmetros. São Paulo: Parábola, 2015a [2012].
_____. A oração e o texto. Em vista os suportes teóricos de análise. In: CUNHA, M. A. F. *A gramática da oração*. Diferentes olhares. São Paulo: EDUFRN, 2015b, pp. 15-41.
_____. O texto na teoria funcionalista da linguagem. In: BATISTA, R. O. *O texto e seus conceitos*. São Paulo: Parábola, 2016, pp. 93-102.
_____. The Interface Syntax, Semantics and Pragmatics in Functionalism. Revista *Delta*, 33 / 1, 2017.
_____. *A gramática do português revelada em textos*. São Paulo: Editora Unesp, a sair.
_____; BRAGA, Maria Luísa. Hipotaxe e gramaticalização: uma análise das construções de tempo e de condição. *D.E.L.T.A.*, v. 14, n. esp., pp. 191-208, 1998.
NEWMEYER, Frederick J. Iconicity and Generative Grammar. *Language*, v. 68, n. 4, pp. 756-766, 1992.
_____. Some Remarks on the Functionalist-Formalist Controversy in Linguistics. In: DARNELL, M. et al. (Eds.) *Functionalism and Formalism in Linguistics*, v. 2. Amsterdam / Philadelphia: John Benjamins, 1998a, pp. 469-486.
_____. *Language Form and Language Function*. Cambridge: MIT Press, 1998b.
NICHOLS, Johanna. Functional Theories of Grammar. *Annual Review of Anthropology*, v. 43, pp. 97-117, 1984.
NICHOLS, Johanna; TIMBERLAKE, Alan. Grammaticalization as Retextualization. In: TRAUGOTT, E. C.; HEINE, B. (Eds.). *Approaches to Grammaticalization*, v.1. Amsterdam / Philadelphia: John Benjamins, 1991, pp. 129-146.
NÚÑEZ, María Dolores Muñoz. *El análisis funcional del significado*. Cádiz: Universidad de Cádiz, Servicio de Publicaciones, 1999.
NUYTS, Johan. Funktionele grammatika: een notationele variant? *De Nieuwe Taalgids*, v. 76, pp.19-26, 1983.
_____. What Formalists Seem not to Understand About Functionalism. *Belgian Journal of Linguistics*, v.1, pp. 223-238, 1986.
_____. *Aspects of a cognitive-pragmatic theory of language: On cognition, functionalism, and grammar.* Amsterdam: John Benjamins, 1992.
_____. Cognitive linguistics and autonomous linguistics. In: GEERAERTS, D.; CUYCKENS, H. (Eds.). *The Oxford handbook of cognitive linguistics*. Oxford: Oxford University Press, 2007, pp. 543-565.
PAPROTTÉ, Wolf; SINHA, Chris. Functional sentence perspective in discourse and language acquisition. In: DIRVEN, R.; FRIED, V. (Eds.) *Functionalism in Linguistics*. Amsterdam/Philadelphia: John Benjamins, 1987.
PASCHOAL, Esther. *Fictive interaction*: the conversation frame in thought, language and discourse. Amsterdam: John Benjamins. 2014.
PASCUAL, Esther. *Fictive Interaction: The Conversation Frame in Thought, Language and Discourse*. Amsterdam/Philadelphia: John Benjamins, 2014.
PAUL, Hermann. *Principles of the History of Language*. Translated by Herbert A. Strong. London: Swan, Sonnenschei, 1890.
PAYNE, Doris. Information Structuring in Papago Narrative Discourse. *Language*, 63, pp. 783-804, 1987.
PEDERSON, Eric; NUYTS, Jan. On the Relationship Between Language and Conceptualization. In: NUYTS, J.; PEDERSON, E. (Eds.). *Language and Conceptualization*, 1-12. Cambridge: Cambridge University Press, 1997.
PEIRCE, Charles S. *Obra lógico-semántica*. Tradução espanhola. Madrid: Taurus, 1987.
PETERSON, Thomas H. Constraining Grammars Through Proper Generalization: Multiple Order Grammar. In: MEISEL, J. H.; Pam, M. D. *Linear Order and Generative Theory*. Amsterdam: John Benjamins, 1979.

PEZATTI, Erotilde Goreti. A estrutura argumental preferida do português. *Estudos Linguísticos*, v. 25, n. 1, pp. 695-701, 1996.

_____. Gramática discursivo-funcional: uma breve apresentação. In: PEZATTI, E. G. (Org.). *Construções subordinadas na lusofonia*: uma abordagem discursivo-funcional. São Paulo: Editora Unesp, 2016, pp. 15-40.

PLANK, Frans. Entgrammatisierung. Spiegelbild der Grammatisierung? In: BORETZKY, N. et al. (Eds.). *Natürlichkeitstheorie und Sprachwandel*, 1995, pp. 199-219.

POYNTON, Cate. *Language and Gender*: Making the Difference. Oxford: Oxford University Press, 1985.

PRIDEAUX, Gary D. Processing Strategies: A Psycholinguistic Neofunctionalism?. In: DIRVEN, R.; FRIED, V. (Eds.). *Functionalism in Linguistics*. Amsterdam/Philadelphia: John Benjamins, 1987, pp. 297-308.

_____. A. Siewierska, Functional grammar. Review Article. *Language*, v. 70, n. 1, pp. 297-308, 1994.

RAMAT, Anna G.; HOPPER, Paul J. (Eds.). *The limits of grammaticalization.* Amsterdam/Philadelphia: John Benjamins, 1998.

REICHENBACH, Hans. *Elements of Symbolic Logic*. New York: Macmillan, 1947.

ROBINS, Robert H. *General Linguistics*: An Introductory Survey. London: Longman, 1964.

ROSCH, Eleanor. On the Internal Structure of Perceptual and Semantic Categories. In: MOORE, T. (Ed.). *Cognitive Development and the Acquisition of Language.* New York: Academic Press, 1973a, pp.111-44.

_____. Natural Categories. *Cognitive Psychology*, v. 4, pp. 328-350, 1973b.

_____. Human Categorization. In: WARREN, N. (Ed.). *Studies in Cross-cultural Psychology*. London: Academic Press, v. 1, 1977, pp. 1-49.

_____. Principles of Categorization. In: ROSCH, E.; LLOYD, B. B. (Eds.). *Cognition and Categorization.* Hillsdale: Erlbaum, 1978. pp. 27-48.

_____. Prototype Classification and Logical Classification. In: SCHOLNIK, E. (Ed.). *New Trends in Cognitive Representation, Challenges to Piaget's Theory*. Hillsdale: Erlbaum, 1983, pp. 73-86.

ROSCH, Eleanor; MERVIS, Carolyn B. Family Resemblance: Studies in the Internal Structures of Categories. *Cognitive Psychology*, v. 7, pp. 573-605, 1975.

SAEED, John. Pragmatics and Semantics. In: BUBLITZ, W.; NORRICK, N. R. (Eds.). *Foundations of Pragmatics.* Berlin/Boston: De Gruyter Mouton, 2011, pp. 461-490.

SALOMÃO, Maria Margarida M. Razão, realismo e verdade: o que nos ensina o estudo sociocognitivo da referência. *Cadernos de Estudos Linguísticos*, v. 44, pp. 71-84, 2003.

_____. O problema da especificação da estrutura argumental: voltas sobre o tema "léxico ou sintaxe". In: MIRANDA, N. S.; NAME, M. (Orgs.). *Linguística e cognição*. Juiz de Fora: Editora UFJF, 2005, pp. 121-140.

SAPIR, Edward. *Language*. New York: Harcourt, Brace & World, 1921.

SCANCARELLI, Janine. Referential Strategies in Chamorro Narratives. *Studies in Language* 9, pp. 335-62, 1985.

SCHLEGLOFF, Emanuel. To Searle on Conversation. A Note in Return. In: PARRET, H; VIEHWEGER, J. (Eds.). *On/Searle on Conversation*. Amsterdam: John Benjamins, 1992, pp. 113–128.

SIEWIERSKA, Anna. *Functional Grammar* (Linguistic Theory Guides). London/New York: Routledge, 1991.

SMITH, Wendy. *Preferred Argument Structure in Hebrew Discourse*. MS, UCLA, 1987.

SOUZA, Edson R. (Org.). *Funcionalismo linguísitico*: análise e descrição. São Paulo: Contexto, 2012.

SPERBER, Dan; WILSON, Deirdre. *Relevance*: Communication and Cognition. Cambridge: Harvard University Press, 1986.

SULLIVAN, Karen. *Metaphor in Grammar*: A Construction Grammar Account of Metaphoric Language. 2007. Tese (Doutorado) – Universidade da Califórnia, Berkeley.

_____. *Frames and Constructions in Metaphoric Language*. Amsterdam/Philadelphia: John Benjamins, 2013.

SWEETSER, Eve. The Definition of Lie: An Examination of the Folk Theories Underlying a Semantic Prototype. In: HOLLAND, D.; QUINN, N. (Eds.). *Cultural Models in Language and Thought.* Cambridge: Cambridge University Press, 1987, pp. 43-66.

_____. Grammaticalization and Semantic Bleaching. *Berkeley Linguistics Society*, v. 14, pp. 389-405, 1988.

_____. *From Etymology to Pragmatics.* Metaphorical and Cultural Aspects of Semantic Structure. Cambridge: Cambridge University Press, 1990.

_____. Compositionality and Blending: semantic composition, in a cognitively realistic framework'. In: JANSSEN, T; REDEKER, G. (Eds.). *Cognitive Linguistics:* Foundations, Scope and Methodology. Berlin: Mouton de Gruyter, 1999, pp. 129-62.

TALMY, Leonard. Figure and Ground in Complex Sentences. In: GREENBERG, J. (Ed.). Universals of Human Language, v. 4. Stanford: University Press, 1978, pp. 625-649.

_____. How Language Structures Space. In: PICK, H.; ACREDOLO, L. (Eds.). *Spatial Orientation*: Theory, Research, and Application. New York: Plenum Press, 1983, pp. 225-282.

_____. Lexicalization Patterns: Semantic Structure in Lexical Forms. In: SHOPEN, T. (Ed.). *Language Typology and Syntactic Description*, v. 3. Grammatical Categories and the Lexicon. Cambridge: Cambridge University Press, 1985, pp. 57-149.

_____. The Relation of Grammar to Cognition. In: RUDZKA-OSTYN, B. (Ed.). *Topics in Cognitive Linguistics*. Amsterdam/Philadelphia: John Benjamins, 1987.

_____. Force Dynamics in Language and Cognition. *Cognitive Science* 12, pp. 49-100, 1988.

_____. *Toward a Cognitive Semantics*, v. 1: Concept Structuring Systems. Cambridge/London: MIT Press/Bradford, 2000a.

_____. *Toward a Cognitive Semantics*, v. 2: Typology and Process in Concept Structuring. Cambridge/London: MIT Press/Bradford, 2000b.

_____. The Relation of Grammar to Cognition. In: GEERAERTS, D. et al. (Eds.). *Cognitive Linguistics*: Basic readings. Berlin: Mouton de Gruyter, 2006, pp. 69-108.

TAO, Hongyin. *Functional Units and Organizing Principles of Mandarin Oral Discourse*. MS., UCSB, 1991.

TAYLOR, John. R. *Linguistic Categorization*. Prototypes in Linguistic Theory. Cambridge: Cambridge University Press, 1995 [1989].

_____. Cognitive Linguistics. In: ALLAN, K. (Ed.). *The Routledge Handbook of Linguistics*. Abingdon: Routledge, 2016, pp. 471-484.

THOMPSON, Sandra. That- Deletion From a Discourse Perspective. *Berkeley Linguistics Society*, v. 13, 1987.

THOMPSON, Sandra; MULAC, A. Quantitative Perspective on the Grammaticalization of Epistemic Parentheticals in English. In: TRAUGOTT, E. C.; HEINE, B. (Eds.) *Approaches to Grammaticalization*, v.1. Amsterdam / Philadelphia: John Benjamins, 1991, pp. 313-330.

TOMASELLO, Michael (Ed.). *The New Psychology of Language*: Cognitive and Functional Approaches to Language. Mahwah/London: Lawrence Erlbaum, 1998.

_____. *Constructing a Language*: A Usage-based Theory of Language Acquisition. Cambridge: Harvard University Press, 2003a.

_____. *The New Psychology of Language*. Cognitive and Functional Approaches to Language Structure, v. 2. Mahwah / London: Lawrence Erlbaum, 2003b.

_____. Cognitive Linguistics and First Language Acquisition. In: GEERAERTS, D; CUYCKENS, H. *The Oxford Handbook of Cognitive Linguistics*. Oxford: Oxford University Press, 2007, pp. 1092-1112.

_____. *Origins of Human Communication*. London/Cambridge: The MIT Press, 2008.

TRAUGOTT, Elizabeth C. Meaning-change in the Development of Grammatical Markers. *Language Science* 2, pp. 44-61, 1980.

_____. From Propositional to Textual and Expressive Meanings: Some Semantic-pragmatic Aspects of Grammaticalization. In: LEHMANN, W. P.; YAKOV, M. (Eds.). *Perspectives on Historical Linguistics*. Amsterdam / Philadelphia: John Benjamins, 1982, pp. 245-271.

_____. Pragmatics Strengthening and Grammaticalization. *Berkeley Linguistics Society*, v. 14, pp. 406-416, 1988.

_____. Legitimate Counterexamples to Unidirectionality. Paper Presented at the University of Freiburg, 17 October, 2001. Disponível em <https://web.stanford.edu/~traugott/papers/Freiburg.Unidirect.pdf >. Acesso em: 4 fev. 2018.

TRAUGOTT, Elizabeth C.; HEINE, Bernd. (Eds.). *Approaches to Grammaticalization*, v.1 e v.2. Amsterdam/Philadelphia: John Benjamins, 1991.

TRAUGOTT, Elizabeth C.; KÖNIG, Ekkehard. The Semantics-pragmatics of Grammaticalization Revisited. In: TRAUGOTT, E. C.; HEINE, B (Eds.). *Approaches to Grammaticalization*, v.1. Amsterdam/Philadelphia: John Benjamins, 1991, pp. 189-217.

TURNER, Mark; FAUCONNIER, Gilles. Metaphor, Metonymy, and Binding. In: DIRVEN, R.; POERINGS, R. (Eds.). *Metaphor and Metonymy in Comparison and Contrast*. Berlin / New York: Mouton de Gruyter, 2002, pp. 469-487.

VAN VALIN, Robert D. Jr. Functionalism, Anaphora and Syntax. Review article on Susumo Kuno: Functional Syntax: Anaphora, Discourse and Empathy. *Studies in Language*, v.14, n.1, pp. 169-219, 1990.

VELASCO, García; RIJKHOFF, Jan (Eds.). *The Noun Phrase in Functional Discourse Grammar*. Berlin: Mouton de Gruyter, 2008.

VERHAGEN, Ariel. From Parts to Wholes and Back Again. *Cognitive Linguistics*, v. 13, pp. 403-39, 2002.

_____. *Constructions of Intersubjectivity*: Discourse, Syntax, and Cognition. Oxford: Oxford University Press, 2005.

_____. Intersubjectivity and the Architecture of the Language System. In: ZLATEV, J. et al. *The Shared Mind*. Perspectives on Intersubjectivity. Amsterdam/Philadelphia: John Benjamins, 2008, pp. 307-332.

VILELA, Mário. *Gramática de valências*. Teoria e aplicação. Coimbra:, Livraria Almedina, 1992.

VOTRE, Sebastião J.; NARO, Anthony Julius. Mecanismos funcionais do uso da língua. *D.E.L.T.A.*, 7 (2), pp. 169-184, 1989.

WEHLING, Eva E. *A Nation Under Joint Custody*: How Conflicting Family Models Divide US Politics. Califórnia, 2012 Tese (Doutorado) – Universidade da Califórnia, Berkeley.

WERNER, Heinz; KAPLAN, Bernard. *Symbol-formation.* An Organismic-developmental Approach to Language and the Expression of Thought. New York/London / Sydney: Wiley and Sons, 1963.

WIERZBICKA, Anna. *Semantics*: Primes and Universals. Oxford & New York: Oxford University Press, 1996.

WILLET, Thomas. A Cross-linguistic Survey of the Grammaticization of Evidentiality. *Studies in Language*, v. 12, n. 1, pp. 51-97, 1988.

WILLIAMS, Edwin S. Discourse and Logical Form. *Linguistic Inquiry*, v.8, pp. 101-139, 1977.

WISCHER, Ilse; DIEWALD, Gabriela (Eds.). *New Reflections on Grammaticalization*. Amsterdam/Philadelphia: John Benjamins, 2002.

WITTGENSTEIN, Ludwig. *Philosophical Investigations.* Oxford: Basil Blackwell, 1953.

ZIEM, Alexander. *Frames of Understanding in Text and Discourse*: Theoretical Foundations and Descriptive Applications. Amsterdam/Philadelphia: John Benjamins, 2014.

A autora

Maria Helena de Moura Neves é doutora em Letras Clássicas (Grego) pela Universidade de São Paulo, livre-docente (Língua Portuguesa) e professora emérita pela Universidade Estadual Paulista. É pesquisadora do CNPq e docente da Universidade Presbiteriana Mackenzie e da Unesp. Desenvolve trabalhos sobre gramática de usos do português, texto e gramática, história da gramática, descrição da língua portuguesa e funcionalismo. Pela Editora Contexto publicou como autora *Ensino de língua e vivência de linguagem: temas em confronto*, *Gramática na escola*, *Que gramática estudar na escola?* e *Texto e gramática*; como coautora lançou *Gramática do português culto falado no Brasil - Volume 3: Palavras de classe aberta* e *Volume 4: Palavras de classe fechada*, além de ser organizadora do *Volume 5: A construção das orações complexas*.